# 马克思主义理论研究

## （第2辑）

王宗礼　马俊峰　主编

中国社会科学出版社

**图书在版编目(CIP)数据**

马克思主义理论研究. 第2辑/王宗礼，马俊峰主编.—北京：中国社会科学出版社，2016.4

ISBN 978-7-5161-7608-5

Ⅰ.①马… Ⅱ.①王… ②马… Ⅲ.①马克思主义理论—理论研究 Ⅳ.①A81

中国版本图书馆CIP数据核字(2016)第063213号

出 版 人 赵剑英
责任编辑 喻 苗
责任校对 胡新芳
责任印制 王 超

出 版 中国社会科学出版社
社 址 北京鼓楼西大街甲158号
邮 编 100720
网 址 http://www.csspw.cn
发 行 部 010-84083685
门 市 部 010-84029450
经 销 新华书店及其他书店

印刷装订 三河市君旺印务有限公司
版 次 2016年4月第1版
印 次 2016年4月第1次印刷

开 本 710×1000 1/16
印 张 16.75
插 页 2
字 数 266千字
定 价 65.00元

凡购买中国社会科学出版社图书,如有质量问题请与本社营销中心联系调换
电话:010-84083683

# 编委会

# 目　　录

## 马克思主义方法论



## 价值哲学基础理论

## 马克思主义哲学



## 马克思主义基本原理



## 马克思主义思想政治教育



## 书　评

# 马克思主义方法论

# 认知资本主义的假设

卡罗·韦尔切洛内著　夏小媛译

这篇报告的目的是要介绍认知资本主义某些方面的研究计划。本课题的主要观点是要进一步论述认知资本主义被假设为福特主义的社会危机的主要支柱。这场危机表明了危机本身是两极化的知识形式所宣告的工业资本主义时代到来前的间歇，因此，我意识到了马克思有关“一般智慧”的假设。

于是，我们应阐明如下推理：

• 首先，我们要说明研究议程的主要特点，特别是我们要解决马克思主义方法论的应用，以及在解释当代资本主义的问题上，马克思主义方法论与其他的解释路径有何种程度的不同。

• 其次，我们需要处理资本/劳动关系的历史性转变所引发的工业资本主义的危机，以及由此带来的结果，即认知资本主义的转向。

• 最后，我们将重点放在分析新的矛盾本质，以及认知资本主义所固有的矛盾上。①

Ⅰ. 福特主义的社会危机导致的后果是，资本主义进入了劳动分工和资本形态的双重深刻转变的时期。在探寻导致资本/劳动关系变化的主要因素的过程中，必须将知识与日俱增的重要性以及认知劳动的维度两者考虑进来。

然而，知识在资本主义发展过程中所扮演的关键角色，并不是一个历史性的新奇事物。因此，要理解知识何以确立它的“新”地位，以及怎样从资本/劳动关系的本质上分析知识带来的影响，应当视为两大有待解决

---

① subjective and objective.

的问题。

在理论层面上，需要强调的是认知资本主义与知识经济两者之间概念的根本对立。

新古典主义的内生增长理论以及知识经济的诠释理论从未对资本和劳动力之间的对立加以考量，此外，也没有考察过知识和促进劳动分工的力量两者之间的冲突。事实上，资本主义当前所面临的突变及其风险，不应该从知识经济①中寻求答案。相反，我们需要从以资本积累的规律为框架和基础的经济中找寻答案。

认知资本主义的出发点是，知识经济的新自由主义理论对为实际突变持辩护的角度，展开了激烈的批判。这场批判的视角显然是由我们的分析对象——认知资本主义的两个方面所组成的：

ⅰ）资本主义强调了资本主义生产方式的结构的永久性，特别是利润和工资关系的推动作用，或者更确切地说是抽取剩余劳动所依赖的不同形式的劳动力。

ⅱ）“认知”强调了劳资关系变化的本质，以及资本积累所依赖的不同的财产形式。

因此，将这两个方面结合起来有助于我们加强现阶段资本主义转向所带来的冲突与矛盾。

从方法论的角度来看，当马克思在强调知识与权力之间的冲突关系的时候，就需要利用他的方法论来解决这些问题；知识与权力之间的关系促成了资本主义的劳动分工和生产力的关系的演变②。就这一点而言，马克思留给后人的重要教训与活的劳动的本质有关。事实上，作为一种认知活动，劳动是人类的主要特征，从广义上说，这是人类的本质。

根据定义，人类劳动是一种将思想和行动紧密聚拢在它周围的活动，而且不同于其他生物所进行的重复的、本能的活动。

因此，如果劳动的认知维度是人类活动的本质，那么它就可能成为资

---

① as mainstream theory does.

② Specifically, we shall deal with the theoretical and heuristic value of the concepts of formal subsumption, real subsumption and general intellect. With the notion of subsumption, Marx qualifies the forms of subordination of labour to capital. With general intellect, he designates a radical change of the subsumption of labour to capital and indicates a third stage of the division of labour. It involves a tendential overcoming of the logic of Smith's division of labour proper to Industrial Capitalism, and posits, in a new manner with respect to the other writings of Marx, the possibility of a direct transition to communism.

本主义控制生产的障碍，而且这是一个逐步积累的过程。

如果是这样，知识与权力的关系就构成了在组织生产中的阶级斗争的本质特征，其中有两大主要原因：

1）谁掌握了绝大多数的劳动力，谁就拥有了可以决定工人的劳动强度和劳动时间的能力；

2）谁掌握了生产知识①，谁也就能控制生产本身的能力，换言之，他就能支配劳动力以及决定社会生产的目的。

这些要素在资本/劳动关系的历史动态和工人运动本身的组织形式中起着关键的作用。知识—权力的关系形成了人类和生产工具②之间的关系，值得注意的是，这有助于构建以技术和政治为主体的阶级构成的概念。这个概念有助于解释资本—劳动对立③的确定的历史形态。正如我们下面将看到的那样，由劳动对认识维度的重新分配，将用于解释在福特主义的社会危机下，从事生产的社会组织的紧张局势的再现。事实上，社会合作已经成为日益独立于先前由资本家所组织和控制生产的功能。然而在机械的方式下，活的劳动的新特性还不足以保证直接导致自主生产以及社会的生产目的的冲突。不同于泰勒主义对劳动的控制，这一机制将集中精力控制工人的主体性。这一段落的中心论点之一来自受约束的社会的纪律。

在工业资本主义中，有关知识的生产能力的冲突解释了劳动分工的发展趋势，并尽可能地阻碍劳动的认识维度，将知识的生产转化为其对立面：机械的重复性的活动。简而言之，这是逻辑学中真正的小前提。然而这一小前提所指向的趋势永远是不完美的。事实上，我们协助建立劳动者的新的知识形式，不断重塑资本主义的技术和社会劳动分工的最高水平。

以技术和政治为主体的阶级构成的概念

以技术和政治为主体的阶级构成的概念是基本的方法论工具，旨在表明由历史决定的资本/劳动对立的形式。正如其名称所示，它被定义为以双层次组合的分析法为基础。

1. 第一个层次将技术的阶级构成定义为由资本的有机构成所体现的支配的关系对应物。它描绘了从《视野》一书中对活的劳动的描述，资本

① which Marx refers to as the intellectual powers of production.

② material and immaterial.

③ see box.

主义的生产组织中的小前提的形式，到识别出处于资本增值过程的中心地带的劳动力。在此基础上，资本和劳动之间一些决定性的和由历史决定的冲突可以被分离出来。例如，在第二次工业革命以后，专业工人为被直接挪用的生产资料而掀起斗争，劳动过程还没有完全受资本的控制或者以资本为蓝本，是独立于工人而客观存在的实体的形式。随后，大量的面临着劳动过程彻底被增值过程改造的工人，他们拒绝流水线上的身体。由于福特主义的社会危机，技术的阶级构成将遭受巨大的突变，它将会是“工人在他们自己的头脑中发现了决定着生产率差异的最重要的固定资本。这绝对是现代生产生活中必不可少的新鲜事物”①。斗争的形式和风险相应地发生了深刻的改变。

2. 我们必须注意的是，尽管技术的阶层构成的探索值只是一个元素或者分析通道的第一步②，旨在明确以“技术和政治为主体的阶级构成”的概念所产生的问题。如果将分析限制在资本/劳动关系的技术层面的特性上，那么风险就会将无产阶级的组成和行为作为资本积累所改造的结构性范畴。这就是阶级构成的分析为什么会主要建立在以外在性为主的生产方式的基础上的原因，而且就自主性机制的根源性而言，不仅是因为工人形成了他们的主体性思想，更重要的是他们的生活和繁殖方式的改变。因此，有必要将冲突的机制考虑进来，这些机制至少在受产业资本发展动态制约的相同程度上改造了产业资本的发展。

这是在第一次工业革命中工人运动的形成过程中，勒德分子的典型案例所提供给我们的最基本的箴言。工人阶级的诞生并非工厂制度形成的目标产物。相反，类似于资本主义的整部历史，它是由作用人和先决条件共同催化而成的活动进程。在其他方面“阶级是一对冲突的历史关系，我们不能将阶级的概念从阶级斗争中单独抽取出来；阶级之间不斗争是因为他们都存在，他们之所以会存在，是因为他们互相斗争”③。

这种方法将留给我们一个极为重要的方法论遗产，在活的劳动的集中性和推动作用的基础上，它使得我们了解资本主义的构成方式及其接替制度。

---

① Negri, Exil. Mille et une Nuit, Paris, 1998, p. 18.

② preliminary.

③ Abensour M., La Psssiond Edvard P. Thompson, Introduction to French edition of Thompson E. P. La formation de La Classe Ouvrere anglaise Gallimard Le Seuil P. V., in Thompson, 1988, p. V.

Ⅱ. 我们将继续以历史的视角来演示从工业资本主义向认知资本主义转变的过程。

在资本主义的历史中，劳动分工和可以被认知的知识的作用都经历了三大主要阶段①。这三个阶段中的任何一个阶段都可以被定性为有关积累和生产的特定的历史体系。

第一阶段以重商主义的资本主义为代表，这一阶段的生产模式基于所谓的外加工制②和中央集权制。我们不应该深入分析这一历史阶段，即使它展示了一些对正在进行的历史环境有意义的类推。特别是，资本/劳动的关系是以手艺人的领导权、熟练工人的知识、卓越的贸易和积累的财政机制为标志的。

第二阶段则以工业资本主义为代表。它在某些方面充满了“实际吸纳”的逻辑，我们可以在福特主义的模型中发现其历史成就。这一历史阶段将导致知识经济和劳动分工的发展，这条路径可以用以下四个特点来表示：

A）资本积累的动力是基于专门生产大规模、标准化的产品③的大型工厂来提供的。

B）劳动分工是以知识的两极分化的进程为特征的。脑力劳动逐渐从体力劳动中分离出来④，这同工人的知识被并入固定资本和企业组织结构的进程相对应。劳动从劳动者的主体性中被分离出来。在这样的方式中，劳动的内容变得越来越抽象，不仅因为它假定了交换价值的形式，还因为它清空了智力和创新的因素。

C）在工业资本主义所固有的劳动分工的基础上，伴随着物质生产的集中性，经济效率和生产力的主要标准变成了对与时代相适应的经济和生产力——产量原理⑤的找寻。该标准将成为基于劳动时间的历史唯物主义的价值论的基础之一。在某个劳动组织中，它将在给定的时间框架之内，完成规定的任务。

---

① even if these phases partially overlap with one other.

② This system, also called the system of the diffuse factory, is based on the figure of the mercantile entrepreneur who organises production in the home by artisans and independent workers.

③ First of all, those of the Mancunian model, then those of Fordism.

④ which entails the separation of conceptual from executive tasks.

⑤ That is to say, an essentially quantitative conventional determination of productivity, founded on the relationship between the quantity produced and the volume of labour employed measured in hours of work.

D）从广义上讲，经济效益将根据工人的直接劳动时间被认为是唯一的生产时间，转化为用社会时间来表明。在这一规范的语境中，其他任何劳动力的形成与再生产的社会时间都被视为非生产性的。在工作性质发生突变的当今，面临着来自许多层次的质疑。例如：

ⅰ）反对生产/消费[①]；

ⅱ）反对教育/生产活动；

ⅲ）生命的三次循环为有效生命提供周期性变化，并将形成时期的时间从有效生命中分离出来，最后把有效生命从退休中分离出来。

最后一个阶段始于福特主义的工业资本主义的危机，并将持续到向认知资本主义的过渡时期。

这种转变起源于知识日益增强的重要性，以及知识的传播所带来的更高层次的教育和非物质的智力性的劳动的扩张。至少从生产的角度来说，福特主义的社会危机决定了由资本带来的劳动的实际吸纳逻辑的动态危机。这场危机表现为知识的两极分化带来了工业资本主义的信息中断，由此可以联系到马克思关于“普遍智能”概念的假说的某些方面。

生活常识的新的定性优势，如整合与动员劳动力，优于死知识，合并固定资本[②]，体现了这场危机的主要特征。

融入了活的劳动中的知识的领导权，是认知资本主义的主要特征之一。

因此，我们可以观察到先前建立的劳动分工制[③]的危机，以及工业资本主义所固有的技术进步。但我们应该牢记这次突变的决定因素并不能减弱计算机/信息技术革命的影响。因此，新资本主义转型的出发点主要建立在三大关键现象之上，这三大现象是福特主义的工资关系造成的社会危机所固有的。

第一个现象以劳动的科学研究组织所带来的挑战为代表。工人拒绝劳动，即工人对自主权的主张日益增加，体现为泰勒模式的劳动正逐步淘汰。

第二个现象以知识的传播为代表，这主要归功于大众教育的普及，或者说是被命名为智慧传播的发展。正是由于劳动力具有了智慧能力这一新的素质，才导致了对劳动认知维度的再认识，尽管这一点一直遭到产业资

---

① or work/leisure.

② and the firm organisation.

③ Smithian and Tayloristic.

本的极力否定。这表明，以劳动分工的认知为特征的交流式的合作正在取代泰勒模式所倡导的毫无发言权的重复的合作。

最后一个现象是作为社会斗争的结果，社会薪酬和集体福利大幅度地增长，导致了福特主义的监管模式的危机，这也是这场社会危机爆发的主要原因。这种动态变化常常被简单地理解为福特主义危机的因素，同劳动力再生产所必需的间接人工成本的增加有密切联系。事实上，福利国家的扩张为以知识为主要驱动力的经济和认识劳动的领导权提供了发展的平台。这些是可能的，因为：

A. 知识经济的核心推动力主要来自福利国家，这些国家往往偏向于集体产业，如卫生、公共教育、大学研究等，而非面向研究领域的中心地带或者私人企业的发展。

B. 社会薪酬①的增长，削弱了以货币为约束的工资形式，并为在不同的活动和劳动形式②之间提供了一定程度的选择灵活性③。

从这个意义上说，社会工资的增长对应了空闲时间的增加，从知识经济的角度，借用马克思的词汇来说，即直接生产力。

在这一方面有一个值得强调的，但又很容易被遗忘的论点：

空闲时间的增加，时间从资本的直接控制中解放出来，并非简单地提高了企业生产率。同时，空闲时间的增加也是社会劳动生产力增长的主要诱因之一，这是因为它在知识的传播和知识生产的累积维度上有着或直接或间接的影响。

借用马克思的话，以知识为基础的经济和社会的形成条件，取决于活的劳动的创造力。无论从逻辑还是历史的角度来看，这些情况都会对认知资本主义的出现产生影响。如果是这样的话，要澄清以下几个问题是非常重要的。

1. 工作的认知维度的发展是在认知资本主义出现之前，并与之是敌对关系。在这里，需要澄清的一点是，有时会由“认知资本主义”引起一些误解。事实上，“认知的”这个形容词同“资本主义”这个名字在某种程度上有关联，因此许多人会认为认知资本主义是认知的资本主义。然而，从我们的角度来看，当前转型期的基本特征涉及活的劳动的自然品

① pensions, subsidies of unemployment, etc.

② above all during years’ 70.

③ not merely imposed flexibility.

质。也就是说，是劳动而非资本是认知的，即使对劳动力的知识产品的控制与开发，以及知识的商品化日益成为资本积累的来源。

2. 至少根据盎格鲁—撒克逊的监管模式，认知资本主义的逻辑不管是基于知识经济，还是基于知识自由流通①的经济来说，都是两者发展的一大障碍②。然而，这一论断必须同北欧社会民主模式的国家③有所区别。

鉴于上述情况，在知识经济的社会中工人集体占统治地位的时期，过渡到认知资本主义是一个复杂且充满冲突的动态过程，且资本一直试图通过对普遍智慧的控制实现重建，这种说法是公平的。这一重组过程将会带来脱离社会的经济的新阶段。它通过追求三个目标，来抵制让知识经济得到有效管理的社会和体制的条件。

第一个目标：扩大市场的逻辑，以便于使福利机构集聚在一起，并将工人的知识和生命转化为商品。

第二个目标：增加社会就业的不稳定性，自从对工薪阶层的经济约束的强化变成了对劳动力的控制的必备条件以后，越来越独立的劳动力成了第二要件。这是资本对劳动实际吸纳危机的影响之一。

第三个目标：打破智慧扩散的生产的统一，并由此人为地对劳动双重性——类似于新古典模型的内生增长模型做出区分。

也就是说：

1）第一部分被称为人力资本，将对应于脑力劳动的贵族，这一部分人将得到通过金融资本股利取得酬劳的资格。

2）相比第一部分，第二部分是尚未得到确认的。在经济约束的重压之下，需要用认知劳动分工制，即新的泰勒主义的任务中不太创新的传统的部分，以及新的标准化服务，来确保最危险的工作。

因此，认知资本主义有效利用了规范化逻辑和劳动分工来破坏知识生产的集体力量，这一点是至关重要的。

Ⅲ. 总之，有一种可能的说法是，向认知资本主义的过渡，不但没有消除矛盾和对立，反而扰乱了矛盾和对立，从某种程度上来说，甚至增加了社会危机。

---

① as a key condition for its development.

② It is also for this reason that the title of one of my article published by the European Social Forum was Cognitive Capitalism Against a Knowledge based Economy.

③ Sweden, Finland, etc.

我们可以简单地列举一些在某些领域中的矛盾和紧张的氛围。

第一个维度涉及了知识和生活的私有化使得生产的公有性和支配的私有性之间的矛盾更加尖锐化。在一定程度上，直接用于高技术商品生产的劳动时间显得越来越微不足道了①，因为这些商品是免费的。在这种情况下，资本的解决方案是建立严格的知识产权，旨在取得专利品的租金。这一战略对应了政治经济学的创始人为私人财产作了合理辩护的原则，以及效率的竞争秩序两者自相矛盾的局面。事实上，财产的创造是稀缺性的。马克思②的一个案例中，他会用人工的方式证明保持财富的交换价值③的首要地位是合理的，这是基于丰度和使用价值的，因此是趋于无偿的。

第二个维度是工业资本主义所固有的死的劳动和活的劳动之间的传统对立，而认知资本主义的方式为此提供了新的对抗形式：关于资本的死的知识同关于劳动的活的知识之间的对立。劳动吸纳资本对应了从劳动过程的角度回归劳动的本质的错位。因此，在认知资本主义的情况下，劳动合作不再受资本统治，重申生活常识的自主性可能导致在劳动组织中的自我决定同社会生产目的之间的紧张关系复苏。

最后，在认知资本主义中，劳动的社会性和知识性确定了生产劳动和剥削的概念的消亡。在正式工作日，致力于生产活动的劳动时间只占一小部分，而且通常不是社会生产时间中最重要的部分。

正是由于打破了再生产领域和直接生产领域两者之间的传统边界，对劳动力的使用价值的剥削才一直延伸到社会的全部。

在这种情况下，社会收入和工资的提案保证了就业的独立性，并被设想为在有助于创造财富和价值是有意义的社会时代的报酬。从知识经济的视角来看，保证社会收入或工资不仅应当被视为社会对知识的集体投资，而且更应该是个人的基本收入。也就是说，社会薪酬直接来源于生产性贡献，而非仅仅对收入所得再分配的社会保障制度。

（作者单位：伯克贝克学院与伦敦大学亚非学院）

（译者单位：华东师范大学哲学系）

① Or, to put it in the language of Neoclassical economic theory, to the extent that the marginal costs of reproduction are practically nil or extremely low.

② but also a classical economist like Ricardo.

③ which is based on the difficulties of production.

# 认知资本主义的政治

## ——超越工厂理论

詹姆斯·艾维斯著　张少侠译

> 一种新的政治格局已将资本与劳动力之间的旧的紧张关系转化为资本与生活的关系。它的声明规定了不是对或多或少或更公平的工作的要求，而是要结束这份工作。①

本文重在探索认知资本主义的理论化对于工厂理论观念的形成所具有的重要意义。起初，本文对工厂理论的调查分析旨在使知识与能力在发达国家那里具有合法性，并使这种合法性和社会主义政治关联起来。这一指令特别将目光指向了那些劳动力趋于贬值，以及试图把他们低贱的地位和微薄的努力与对这份工作的价值和尊严相匹配的工厂劳动者身上。本文第二部分旨在围绕认知资本主义的结构在这场论辩中的关联性和贡献进行分析。

## 工厂理论和社会主义②

对工厂理论的研究已有很久的历史（WPL）。正如这一理论对于提升资本主义财富的极大重要性与改变劳动力的发展状况和雇佣劳动附加值的关注度同等重要，WPL 对于在受压迫的工厂场所工作的劳动者的生存策

① Cederström, C. Fleming, P., *Dead Man Working*, Alresford, Zero Books, 2012, p. 205.

② Avis, J., "Workplace Learning, Knowledge, Practice and Transformation", *Journal for Critical Education Policy Studies*, Vol. 8, No. 2, December 2010, pp. 165-193.

略的重要性，与被剥夺工作环境的抗争和频繁的集体作业是一样的。然而，目前对 WPL 最大的兴趣至少来自两个方面。一方面，有一个共识，即在上流社会中（在 2020 年，英国大多数劳动人口）将会实行全日制教育。费尔斯特德等人写道：

> 事实上，到 2020 年英国 70%的工厂劳动力都会提高他们的 WPL，而且这种显著性会进一步发展，因为大多数都是超越了普通学校的范围，或许是遥不可及的高等教育。①

与此相关的第二方面是，由此引起的巨大的、飞速的变化意味着保险费加入了 WPL，并和知识型（上流）社会的言论相融合。换句话说，我们都将要求所有劳动者在工作场所学习，这样的改变，是充分考虑了 WPL 后提供的一种方式。

经常分析 WPL 会获得乐观的状态，与作家们，如比利特（2005）争辩说，WPL 的授权书和文凭为社会主义通过其认可的工人技能和知识提供了便利，而这种技能和知识却恰恰是经常被忽略的，并保持了资格审查制度之外的一些东西。② 在某种程度上，正如比利特提到的在道德上的规则会重视雇佣劳动，其他的人或许认为这是降低自我身份，因此会把极少的注意力放在 WPL 消极的一面上。然而，一些作家所关心的 WPL 的争论点主要在获得平等教育机会和获取教育证书上。比利特将“这种安排”的思想和对那些已经规定了工作年限的弱势劳动者群体能力的认可联系起来。他写道：

> 设法以一种合理的、有权威的方式去认可那些通过工作而获得的能力，而这种工作正好抓住了给这些不同的弱势群体提供这种安排的前景或机会，正如要求对他们的工作年限得以认可一样。【我的

---

① Felstead, A., Fuller, A., Jewson, N., Unwin, L., *Improving Working as Learning*, London, Routledge, 2009, p. 3.

② Boud, D., Symes, C., “Learning for Real: Eork-based Education in Universities”, Symes, C., McIntrye, J. (eds.) *Working Knowledge: the new Vocationalism and Higher Education*, Buckingham, Open University Press, 2000, p. 18.

强调】[①]

然而，比利特的处境似乎也很困难，他充其量在努力使那些低回报的劳动和低收入的工作与一些尊严相协调。然而，这种努力对于社会上工作间的关系，即它的新自由主义背景或者当前严峻状况所带来的真正的挑战来讲却是微不足道的。这并不是否认 WPL 在资本主义企业中的作用，如果没有 WPL，这一切几乎都将失去作用。这也不否认开发工厂里弱势工人群体的真正技能，从而获得“有用的知识”。此外，重要的是，要认识到，在工业资本主义中，劳动权力创造了资本家占有的剩余价值。换言之，资本占用了工人的认知能力。葛兰西认为，“所有人都是知识分子……但并不是所有的人在社会中都起到知识分子的作用”[②]。对 WPL 的研究，旨在寻找对于弱势工人的劳动的一种合法性、高贵之处的认可，说明认知能力是统领价值创造的一种方式[③]。然而，这里有一个悖论，在雇佣劳动中我们如何同时发展自我能力。塞德斯棹和弗莱明认为：

> 自我剥削已经成为当今工作的一个决定性的主题。事实上，大型公司投入培训额之所以如此少的原因是，他们已经意识到工人在自我培训，无论是在工作中使用他们的生活技能和社会智力，还是远离工作，生活在他们自己的时间安排里。[④]

认知资本主义“自由”的劳动对价值的创造日益重要，这是因为，它与工业资本主义相比，是一个新生的得以发展的制度。这一新制度是以数字劳动为中心，以数字技术促进发展的集体和社会参与形式。

---

① Billett, S., “Recognition of Learning through Work”, in Bascia, N., Cumming, A., Datnow, A., Leithwood, K. Livingstone, D. (eds.) *International Handbook of Educational Policy*, Dordrecht, the Netherlands Springer, 2005, p. 944.

② Gramsci, A., *Prison Notebooks*, London Lawrence and Wishart, 1971, p. 9.

③ See Fuller, A., and Unwin, L., “Learning as Apprentices in the Contemporary UK Workplace: Creating and Managing Expansive and Restrictive Participation”, *Journal of Education and Work*, Vol. 16, No. 4, 2003, pp. 407-426. Fuller, A., Kakavelakis, K., Felstead, A., Jewson, N., Unwin, L., “Learning, Knowing and Controlling the Stock: The Nature of Employee Discretion in a Supermarket Chain”, *Journal of Education and Work*, Vol. 22, No. 2, 2009, pp. 105-120.

④ Cederström, C., Fleming, P., *Dead man Working*, Alresford, Zero Books, 2012, p. 8.

## 认知资本主义

认知资本主义理论认为，资本主义已经进入到一个新的发展阶段。福特主义到后福特主义的部分转变与工业资本主义的衰落相关联，至少在西方，随着数字技术的日益发展，对知识、改革和创新的重视可以说明这种改变。承认这一改变不是基于经验主义者的观点，而是基于一种经济在前缘发展上至关重要，这一经济呈现出了一个新的社会假设，新型的资本主义关系间的霸权观念，或者可称其为“进化轨迹”。值得注意的是，布当指出，马克思在研究资本时，并没有研究当时的英国最大的劳动人口，包括家庭佣人，而是将注意力集中在一个较小的工厂里的工人们身上，来预先考察工业资本主义的新兴霸权集团。对于维斯鲁认知资本主义，

> 是指一种积累专业性的生产价值，科技工作占主导地位，资本在维持物价的核心利益中直接控制并将知识转化为一种虚拟商品的体系。①

或者如富马加利②所认为的构建认知资本主义有三大支柱：金融市场犹如汽车的发动机起积累作用；网络知识的产生和扩散成为资本主义者稳定物价措施的主要来源，而这一物价措施是用来重新定义劳动者的生与“死”；最后是劳动力的分解导致了不确定性③。

这些论证与应对金融化相结合，表明了剩余价值产生的方式已经发生了改变。④ 也就是说，“知识经济”与工业资本主义具有质的不同，这种质的不同在剩余价值上呈现出的一种新的发展阶段是恰当的（这种恰当性是以一种极其不同的方式表现的）。在某些方面，这种质的不同表现了从实际价值到包含正规价值的逆转，反映了原始积累和早期资本主义对公共

---

① Vercellone, C., “The new Articulation of Wages, Rent and Profit in Cognitive Capitalism”, in Queen Mary University school of Business and Management, *The Art of Rent*, London, 2008, p. 119.

② Fumagalli, A., “The Global Economic Crisis and Socioeconomic Governance”, Fumagalli, A., Mazzadra, S. (eds.) *Crisis in The Global Economy*, Los Angeles, Semiotext (e), 2010, pp. 61-83.

③ Ibid..

④ Marazzi, C., *The Violence of Financial Capitalism*, Los Angeles, Semiotext (e), 2011.

土地占有的历史过程。工业资本主义趋向于当前资本的积累和扩张，是和经济大萧条有关的，更像是垄断资本主义。[①] 此外，这些论据优先考虑了那些把这些论据当作一个集中且毫无保留的民主政体形成的知识，这一民主政体的形成直接受外在资本的控制。对 WPL 在学术上的解释的对比是工作的核心，认知资本主义强调了“（土地）共有权”在共同形成先进的外在劳动过程中知识的重要作用，这对于资本追求剩余价值是很有用的。高兹指出，认知资本主义犹如工业资本主义是以不同的方式运作的，

> 主要的生产力、知识，在很大程度上是一种产品，是一种无偿的集体活动、“自主生产”或者“主观性生产”的结果。在很大程度上，“一般智力”，共享文化、生活和居住的实用知识。[②]

我想评论两个与目前密切相关的且应当注意的危机状况。第一个涉及的是塞德斯棹和弗莱明的新自由主义和“冗员工作”问题，他们讨论以何种方式工作，即雇佣劳动，已渗透到我们生活的各个方面。这是与标志着进入具体工作时代的工业资本主义的福特制作对比的。

> 今天资本主义不同的是，它的影响力远远超出了国内市场。在福特主义下，周末和休闲时间仍相对较少。他们的目标是间接支持世界市场的工作。然而，今天资本却在寻求利用我们的所有生活社交圈关系。当我们都成为“人力资本”，我们不仅有工作或进行工作，我们就是工作主体。[③]

与上述情况相反的是，我们所处的环境也有可能做出一个完全不同的回应——拒绝工作，也就是说拒绝雇佣劳动。这把我们带回 20 世纪六七十年代的意大利的工人主义时期。当前的讨论围绕对建立在工人主义背景下资本主义的分析中的某些特征来进行是重要的。相反的论点是，强

---

① Baran, P., Sweezy, P., *Monopoly Capital*, New York, Monthly Review Press, 1966. Foster, J. B., Magdoff, F., *The Great Financial Crisis*, New York, Monthly Review Press, 2009.

② Gorz, A., *The Immaterial*, London, Seagull, 2010, p. 52.

③ Cederström, C., Fleming, P., *Dead man Working*, Alresford, Zero Books, 2012, p. 7.

调“人类创造资本”和在我们成为工作主体条件下通过雇佣劳动主观性开拓殖民地，工人主义会做出一个极为不同的响应。贝拉尔迪评论，20世纪70年代，

> 在汽车的生产周期，劳动有大量非人性化的特点：它是在这些部门，拒绝工作了……在20世纪70年代，整个欧洲汽车的生产周期遭受到工人战斗、破坏和旷工的冲击。[①]

这个时期是工业资本主义下福特主义衰落（危机）期。

与当前的危机相关的第二点是对工人主义的特点做出分析，应将其理解为资本对阶级斗争的回应，而不是把目光集中在作为一个积累策略和价值追求结果的资本主义的发展上。我不想参与对工人利益的社会观的正确性或经验性的论战中，而会通过他们提出一些重要的问题。在20世纪60年代和70年代，这些为反对工业资本主义作斗争做出评论的作家们，强调了拒绝工作。尤其在危机发生的时刻，是全体团结的工人阶级，使这种“拒绝”成为可能。然而，这一论点表明，随后的资本主义发展是对这种“拒绝”的一个反应，并试图压制工人们的抵抗。这些分析直指后福特主义的发展和日益重视的非物质劳动和认知资本主义。在资本主义发展中的这些变化，可以被看作是为了规避拒绝工作，破坏工人阶级的团结。

一些作家随意地联系工人主义来讨论认知资本主义和工作方式，不但殖民统治我们的生活，而且剩余价值的生产方式也日益转移到私人领域。出现了一些关于女权主义理论、社会劳动的意义、工作方面的特点和与其创造价值的关系的共鸣。[②] 有一个略微不同的观点，我们可以考虑给数字技术订立契约，和社会生产及组合达成联盟，同劳动活动中出现的外在的正规的雇佣关系的方式可以创造剩余价值一样。例如，我们可以使用Facebook来保持与家人和朋友的联系，如果你喜欢的广告取得收益，它也将创造剩余价值。此外，让劳动参与我们不断更新的网页中来，我们会联络

---

① Berardi, F. “Bifo”, *The Soul at Work*, Los Angeles, Semiotext (e), 2009, p. 28.

② See Fortunati, L., *The Arcane of Reproduction*, New York, Autonomedia, 1995. Weeks, K., *The Problem with Work*, Durham, Duke University Press, 2011.

自己所有的关系去重新访问该网站，并以此对抗其中的广告宣传。同时，伴随着所有的矛盾和紧张气氛的产生，也可以用这些网页进行网络宣传。①

重要的是，在非物质的和认知资本主义里，创造、改革和知识被认为是价值的主要来源。这就提出了一些其他的要求，如以前由福利国家提供的市场化和商品化是什么：教育，医疗卫生服务等。这种市场化的扩张源于赢利能力的危机，扩大商品关系以提供额外的利润来源的愿望。另一个更为有意义的主题（论点）是知识中心阶段（时期）。这借鉴了马克思（1973）在《政治经济学批判大纲》中的讨论，即把科学对于生产力发展的重要性与集体工人的形成联系起来。福特主义的某些功能（特征）促进了对资本主义认识的转变。例如，国家福利的发展和教育普及的贡献趋向“大众知性”，这为知识经济发展提供了坚实的基础。塞德斯棹（2008）指出，“散乱的知识分子是通过（未编号的）大众教育的发展产生的”，大众教育与训练水平的日益提高密不可分。此外，他认为，应把建立在经济基础上的知识发展的有利的环境归因于“安全的社会收入和福利服务的传播”的社会斗争（未编号）。这种论点的意义在于，他们回到包含劳动力的正规时期，这是以商业资本主义和前工业资本主义发展的共同土地的圈地历史为特征。对于这些作家所联想到的论点，在目前的状况下日益导致资本过剩现象，因为它不再执行任何有用的生产目的。历史上，资本主义通过其控制和生产过程的方向来增加生产能力，然而认知资本主义已不再如此。它也指出，剩余价值的占有愈发重视资本主义企业以外的地方。

塞德斯棹（2009）认为，在认知资本主义范围内，我们需要探索的是在资本主义企业外部产生的剩余价值的生产。

> ［社会的劳动合作产生的盈余的无偿拨款］是分析要遵循的一个重要方面，因为它对于重新考虑体系结构内工资，生产劳动和剥削的概念变得至关重要，在这一结构内，这种合作不再受到工厂的限制，

① Coté, M., Pybus, J., “Learning to Immaterial Labour 2.0: Facebook and Social Networks”, in Peters, M. A., Bulut, E. (eds.) *Cognitive Capitalism Education and Digital Labor*, New York, Peter Lang, 2011, pp. 169-193.

而是扩展到整个社会，因为它经由自我组织独立于资本。[①]

上述的意义在于，它优先考虑知识的发展，并认为这种集体、隐式的民主成就诞生于直接受资本控制的范围之外。因此，在认知资本主义中，相对于它的工业类型的建立而言，剩余价值以一种质的不同的方式被占有，这致使劳动价值理论被削弱。这部分是经由劳动的生命政治概念获得的，

> 一个人的整个生命投入到工作中，当知识和劳动力的认知能力（一般智力，马克思在他的《政治经济学批判大纲》中谈到）承担由机器在福特主义时期所发挥的作用，体现在生物生产性机构的合作中，它的语言、功能、情感和关系与沟通能力都有助于创造价值。[②]

对于那些采用这一观点，即知识和劳动力的认知能力，来自活的劳动集思广益和重要的外部资本主义关系。在这个意义上，资本是试图包含“（土地）共有权”，并解释为什么劳动价值理论被认为是多余的。然而，承认这一点是很重要的：

> 通过能源和劳动力双重耗费的方式来机械改变的物质是不会消失的，但它会损耗它的核心部分，以此来支持在生产生活方面通过生活的方式的大脑的运作，凭借新的信息技术，其中的数字化、计算机和互联网是象征性的，同样地，其中煤矿、蒸汽机、织布机和铁路是工业资本主义的象征。[③]

布当早年就指出，认知资本主义“并未消除世界上物质性的工业生产。相反，它却重新安排它、改组它，并改变其神经中枢的定位”[④]。那

---

① Vercellone, C., “The new Articulation of Wages, Rent and Profit in Cognitive Capitalism”, in Queen Mary University school of Business and Management, *The Art of Rent*, London, Unnumbered, 2008.

② Marazzi, C., *The Violence of Financial Capitalism*, Los Angeles, Semiotext (e), 2011, p. 113.

③ Boutang, P., Lauder., Ashton, D., *The Global Auction*, Oxford, Oxford University Press, 2011, p. 57.

④ Ibid., 2011, p. 48.

些强调在价值创造方面活的劳动核心和社会生产重要性的论点的重要意义并不意味着越来越多的人会处于与资本直接相关的关系之外，成为剩余人口的一部分。在过去，我们更倾向于把这个群体作为劳动的后备军。

这个对工人主义和认知资本主义的简短探索在对 WPL 的讨论上可能会出现些许偏离，但它提出了大量相关的问题。同样重要的是，我们必须承认一些针对围绕认知资本主义和非物质劳动辩论回应的评论（文章）已经产生了。例如，卡姆菲尔德（2007）已针对哈特和奈格里的非物质劳动力概念提出了尖锐的批判，这一概念显示出他们对这一术语的理解是如此广泛，是包罗万象、支离破碎的。[①] 针对活的劳动在被认为是外部资本主义关系盈余的产生方面的应用的强调性话语，也遭到了批判。芮寇斯葛（1999）关于“人力资本”的概念是切题的。他建议（指出）我们应该调和存在于资本主义工厂内部的矛盾，在自我剥削中串通一气。此外，如果我们考虑到劳动力的激烈化，那么过剩劳动价值理论也可以受到质疑。我们与其指出一个连续性借以使工厂变得包罗万象，还不如看到资本主义劳动过程和生命的剩余部分之间的破裂。[②] 另外，有些人还关注与资本积累紧密相关的危机和不断寻求安全的方式维持价格的新形式。[③]

也许我们应该重新评价那些专注于雇佣劳动的优先取舍权的观点和认为由于零散的智力的原因，我们必须投身于外在价值发展到资本主义企业的贡献中去的看法。早些时候我提到塞德斯棹和弗莱明，他们认为，“自我开发（剥削）已成为今天工作的明确性动机了”[④]。他们继续说：“有意义的工厂管理不应该要求更公平的工作，更好的工作，更多的工作或者更少的工作，而应终止工作。”[⑤] 或者像贝拉尔迪认为的：

> 在现实中，技术的发展往往使体力劳动毫无用处，而且其在工资

---

① See Hardt, M., Negri, A., *Multitude*, New York, Penguin Hardt, 2004. M., Negri, A., *Commonwealth*, *Cambridge Massachusetts*, Harvard, University Press Harvey, 2009. D., *The Enigma of Capital*, Profile, London, 2010.

② Caffentzis, G., "A Critique of Cognitive Capitalism", in Peters, M. A., Bulut, E. (eds.) *Cognitive Capitalism Education and Digital Labor*, New York, Peter Lang, 2011, pp. 23-56.

③ Harvey, D., *The Enigma of Capital*, Profile, London, 2010.

④ Cederström, C., Fleming, P., *Dead Man Working*, Alresford, Zero Books, 2012, p. 8.

⑤ Ibid..

> 这一术语上的评价也是不可能的。但由于在有关环境下，这个信息和过程是植根于资本主义，建立在挣工资的规则，一个进退维谷中开始运作的基础之上。①

如果这种观点被接受，它将会破坏那些以一种传统观念赞扬雇佣劳动的作者们的名誉，以此来寻求它所重视的尊贵和协调。可以认为这种工作是训练劳动的手段和资本主义的后盾。此外，这些观点也可以为社会提供收入保证，这些社会收入是从外在的雇佣劳动创造的价值中获得的。②

尽管经济增长不确定、雇佣劳动不安全、团结的集体和个性化的增强会崩溃，但许多工人面临的物质条件，无论对工作还是对中产阶级的定义，都提出了由不稳定产生的团结形式的可能性。团结也可能来自社会中的合作实践和工厂外部的合作。这样一个地位需要去质疑创新、改革和社会生产观念的本国化，对他们的审查是为了了解他们的政治意图。既然这些能够作为根基而提出来，他们对于资本主义的合作禁得起检验，那么提出授权的可能性就是非常容易的。针对 WPL 的观点可以很容易地提供一个激进的背景，以此来分析对于要求创造、改革和知识的工厂内外部理论的讨论。然而，这样的分析很容易陷入只是对劳动力发展的研究中，也就是说，服务于资本主义意志的劳动力的技能和能力。这样的分析，充其量是对新自由主义的批判和对市场化、消费化和私有化的担忧，这一分析要求用社会民主作为替代品。然而，这样的政治斗争注定要失败。虽然它可能会提供一些改进当前条件的粗糙的要求，但它仍然会执着于资本主义的紧张和矛盾之中。这使人想起拉尔夫米利班德的话是很有益的。

> 社会民主党，还是社会民主党领导人，早就停止了给任何人提供建议，除了他们最轻信的追随者（和更愚蠢的对手），在任何意义上，无论他们所关心的事业能够创造什么样的社会主义社会。③

---

① Berardi, F. "Bifo", *The Soul at Work*, Los Angeles, Semiotext (e), 2009, p. 28.

② Boutang, P., Lauder., Ashton, D., *The Global Auction*, Oxford, Oxford University Press, 2011. Gorz, A., *The Immaterial*, London, Seagull, 2010.

③ Miliband, R., *The State in Capitalist Societies*, London, Quartet, 1973, p. 244.

# 得出结论

在某些方面，围绕认知资本主义和意大利工人主义的观点，将引起一个植根于各种形式的新马克思主义的纯粹的讨论。它象征着在当代资本主义中一个智力上的死胡同，一个远离工作和劳动的生活经验。此外，这些条款包含他们不同范围内的分析，这些分析以不同的方式强调造成前后矛盾的程度。然而，我已经整理的有关这些方法的论点，在他们提出的一些重要问题中具有重要的意义。对于一些作家而言，社会生产、共同配置、大规模定制和互联网发展的开放源代码软件的使用等一样，推进了进步的和民主的可能性①。认知资本主义理论提供了对这些观点的一个纠正，说明了资本在这样的实践活动中寻求占有和稳定物价的方法。对认知资本主义的讨论说明了资本主义不断寻求改变社会关系的动力和方式。尽管关于“拒绝”工作的概念很困难，但它仍然提出了一些在资本主义社会中工作的性质，以及指向不同的方式组织社会和政治生活的问题。重要的是，许多关于体力劳动是不必要的论点，指出了有关生产力发展中的矛盾，凭借现有的社会关系来抑制社会的全面发展。有时这些分析可能限制他们提出一些解决 WPL 疑难问题的议题，而 WPL 却在寻求与被困于社会正义承诺之中的激进政治形成联盟。此外，对于我们当中那些同意塞德斯棹和弗莱明（2012）观点的人，对于“冗员工作”的描述与分析倾向于夸大雇佣劳动的重要性。如果是因为这个原因他们才对 WPL 的讨论做出重要贡献该多好。

# 笔　记

1. 本文的这一章节大量采用了艾维斯（2010）的工厂学习、知识、实践和改造，阿维斯（2014）的工厂理论、职业教育与培训和职业教育学：实践转型。

---

① Benkler, Y., *The Wealth of Networks: How Social Production Transforms Markets and Freedom*, New Haven, Yale University Press, 2006. Engeström, Y., From Teams to Knots: Activity-the-Oretical Studies of Collaboration and Learning at Work, Cambridge, Cambridge University Press, Paperback Edition, 2010.

2. 随同本文附上全部引用："认知资本主义是一种基于三大支柱而建构的体系：（1）金融市场的作用，作为引擎是从投资的融资方积累财富，和作为一个枢纽财富分配机制取决于作为生物政治控制生命的金融化过程；（2）生成的（知识）和扩散的（网络）知识作为资本主义稳定物价的主要来源，在全球范围内重新定义了直接性生产工作和非直接性生产工作之间的关系（认知的、非物质的积累过程成为'共同'合作的征用物，亦称一般智力的过程）。劳动力在国际规模上的分解顺应了在认知上的劳动力分工环境下的个体主观差异上物价稳定的措施，这一认知上的劳动分工是不确定性过程和控制认知过剩所致。"①

3. 在一个略微不同的方向上，布朗等人（2011）探讨数字技术在原专业工作的标准化上的用途。这是一个布伦乔尔森和麦卡菲主题（2012）的链接地址，他们与失去工作有关。但在后者的情况下，这是和技术决定论关联的，这一技术决定论旨在说明生产力的发展、科学以及特定职业的冗余应用。

（作者单位：英国哈德斯菲尔德大学）

（译者单位：华东师范大学哲学系）

---

① Fumagalli, A., "The Global Economic Crisis and Socioeconomic Governance", Fumagalli, A., Mazzadra, S. (eds.) *Crisis in The Global Economy*, Los Angeles, Semiotext (e), 2010, pp. 61-83.

# 马克思的自然主义：形而上学与唯物主义

Christopher C. Chrappa 著　祁小凡译

## 引言：现代的矛盾

马克思在《资本论》中设置的主要任务之一是揭示自然运动规律的必然趋势，该趋势决定了特定群体的历史演化和与之对应的经济形态。马克思在《政治经济学批判》中写道："科学的正确方法"必须开始于把事实简化为"想象的事实"或"抽象"，分析者再以"返程"的方式将其应用于时下，即从抽象回到"一个包含许多概念和关系的丰富总和"的经验现实。[①] 在所谓的资本主义经济学家们眼里，自然科学法则的研究，按恩格斯的话说，也就是"人类历史发展规律"[②] 可能乍看上去是马克思注意到并力图反驳的典型的还原论。[③] 然而它们之间却有很大的不同。

马克思的方法论——历史唯物主义——恰当地描述并解释了世界的运动状态，基本上集中在生产力和生产关系之间的冲突。另一方面，资产阶级的经济学家们肯定并推广一种源于时下的生产方式，假定它的供需法则是永久的、静态的，并以这样的特征去定义所有的经济组织，从而赋予这种我们称之为狭隘的"经济学"以强力来解释不断变化且基于不同生产方式的超历史现象。然而马克思坚持认为，一种特定的社会政治和经济的意

---

① 参见 Karl Marx, *A Contibution to the Critique of Political Economy*, New York: International Library Publishing Co., 1904, pp. 292-293, 另参见 Karl Marx, *Capital*: *Volume I*, London: Penguin Books, 第一版序, p. 90。

② 参见 Karl Marx, *Selected Works*: *Volume* Ⅱ, Moscow: Foreign Languages Publishing House, 1955, p. 167。

③ 参见 Karl Marx, *Theories of Surplus Value*: *Selections*, New York: International Publishers, 1952, p. 202。

识形态（上层建筑）对当时社会表层的运转有决定性影响，而不涉及本质，也就是“生产力的经济条件方面所发生的变化可以被自然科学的精确性指明”①。另外，资本主义经济学家们抛弃了他们关于历史偶然性和根植在其中的人类自然倾向的假说的精神教条，把表象当成了本质。如此一来，资本主义经济学家们的三段论如下：利己主义的路径是合理的；人类是理性的；因此，资本主义，即利己主义的有秩序的安排部署体现了人类本性，并标志着经济学的最终目的。简单地说，马克思主义的世界是变化且充满差异的，而资本主义经济学家的世界是静态而单一的。

我希望强调的是，用截然不同的方式解释人类在人类社会和自然宇宙中的位置会导致一种奇特的相似。以这样的小篇幅，我的写作只能期求做出一种提示性的工作，并系统说明一种倾向。因此，值得注意的是，虽然我的论文预设了一个历史的叙述，但我将把历史的解释作为背景，如阿兰·贝桑松的《古拉格的崛起》和马南的《人类之城》中所提到的，两者都约定了一个哲学方向上的基本转变：从古代强调人类的自然美和中世纪强调上帝的荣耀到近代把自然和历史作为科学研究对象。因此，托马斯·莫尔的《乌托邦》是完全不同于霍布斯的《利维坦》的。从优势来看，近代范式是，直到前近代善的概念和神圣的含义被抛弃，一个明确的观念才完全地浮现出来成为主题。在这个转向中，涉及人类存在本质的大前提是：人类是理性的、个体性的存在；涉及人类理性本质的小前提是：理性的目的是完全地向内省察并揭示真理。结论是：个体的人类可能会单独地做到揭示真理。显然这个结论是意义不明的，而且对它的论证是三段论式的；这里存在一个暗含的前提，即仅凭智力就能够达到对这个世界的彻底理解。另外，还假设了每个个体原则上都能获得真理，而且一旦获得，将会是必然的善。

我已经说明，马克思和他的资本家对手的出发点并不是像马克思想象的那样存在着实质性的对立。尽管存在运动和静止的差异，但马克思和资本家们都把社会经济关系作为基础，即人类互动的自然结果——法律规定了人的关系且因此容许合理地展开。我的观点是，不考虑特定的历史主义、唯物主义，或者资本主义的特质，作为自然主义广泛的指导原则，一

① 参见 Karl Marx, *A Contibution to the Critique of Political Economy*, New York: International Library Publishing Co., 1904, p. 12。

个关于真理与事物的完全理性的表达被设定为一种有着完善系统的理念，导致关于社会的特定比喻性表述的使用，社会源自一些器官图像和一组生理运动的词汇 。如果一切都是身体和运动，那也就是社会。如果不存在内在超越，社会自身就不得不代替末世。换句话说，鼓吹排除了精神的经验主义本身就是一个理想化的开始，使自然主义体系像一个游走在机器中的幽灵，面对着非经验性的结果：乌托邦的幻想从来不曾，也将不会实现。托马斯·莫尔的乌托邦最多是不太严肃的而且字面上并不存在；相反，霍布斯的利维坦和马克思的共产主义则是完全严肃而且倾向于有一个真实存在的空间所指。这样说可能太过简单化：开端越是偏向经验性内容，或者人类自身，结果就越偏向非经验的或非人的。近代开端，包括马克思主义体系，跨过了经验主义立场和经验主义之间、道德思想和道德主义之间的一个非常模糊的边界。经验主义和道德主义在某种程度上相互包含，这是一个非常复杂的结果。

现在，我所谈到的隐喻是一组人类世界和自然世界的图像，这些图像不是仅仅将对它们的阐述考虑为一个体系，而是作为一个统一运作的整体，在其中，特定的经济模式——社会的经验性“本质”——分别被描绘为一个生物性的存在，在活动、生长、消逝、死亡的过程中具有一致性。对此，我们在霍布斯那里可以看到最有效的形式。然而，尽管马克思的确不科学地用过这种表述方式进行描述，但是，至少在《资本论》中并没有说经济生产方式能够被“科学地”描绘成物质对象。《资本论》整本书中零星地显露出这些方式，但这并不需要被接纳为马克思真实的科学倾向，我认为，这些表明了马克思的思想与近代哲学广泛存在的张力之间的联系。阶级斗争的推动力和吸引力，经济结构的产生和消亡周期，当聚合和连接而形成一个统一的功能性整体时所显现的微观层面的多样性，所有这些特质都具有我将称之为马克思自然主义基础的特点，即一个经验主义的近代传统科学的分支流派，即“孤立的人”的理性主义，对此我已在前文中作了简要回顾。

霍布斯是我拿来作为一个范式使用的，自然主义彻头彻尾支配着他的思想，从对人体甚至生命的机械观念，到人们通过契约制定合法主权的政治哲学，其中契约的建立源于人们面对死于暴力的恐惧。对此，马克思做了进一步发展，攀上霍布斯哲学的首要位置，即人类能动性，把自发的契约与潜意识同非人的经济力量联系起来。然而，在霍布斯那里我们把人体看作机器，把国家看作人体；在马克思那里，我们把机器看作人体，把社会看作机器。换句话说，马克思在某种意义上和霍布斯“左右颠倒”——人的能动性反过来陷入了对辩证法的需要，社会形式的表述从符号人类学转向符号机械论。可能看起来并没有那么惊人的差别，我可以说，事实上也没有。就像在马克思那里一样，霍布斯的能动性也是有问题的，比如，霍布斯声称只有物质实体是真实的，其他都是迷信，而且接着继续把国家描绘成是由法律和契约建成的，尽管契约本质上不是物，却被人们写下来或者用酸铭刻在铜器上，这暗示着国家是个迷信。同样地，马克思把人的交互活动简化为物质需求，这种物质需求反过来决定他所谓的“自觉的生产”。他因此承认人类存在不是盲目的黄蜂，因为他或她的生产活动体现了有意识的目的的特征，这也恰好是霍布斯的论证。然而，这只是在描述人类理性并由此而把智性的存在区分开来，就好像“智人”代替了“人类”。其中隐含着的矛盾多多少少在霍布斯和马克思那里都存在，这些矛盾指明了近代自然主义包裹着的问题。纯粹物质的开端导致纯粹非物质的结果，并产生了一种奇怪的新版本的（或者也许停留于原来的）诺斯替主义。这奇怪的理性的狡诈乞求得到解释，因为它表面上看来是不合逻辑的。

由此，马克思的自然主义被经济形式和人体的有机组成部分的隐喻的对等证实了，后者以一种简陋的方式无意识地运行，就像机器一样。心跳或者呼吸过程的无意识活动无疑是使人类的机械概念化如此有吸引力的一部分。通过这种形式，每个经济的上层建筑（也就是农本主义、封建主义、资本主义等）能被提出作为一个单独的人体发展过程，经历从出生到死亡，而且能被以某种解剖的方式理解，对服务于定义其自身的整体的组成部分进行观察、定义、分类。当然，我们将遇到的，就是我接下来所要讨论的。

## 机　器

资本主义躯体中的机器有三层含义。第一，各种各样的机器以产业的方式实际地存在着——模仿人的生产能力的活动而创造用来劳动的机械设备，在劳动过程中代替工人。在这个基本模式中，机器获得了某种人性，而这成为后来人性机械化的铺垫。但是如果人的本质在于工作，那么人和机器的区别是什么？答案必定是人的目的。人类为了满足自身需求而工作，而机器和无产阶级被雇佣为工人，也就是资本的生产者。第二，在较为广泛的意义上，“机器”具备的功能是若干生产力较强的工人的劳动力总和，马克思把这种劳动力称作“商品”。第三，劳动力和机器受雇于其中的生产方式可以被叫作“机器”。作为机器的资本主义是一个以巨兽（behemoth），一种非人的力量在其内部搅动，他的内部仅仅是以轮滑、曲柄、管道和轮子构成的系统，在无意识的需求中扮演着生产者的角色。

马克思把资本主义生产过程的前三个阶段——幼年、青年和成年——定义为“简单协作”、“工场手工业”和“机器大工业”。在简单协作阶段，机械系统化的程度很低，机器的各个构成单元相互孤立、分散，彼此缺乏联系且配合低效。这一阶段的生产是缓慢而重复的。很快，机器发展到工场手工业，在此阶段，机器提高并巩固了构成单元之间的相互联系。相互独立的领域之间的资源流动变得更通畅，各构成部分开始进入明确的组织位置，像习惯养成和青年人行为方式固化一样，并且形成了一个权威潮流，作为一个固化的整体，每个部分都服从整体的发展趋势。机器内部微观系统高效运作，其运动和相互作用得到了成熟的发展，其特点是资本家位于顶端，产业工人位于底部，直到抵达“晚年时期”。这时候，轮子生锈，机器逐渐生病、癌变、损坏、衰老。衰老机器的内部冲突转化为它最终的崩溃，从而，到达革命，即“死亡”，最终从它自身必然的生命周期中产生出来。

由此似乎可以看出：一种断裂被引入；在机器运作的过程中并没有任何新生命得以孕育；在共产主义的新开端中插入了一种潜藏的预设。这也就是说，共产主义在资本主义灰烬中的浴火重生，看起来就是一个奇迹，一个非理性事件。全然的人如何从全然的非人中产生呢？[①]

## 生产和再生产

就像上文所提到的，“生产的有机体”可能是整个工厂，这个有机体的器官就是劳动者和他们用来生产的机器。在一定程度上，我们可以认为

① 参见 Karl Marx，*Capital*：*Volume I*，London：Penguin Books，1976 ，pp. 973，1019，1023，1034，1038-1049。

机器是一种叠瓦构造，或者像俄罗斯套娃那样层层包含。但是，这样一整套较小的和较大的“个体”不允许我们无视一个有影响的差异，即除了我一直称之为机器的资本主义的整体存在，根本上不存在“个体”。尽管如此，俄罗斯套娃的比喻依然有用。

那么，生产规模在机器内部作用于微观和宏观两个层面。在微观层面，商品由工业机器和操控并占有这些机器的工厂共同生产出来；在任何情况下，机器的生命都需要人类劳动所提供的商品来维持，这是一个直接依赖资本家的“物价稳定措施”的过程。随着初期的生产模式，资本主义机器的间断以这样一种控制为信号：为自身的利益投入到资本的不断的生产和再生产。

早先的各种社会生产的目的是生产使用价值。资本家们关注的焦点是交换价值的生产和最终的积累。马克思认为，随着资本的有机构成（不变资本与可变资本的比值，C/V）的扩大，工厂对于这个目的来说是有效的模式。这使劳动被包含在资本之下。劳动者被机器束缚，他们为了自己的需求（工资）而失去了自治权，变成“非人”。机器彻底成了机械性的东西。

换句话说，机器自身是非人的，并且按照马克思的科学，该结局是个灾难。如我们所知道的，这个灾难乃是革命，对彻底的非人进行完全的人化。“价值”似乎是人和非人之间的调和者。通过对交换价值的控制，产生了一种“自在自为”的辩证逻辑，并且人意识到他最高的潜能。我们可以把这叫作天堂。按照（对资本主义的）这种解读，共产主义的生命有种来世的意味，共产主义生产方式的价值体现着内在的精神价值，并且革命本身标记了一个历史所执行的最终仪式，在一个极乐世界拯救并保留了机器的灵魂。①

## 循 环

最初，从卖者到买者的商品流通形成一个环形路线；货币被用来换取商品，资本被简单地再生产。当这些环形路线相互连接 ，资本的流通就

---

① 参见 Karl Marx，*Capital*：*Volume I*，London：Penguin Books，1976，sec. 3 ch. 10“The Working Day”；sec. 8 ch. 32“Historical Tendency of Capitalist Accumulation”，Appendix Ⅰ－Ⅲ。

遍布于购买和销售的链条中，“循环”也就发生于机器内部。劳动者在他们的生产活动中自然地致力于“新陈代谢的相互作用”，促成了这个循环，把没有价值的自然劳动产品转化为具有价值的商品。当商品的形式从以资本作为商品转变为以资本作为货币时，就发生了“商品的蝶变”。因此，这是个蝶变和再蝶变的过程，为劳动的变化活动打好了基础，获得了资本主义赋予其生命力的商品循环的功能。

商品在流通中必然地表现为资本的形式。资本的货币形式促进这一循环的流动，使之清楚地成为机器的血，或者说油。

循环过程中，身体中血液的功能主要是输氧。我会由此推断出，氧气是商品——资本，是赋予机器动力呼吸作用的一个要素。于是，人类劳动过程则意味着“肺”执行其功能的过程。通过肺引入提取自无产阶级的怒气的氧气，通过不变资本形成一个工厂——机器的风箱，然后被人类劳动代谢转化。

对于资本主义生产的整个过程，劳动者从他的劳动产品和他所依靠的生产能力达到的异化非常重要。当“肺”不再为生存，而是为了利润和资本积累的过程进行生产——为生产而生产，它们就失去了独立运行的能力。肺既不拥有任何东西，也没有专属的工作。它们被迫依赖于某种外在的力量，这种力量的唯一目的就是使肺以畸形的方式运转。这种“力量”就是交换价值，它亦被灌注于循环过程的流动之中。因此血液和肺相互依存。血液通过小径形成了一个血管系统，所以，资本的管道，即篮子和容器就是静脉，资本通过静脉流入工厂。在更普遍的层面上，自由市场组成了机器自身的血管系统。它由价值交换和买者与卖者之间的交易决定，可被称为资本主义心脏的资本家从中抽取利润。

由于机器处于其成熟阶段，资本家是一切的开端和结束，是商品流通的幕后操纵者，控制着生产、劳动产品和它们将要走的路。可能有人会问：为什么“肺”或劳动者们要服从于资本家这个“心脏”？①

## 骨骼和肌肉，大脑

生产过程中的“骨骼和肌肉”被马克思定义为机器中的机械。随着机

---

① 参见 Karl Marx, *Capital*: *Volume I*, London: Penguin Books, 1976, pp. 207, 286, 290, 728-734。

械被引入机器生产，工厂时代开始走上坡路。机械是资本主义的框架，由许多软骨和脆骨发展为刚硬的装置，从内部支撑着资本主义，它的运动（肌肉运动）就像痛击了全世界来宣告它的优越，渗透到其他社会和生产方式中，捍卫自己作为自然强力的位置。使机器进行完整运动成为可能的条件已经满足。在血管的活动中，劳动者被分派了机械工具和任务，即所谓的“劳动力分工”，心脏按照一个近乎出自法律（需求总是等于供给）的根深蒂固的赢利动机，抽取商品投放到市场，并且身体被它的机械连接和工厂的器官所支持，这最终服务于肺和新的劳动——交换的过程。然而，一些东西似乎是缺失的。我们的机器是无头的，它没有大脑。

我们可能已经猜到，机器的大脑就是上层建筑，是资本主义经济学家所清晰阐述的意识形态，是一种错误的世界观：机器自身所依赖的劳动者在精神上被束缚。机器的心灵在某种程度上欺骗整个身体，使之成为这样一种存在——身体被投射为心灵的形象，就像人被投射为上帝的形象。身体因此是心灵的上层建筑的基础，规定着整个有机体：社会是一种资本主义——机器。然而，如果束缚是完全的，即大脑的终极力量超越了整个机器，那么，劳动者对那个其实是在束缚他们的意识形态的反抗又是怎么回事？也许大脑并不是它自以为的那样聪明。①

## 血　栓

每个资本主义社会中都存在周期性的危机，破坏血液流通并且搅乱心脏动律。这些危机正是机器自身的产物；危机是机器天生固有的组成部分，在它有缺陷的上层建筑中，在它所存在的理由中。行将展开的矛盾在极大程度上是可以被大脑控制的。但是资本的矛盾，也就是那些大脑内部的矛盾是不可能为上层建筑所消除的。资本有掌控价格的任务，而这一任务不断地出现、出现、再出现：最初赋予机器生命的基本过程，现在使机器面临生命危险。

资本患了癌症。通过量的堆积和不断的集中化而抵达老年的机器，开始阻塞并结块，颤动并裂开。资本掌控价格的意愿是处于意识形态和理性

① 参见 Karl Marx，*Capital*：*Volume* Ⅰ，London：Penguin Books，1976，pp. 286，289，448，457，466，469，471，501，644。

的自利之中的一种强力，这种强力引发肺的膨胀和收缩，强烈呼吸，大面积的瘀血阻止了交易的环形路径，带着大块血块遍布整个机器。资本支配并把他的意志作为范例进行复制再复制！控制再控制！血块先传播到身体器官，在这里集体工人的各个部门开始凝结成一个统一体，超越了分工：阶级意识。

当大脑受到感染，机器就面临崩溃。意识形态消解，心脏一旦失去发号施令的根据，便停止跳动了。机器内的器官肿胀且强大，猛然打开，开始控制机器，再生出一个新的有机体。因此“无产阶级专政”诞生：进入共产主义发展的初级阶段。①

## 结　论

这个最终结果对我们来说还是有点特别。在“生产和再生产”一节末尾，我提到了一种唯灵主义的解读，现在我们可以取代这种解读，而力图获得一种生理学解释。若以隐喻的方式来述说，人体的确经常从癌症或血栓这样一连串的疾病中康复。但这是同一个身体。心灵也许会改变，但还是同一个心灵，心灵没有湮灭。很显然，马克思认为在共产主义阶段，我们并不会突然地返回到自然状态。相反，对革命来说，令人满意的资本主义发展成果是必要的，这是共产主义成为可能的条件。另一方面，引领资本主义抵达这个结果的意识形态并不是必要的。但是，“大脑”彻底死亡，而又恩惠地留下它的身体用来实现完全不同的目的，这又怎么可能？如果无产阶级接管心灵并且使其复苏，那么它就从来没有真正地死亡过；但如果它真的死了，那么剩下的也许是腐烂的残骸。这样，唯灵论的解读方案是极具诱惑的，但它和马克思的观点也是大相径庭的。但无论如何，我相信这是能搞清楚他的思想的唯一方式。

我们将不会“扭曲”道路以走出资本主义。并且，如果马克思的自然主义经常有幽灵出现，我们就必须反问自己，如果马克思不是像目前这样，而是更大范围地思考了资本主义的各种情况，他是否会得出不同的结论。如果我没弄错的话，马克思哪怕一次也没有说过革命将会是“好的”，

① 参见 Karl Marx, *Capital*: *Volume* Ⅰ, London: Penguin Books, 1976, sec. 8 “Primary Accumulation”。

也没说过资本主义是“邪恶的”或者甚至是“坏的”。这笔现代性的遗产足以惠及海德格尔。若论“最初起源”的恶与“第二起源”的好，他始终缄默。在海德格尔的《哲学论稿》中，可以找到一种对于形而上学的理解，这种理解与马克思对于资本主义的理解和霍布斯对于利维坦的理解有着诸多相似之处。这种理解是以“诡计”和“生活经验”为特征的一个整体，同时，它又带着源于柏拉图的意识形态。海德格尔甚至用“凝结体”去描述这个形而上学的机器。

在“人类需求”、“自然状态”、“在场”等臃肿而贫瘠的开端中所暗含的唯心主义，阻止了对于包含在“历史唯物主义”或“基础存在论”这样明显真实的经验主义之中的后果的真正经验主义的思考。这些后果是重要的。在这篇文章中，我仅仅尝试对马克思鲜被注意到的一个方面进行了解读，并追问以这种方式来观察世界所可能导致的各种繁复的后果。我将这些后果判定为不好的，尤其因为从霍布斯或马克思或海德格尔的立场看，我们无法说任何东西是“不好的”。

（作者系美国克莱蒙研究院博士，现为华中科技大学博士后）

（译者单位：西北师范大学马克思主义学院）

**参考文献：**

Besancon, Alain, *The Rise of the Gulag*, New York: Continuum, 1981.

Hobbes, Thomas, *Leviathan*, Indianapolis: Hackett, 1994.

Manent, Pierre, *The City of Man*, Princeton: Princeton University Press, 1998.

Marx, Karl, *Capital*: *Volume* Ⅰ, London: Penguin Books, 1976.

Marx, Karl, *A Contibution to the Critique of Political Economy*, New York: International Library Publishing Co., 1904.

Marx Karl, *Selected Works*: *Volume* Ⅱ, Moscow: Foreign Languages Publishing House, 1955.

Marx, Karl, *Theories of Surplus Value*: *Selections*, New York: International Publishers, 1952.

# 价值哲学基础理论

# 马克思主义剩余价值哲学的基本范畴

## ——试论人性范畴与物性范畴的哲学关系

郝晓光

## 引　言

剩余价值学说是马克思主义基本原理的主要内容，然而，仅从政治经济学而不是从哲学上去研究和发展剩余价值学说，是无法继承剩余价值学说真谛的；要想继承和发展马克思主义的剩余价值学说，没有捷径可走，必须下大功夫研究建立完整的哲学体系——马克思主义剩余价值哲学。

自20世纪80年代起，作者对马克思主义哲学的价值理论进行了长达30年的持续研究：1986年对我国哲学界长期误用的所谓“马克思主义哲学价值概念”进行了彻底的否证①——揭开了研究建立剩余价值哲学的序幕；1987年论证了商品价值的哲学含义②——探讨了“马克思主义哲学价值概念”；1989年论证了商品价值与劳动力价值的哲学关系③——探讨了马克思主义的劳动力价值概念；1990年论证了商品范畴的哲学含义④——探讨了剩余价值哲学的物性范畴；2006年针对马克思关于“人的本质问题”的“人的自由发展”与“社会关系总和”这两个概念的矛盾关系，

① 郝晓光：《对所谓“马克思主义普遍价值概念定义”的否证》，《光明日报》1987年1月5日。

② 郝晓光：《价值是使用价值与交换价值的扬弃——论商品价值的哲学意义》，《湖北社会科学》1987年第3期。

③ 郝晓光：《论商品价值与劳动力价值的关系》，《湖北社会科学》1989年第9期。

④ 郝晓光：《作为马克思主义哲学范畴的商品》，《湖北社会科学》1990年第8期。

论证了分工与分配概念和“人的自由发展”与“社会关系总和”概念的对应关系，以及分工与分配概念在哲学上的“否定之否定”[①]——研究建立了剩余价值哲学的人性范畴，提出了与马克思主义哲学中原有的“基本矛盾”（社会基本矛盾：生产力与生产关系矛盾）相对应的另一对“基本矛盾”（人的基本矛盾：分工与分配矛盾）；2007年论证了马克思主义剩余价值范畴的二重性[②]——提出了研究建立剩余价值哲学完整哲学体系的初步设想；2008年破解了马克思主义哲学“人性范畴”和“人的基本矛盾”两大难题[③]——建立了剩余价值哲学的本体论框架，并将剩余价值范畴的哲学研究向经济学研究进行了推进[④]；2010年论述了剩余价值学说的哲学逻辑[⑤]——阐明了剩余价值哲学的基本原理；2011年出版了首部剩余价值哲学著作[⑥]——系统论述了剩余价值哲学的基本内容；2013年探讨了剩余价值哲学与《资本论》的文本关系[⑦]——论述了马克思主义哲学中国化的必由之路；2014年论述了剩余价值哲学的历史观——探讨了唯物史观的继承与发展[⑧]；2015年探讨了“人与物的矛盾”和“人与人的矛盾”的哲学关系——论述了剩余价值哲学对社会基本矛盾的解读[⑨]。

要想建立完整的马克思主义剩余价值哲学体系，必须首先建立该体系完整的“范畴体系”。大家知道，斯宾诺莎的哲学体系就是建立在由八个

---

① 郝晓光：《研究马克思主义哲学人性范畴应廓清的几个关键问题——兼谈对分工与分配的否定之否定》，《湖北社会科学》2006年第5期。

② 郝晓光：《研究建立马克思主义剩余价值哲学是回答剩余价值学说过时论的最好方法——试论剩余价值范畴的二重性》，《湖北社会科学》2007年第4期。

③ 郝晓光：《马克思主义剩余价值哲学体系的本体论特征——从两大难题的破解到两个统一的建立》，《河北学刊》2008年第6期。

④ 郝晓光：《论剩余价值范畴从哲学含义到经济学含义的推进》，《湖北社会科学》2008年第7期。

⑤ 郝晓光、孙亮：《剩余价值是推动社会发展的动力——马克思主义剩余价值哲学的基本原理》，《湖北社会科学》2010年第8期。

⑥ 郝晓光、郝孚逸：《从否证到创新——马克思主义剩余价值哲学初探》，人民出版社2011年版。

⑦ 郝晓光：《在马克思主义中国化的实践中去认识马克思主义剩余价值哲学》，《湖北社会科学》2013年第4期。

⑧ 郝晓光：《构建马克思主义剩余价值哲学的历史观——唯物史观的继承与发展》，《湖北社会科学》2014年第10期（“马克思主义价值哲学研究专栏”第1期）。

⑨ 郝晓光：《构建马克思主义剩余价值哲学的历史观——唯物史观的继承与发展》，《湖北社会科学2015年第5期（“马克思主义价值哲学研究专栏”第2期）。

哲学范畴所构成的“范畴体系”之上的[①]。最近，作者发表了题为《试论剩余价值哲学的范畴体系》的论文：剩余价值哲学的“范畴体系”由五个哲学范畴组成，即物性范畴、人性范畴、价值范畴、劳动力价值范畴、剩余价值范畴。其中，“物性范畴”与“人性范畴”是该范畴体系中的“基本范畴”[②]。那么，马克思主义剩余价值哲学的“人性范畴”与“物性范畴”这两个基本范畴的哲学关系又是怎样的呢?

## 一 卢卡奇关于马克思主义哲学“人性范畴”的贡献

马克思在《1844年经济学哲学手稿》中把“人的异化”解释成“人的类本质异化”。受费尔巴哈影响，马克思认为消除“人的类本质异化”在于“通过人并且为了人而对人的本质的真正占有”，在于“向社会的(即人的)人的复归”[③]。到了《关于费尔巴哈的提纲》，马克思离开了费尔巴哈的“类本质”:“他只能把人的本质理解为类，理解为一种内在的、无声的、把许多个人纯粹自然地联系起来的共同性”[④]；但他在《德意志意识形态》中，仍然没有放弃将“社会的人”和“人的人”等同起来的想法。他认为克服“人的类本质异化”的人，既是从事社会化生产的人——社会的人，又是“随我自己的心愿”[⑤] 的人——实现自己类本质的人。直到《共产党宣言》，马克思才对“关于实现人的本质的无谓思辨”[⑥]感到厌烦。

可见，马克思关于人性范畴的论述一开始走的是一条“人的异化—人性复归”的思路，也就是说，他认为资本主义导致“人的异化”，而共产主义则使得“人性复归”（也就是所谓“实现人的本质”）。然而，将马克思主义哲学的“人性范畴”当成是“人的异化—人性复归”是十分幼稚的，“人的异化—人性复归”这种简单的模式根本无法描述错综复杂的社会发展过程，也不符合马克思主义关于矛盾推动社会发展的基本原理。

---

① ［荷兰］斯宾诺莎:《伦理学》，贺麟译，商务印书馆1983年版。

② 郝晓光:《试论剩余价值哲学的范畴体系》，吉林大学《哲学基础理论研究》2015年第8辑。

③ 《马克思恩格斯全集》第42卷，人民出版社1986年版，第120页。

④ 《马克思恩格斯全集》第3卷，人民出版社1960年版，第5页。

⑤ 同上书，第37页。

⑥ 《马克思恩格斯选集》第1卷，人民出版社1966年版，第264页。

所以，马克思后来彻底抛弃“关于实现人的本质的无谓思辨”、创建历史唯物主义，也就不足为奇了。

卢卡奇把“人的物化”（类似马克思所说的“人的异化”）与《资本论》自觉地联系起来。他说：“工人的劳动力跟他的人格分裂，劳动力变成了物品。”① “人的机能转变为商品，彻底揭示了商品关系的这种社会已经非人化的和正在非人化的功能。”② 卢卡奇认为，劳动力的商品化违反人性。其实，“人的机能转变为商品”——劳动力的商品化，并不等于“劳动力变为物品”——劳动力的物化，也就是说，作为马克思主义哲学概念的“商品化”并不等于卢卡奇所说的“物化”。再者，“人的机能转变为商品”并不等于人本身转变为商品，也就是说，劳动力的商品化并不等于人的商品化。卢卡奇不仅把“劳动力”和“人”等同起来，而且把“商品化”和“物化”等同起来，因而他把“人的物化违反人性”同“劳动力的商品化违反人性”等同起来。

可见，卢卡奇也没有跳出“人的异化—人性复归”的研究思路，虽然他正确地认识到在资本主义社会“人的异化”等同于“劳动力的商品化”，但他却对“劳动力的商品化”进行了否定，认为这是违反人性的，而期待着共产主义的“人性复归”。卢卡奇在读到尚未公开发表的《1844 年经济学哲学手稿》后立刻认识到了自己的上述错误：“我明白了，对象化是人克服自然世界的结果，而异化是在一定的社会情况影响下实现的……于是，构成《历史和阶级意识》特点的理论基础就被彻底摧毁了。”③

虽然卢卡奇认识到了“人的异化等同于劳动力的商品化”，为确立马克思主义哲学的“人性范畴”迈出重要一步，但由于他没有摆脱“人的异化—人性复归”的思路，所以最终没能确立马克思主义哲学的“人性范畴”，确立马克思主义哲学“人性范畴”的历史使命落在了中国马克思主义学者的肩上。

---

① ［匈牙利］卢卡奇：《物化和无产阶级的意识》，载《西方学者论〈一八四四年经济学哲学手稿〉》，复旦大学出版社 1983 年版，第 296 页。

② 同上书，第 287 页。

③ 张伯霖等：《关于卢卡契哲学、美学思想论文选译》，中国社会科学出版社 1985 年版，第 18 页。

## 二 马克思主义剩余价值哲学“人性范畴”的确立

马克思有一个关于“人的本质”（人性范畴）的著名论断：“人的本质并不是单个人所固有的抽象物，实际上，它是一切社会关系的总和。”[①] 这个论断强调人的“社会关系总和”。马克思另一个关于“人的本质”的著名论断是：“任何人都没有特定的活动范围，每个人都可以在任何部门内发展，社会调节着整个生产，因而使我有可能随我自己的心愿今天干这事，明天干那事，上午打猎，下午捕鱼，傍晚从事畜牧，晚饭后从事批判，但并不因此就使我成为一个猎人、渔夫、牧人或批判者。”[②] 这个论断强调人的“自由发展”。那么，在马克思主义哲学中，人的本质或人性范畴是“社会关系总和”还是“自由发展”？应该怎样对待马克思阐明的人的这两种互相对立、互相矛盾的社会属性呢？

我们从马克思关于“人的本质”的第二个论断中发现，人的“自由发展”这个哲学概念是与“否定分工”这个经济学概念相对应的（上午打猎，下午捕鱼，傍晚从事畜牧，晚饭后从事批判）。于是，我们按照马克思的这种哲学概念与经济学概念相互对应的思想线索继续思考，马克思关于“人的本质”的第一个论断是否也存在哲学概念与经济学概念的对应关系呢？如果存在，与人的“社会关系总和”这个哲学概念相对应的经济学概念又是什么呢？

人的“自由发展”和“社会关系总和”都是人的社会属性（社会存在），都属于“人性范畴”的基本内容。人的“自由发展”讲的是人的“社会个性”，人的“社会关系总和”讲的是人的“社会共性”。那么，人的社会个性和社会共性是如何体现和如何实现的呢？在马克思主义哲学中，体现人的社会个性的是劳动的分工，体现人的社会共性的是劳动的分配。那么，劳动分工是怎样体现人的社会个性？而劳动分配又是怎样体现人的社会共性的呢？在社会生产活动中，人人都要参加社会劳动，工人做工、农民种地，这就是分工不同，体现了工人和农民的社会个性不同。然而，工人生产机器、农民生产粮食，但工人的分配所得并不是机器，农民

① 《马克思恩格斯全集》第3卷，人民出版社1960年版，第5页。

② 同上书，第37页。

的分配所得也并不是粮食，工人和农民的分配所得都是一种叫作“货币”的东西，这样就体现了工人和农民相同的社会共性。

如果说人的社会个性和社会共性是由人的劳动分工和劳动分配来体现的，那么，按照马克思的设想，人的社会个性和社会共性又如何才能彻底实现呢？马克思预见，在共产主义社会，分工将被消灭（否定分工），人的“自由发展”或人的社会个性将彻底实现；马克思还预见，在共产主义社会，将实现“按需分配”，这实际上也就相当于“消灭分配”（否定分配），这时，人的“社会关系总和”或人的社会共性将彻底实现。

其实，马克思并不是要否定分工与分配，而是用“否定”分工与分配的方式来阐述“分工与分配的矛盾”。所以，应该深刻和辩证地、而不是直接和教条地去理解马克思关于共产主义社会将“否定分工与分配”的思想。在这种深刻和辩证的理解的基础上，只要对“否定分工与分配”的哲学思想再进行一次“哲学否定”，就会顺理成章地得到“分工与分配矛盾”的哲学思想。也就是说，“分工与分配矛盾”这个马克思主义剩余价值哲学的“人性范畴”，不是对分工与分配的“否定”，而是对分工与分配的“否定之否定”①②③④。

## 三　卢卡奇关于马克思主义哲学“物性范畴”的贡献以及马克思主义剩余价值哲学“物性范畴”的确立

近年来，我国马克思主义哲学的研究者不断质疑唯物主义的“物质本体论”，提出了“实践本体论”、“劳动本体论”、“生存本体论”和“社会本体论”等研究线索⑤⑥。俞吾金教授提出，应该扬弃马克思主义哲学

---

① 郝晓光：《研究马克思主义哲学人性范畴应廓清的几个关键问题——兼谈对分工与分配的否定之否定》，《湖北社会科学》2006年第5期。

② 郝晓光：《马克思主义剩余价值哲学体系的本体论特征——从两大难题的破解到两个统一的建立》，《河北学刊》2008年第6期。

③ 郝晓光、孙亮：《剩余价值是推动社会发展的动力——马克思主义剩余价值哲学的基本原理》，《湖北社会科学》2010年第8期。

④ 郝晓光、郝孚逸：《从否证到创新——马克思主义剩余价值哲学初探》，人民出版社2011年版。

⑤ 赵剑英、俞吾金：《马克思的本体论思想》，社会科学文献出版社2006年版。

⑥ 孙麾：《马克思的本体论思想及其当代意义》，《中国社会科学》2002年第5期。

物质本体论，建立“实践—社会生产关系本体论”①。

关于马克思主义哲学“物质范畴”的经典论述是列宁给出的：“物质是标志客观实在的哲学范畴，这种客观实在是通过感觉感知的，它不依赖于我们的感觉而存在，为我们的感觉所复写、摄影、反映。”②“一般唯物主义认为客观真实的存在（物质）不依赖于人类的意识、感觉、经验等等。历史唯物主义认为社会存在不依赖于人类的社会意识。”③在马克思主义之前，还没有人把唯物主义的基本原理彻底推广到包括人类社会的一切方面；马克思主义哲学不仅强调“存在决定意识”，而且强调“社会存在决定社会意识”。也就是说，马克思主义哲学的物质范畴不仅包含客观世界中的物质（存在），也包含人类社会中的“物质”（社会存在）；这种人类社会中的“物质”——“社会存在”，是历史唯物主义区别于旧唯物主义的根本所在，是马克思主义哲学范畴的核心内容，也就是我们要确立的马克思主义剩余价值哲学的“物性范畴”。

那么，作为马克思主义剩余价值哲学“物性范畴”的“社会存在”究竟又是人类社会中的一种什么样的“物质”呢？“历史唯物主义所说的物是社会存在，历史唯物主义之物就是物质资料的生产。”④列宁在《哲学笔记》中写道：“开始是最简单的、普通的、常见的、直接的存在：个别的商品（政治经济学中的存在）。”⑤著名马克思主义理论家卢卡奇认为：“社会存在”是一种“具有价值特征的存在和意识的统一体”⑥。著名马克思主义理论家葛兰西认为：“不可以把物质作为它本身来考察，而必须作为社会地、历史地为生产组织起来的东西来考察。”⑦

仔细分析一下以上观点描述的概念：“政治经济学的存在”（列宁）、“具有价值特征的存在和意识的统一体”（卢卡奇）、“社会地和历史地为生产组织起来的东西”（葛兰西）、“生产关系本体论”（俞吾金），这些既模糊又清晰的概念明明白白地指向了一种人人都熟悉的“社会存在”——商品！所以，马克思主义剩余价值哲学扬弃了传统的“物质本体论”，而

① 俞吾金：《马克思对物质本体论的扬弃》，《哲学研究》2008年第3期。

② 《列宁选集》第2卷，人民出版社1972年版，第128页。

③ 同上书，第332页。

④ 刘远传：《社会本体论》，武汉大学出版社1999年版，第176页。

⑤ 《列宁全集》第38卷，人民出版社1963年版，第357页。

⑥ 陈学明：《卢卡奇的社会存在本体论》，《湖北社会科学》1989年第7期。

⑦ 李惠斌：《葛兰西对马克思哲学思想的理解》，《光明日报》1989年7月17日。

将“商品”确立为“物性范畴”①。

作者同意俞吾金教授关于“扬弃马克思主义哲学物质本体论、建立生产关系本体论”的基本观点。所不同的是，作者认为“生产关系”不是一种“实体”，而是一种“关系”，难以成为马克思主义哲学的“物性范畴”；而“商品”则既是一种“实体”，又能包容“生产关系”的内容。实际上，俞吾金教授的“扬弃物质本体论、建立生产关系本体论”与作者的“扬弃物质本体论、建立商品本体论”这两种观点并无本质区别。

也许有人会问，“商品”这个“经济学概念”怎么能成为马克思主义剩余价值哲学“物性范畴”这个“哲学概念”呢？对此，采用卢卡奇的观点来回答这个问题显得特别有针对性：“没有一个问题不能最终追溯到商品问题，也没有一种解答不能在解答商品结构之谜中发现。当然，这个问题一旦达到了马克思在自己的分析中所表明的那种深度和广度的时候，就必须从整体上加以考察。这就是说，孤立地考察商品的问题，或仅仅把它视为经济的核心问题，都是不能允许的，而必须把它视为囊括一切方面的整个资本主义社会核心的、结构的问题。”② 商品“充满着形而上学的烦琐性和神学的微妙性……可感觉而又超感觉的物”③，马克思对“商品”的这种描述，散发着迷人的哲学气息。所以，“商品”根本就不是什么“经济学概念”，而是马克思主义剩余价值哲学的“物性范畴”④⑤⑥。

## 四　马克思主义剩余价值哲学“人性范畴”与“物性范畴”的关系

试图扬弃马克思主义哲学“物质本体论”的种种观点虽然各有不同，

---

① 郝晓光：《作为马克思主义哲学范畴的商品》，《湖北社会科学》1990 年第 8 期。

② 《物化和无产阶级的意识》，载《西方学者论〈一八四四年经济学哲学手稿〉》，复旦大学出版社 1983 年版，第 276 页。

③ ［德］马克思：《资本论》第 1 卷，人民出版社 1963 年版，第 46 页。

④ 郝晓光：《马克思主义剩余价值哲学体系的本体论特征——从两大难题的破解到两个统一的建立》，《河北学刊》2008 年第 6 期。

⑤ 郝晓光、孙亮：《剩余价值是推动社会发展的动力——马克思主义剩余价值哲学的基本原理》，《湖北社会科学》2010 年第 8 期。

⑥ 郝晓光、郝孚逸：《从否证到创新——马克思主义剩余价值哲学初探》，人民出版社 2011 年版。

但都有一个基本初衷，那就是想把“人”这个社会的基本因素纳入马克思主义哲学的“物质范畴”中。其实，把“人”放到“物”里面去，一直是马克思主义哲学家近百年来所孜孜不倦努力的目的，列宁的“唯物论的反映论”和卢卡奇的“社会存在本体论”都是如此。

但是作者认为，试图把“人”纳入“物”的做法在哲学上是行不通的，“物性范畴”与“人性范畴”是两个完全独立的哲学范畴，谁也无法取代谁，谁也无法包容谁。物就是物，人就是人，不能将二者融合在一起。但是，将二者割裂开来的做法在哲学上也是不能容忍的。那么，该如何建立“人”与“物”既不能融合又不能割裂的哲学关系呢？马克思主义剩余价值哲学是如何完成这一看似不可能完成的哲学任务的呢？破解这个终极哲学难题的金钥匙在哪里呢？

这把金钥匙在其他所有哲学中是不存在的，只有在马克思主义哲学中才能找到，那就是“马克思主义的123”。

“马克思主义的123”？好像谁也没听说过！

“3”就是马克思主义理论的三个来源（德国古典哲学、英国古典经济学、法国空想社会主义），“2”就是马克思的两大发现（剩余价值学说和唯物史观）；这里的“3”和“2”是众所周知的，那么这里的“1”又是什么呢？

马克思曾经说过：“我们仅仅知道一门唯一的科学，即历史科学。”① 这就是“1”，是破解马克思主义哲学多年来没能建立“人性范畴”难题的金钥匙。马克思这句话的意思当然不是否认其他学科的存在，而是明确自己哲学的研究内容。马克思主义哲学的研究内容只有一个，那就是建立历史唯物主义理论、研究社会发展规律。

说到“马克思主义的123”（一个任务、两大发现、三个来源），这里的“2”和“3”是众所周知的，而“1”则是长期以来一直被忽视的。作者认为，相对于“2”和“3”来说，“1”是最重要的。正是这个“1”，决定了马克思主义剩余价值哲学的“人性范畴”是“分工与分配”的人的“社会属性”，而不是吃喝拉撒等“人的自然属性”。

难道马克思主义理论只研究“人的社会属性”，而不研究“人的自然属性”吗？学术界对这个问题有两种不同的观点。一种观点认为：“由于

---

① 《马克思恩格斯全集》第3卷，人民出版社1960年版，第20页。

自然属性只是人的自然前提，而不是人的本质属性，而且人的自然属性也不能不受其社会属性制约，不同于其他动物的自然属性，人学从其根本性质来说仍然是一门社会科学，而不是跨越自然科学和社会科学的学科。”① 但另一种观点却认为：“必须科学地综合地研究人，必须加强这样或那样研究人的各门科学的代表人物之间的相互影响。这不仅包括社会科学和人文科学（哲学、社会学、伦理学、美学、教育学等），而且包括自然科学——医学、心理生理学、遗传学。”②

马克思主义理论不是医学、生物学和遗传学，也不是心理学。实际上，马克思主义理论不仅不是自然科学，甚至也不是伦理学、美学和教育学等社会科学。当然，马克思主义哲学对伦理学、美学和教育学等社会科学具有强大的指导作用，但经典的马克思主义理论中并没有相对完整的伦理学、美学和教育学等社会科学的理论体系。

马克思主义哲学在“人”的问题上不是医学、生物学和遗传学，不专门研究人的“自然属性”。同样，马克思主义哲学在“物”的问题上也不是数学、物理学和化学，不专门研究物的“自然属性”，而只专门研究“商品”——这个物的“社会属性”。当然，这也是由马克思主义理论唯一的研究对象——社会发展规律——决定的。同样，不专门研究物的“自然属性”并不会有损于马克思主义理论的普遍意义，因为只有唯物史观和剩余价值学说才是具有普遍意义的马克思主义理论，马克思主义哲学不是不关心物的“自然属性”，但物的“自然属性”与唯物史观和剩余价值学说没有太多的直接联系。研究物的“自然属性”很重要，但那不是马克思主义哲学的任务，而是数学、物理学和化学的任务。马克思主义哲学研究的是物的“社会属性”，是“商品”。

不难看出，作为“物性范畴”的“商品”不能离开作为“人性范畴”的“分工与分配”；反之，作为“人性范畴”的“分工与分配”也不能离开作为“物性范畴”的“商品”；剩余价值哲学的“物性范畴”和“人性范畴”是不可分割的“对立统一体”，这两个哲学范畴是剩余价值哲学范畴体系中的“基本范畴”。

---

① 黄楠森等：《人学辞典》，中国国际广播出版社 1990 年版，第 5 页。

② 弗罗洛夫：《人的前景》，中国社会科学出版社 1989 年版，第 18 页。

## 结语

除了马克思主义剩余价值哲学外，还没有哪一种哲学能够同时确立既不互相包容又不互相割裂的“人性范畴”与“物性范畴”。笛卡尔哲学的“人性范畴”是“思”，弗洛伊德哲学的“人性范畴”是“性”；但他们的哲学并没有自己的“物性范畴”。

马克思主义剩余价值哲学的范畴体系由五个哲学范畴构成，其物性范畴是“商品”，人性范畴则是“分工与分配的矛盾”，而其他三个哲学范畴（价值范畴、劳动力价值范畴、剩余价值范畴）与这两个基本范畴的从属关系，还需要进行深入和细致的研究。

（作者单位：中国科学院测量与地球物理研究所）

# 马克思政治哲学“事实与价值统一”思想探究

胡昕雯

在学界，关于事实和价值的研究往往是纠缠在一起的。由于对二者关系的基本观点决定着在对事实和价值进行研究时的立场和方法，这使得关于事实与价值关系的研究显得尤为重要。因此，在进行具体的研究之前，必须首先明确事实与价值这对范畴的基本关系。

## 一 关于事实与价值关系的两种基本观点

关于“事实与价值”关系的争论由来已久，二者的关系究竟是二分还是统一，学界的回答莫衷一是，而关于事实与价值关系的争论“简直可以说是一个生死攸关的问题”①。因此，必须对主张事实与价值二分和主张统一的观点分别做一些基本考察。

### （一）关于“事实与价值”二分的一般观点

主张事实与价值二分的观点认为，事实属于经验性范畴，而价值的恒定却来自主观，事实与价值之间的关系如同经验与主观感受一样，二者不能混同，必须坚持分离。休谟作为第一位明确对“是与应当”、“事实与价值”关系进行分析的哲学家，从经验论出发，指出根本无法从“是”中推出“应当”，必须坚持二者分离。休谟做出这一结论的根本在于他坚

① ［美］希拉里·普特南：《事实与价值二分法的崩溃》，东方出版社2006年版，第2页。

持一种所谓的“图像语义学”[①]。这种图像语义学认为，概念之所以能够代表“事实内容”，在于概念可以通过图像摹写的方式表达出所要表达的事实内容。然而，关于美德的各种表述和形容却不能够通过图像摹写的方式直观地表达出来，这就意味着“人们不能从‘是’推出‘应当’；从更广泛的意义上说，并不存在关于对（right）的‘事实内容’和关于美德的事实内容”[②]。简言之就是，休谟所坚持的“事实”是与感觉—印象相符的某种东西，而价值判断并不能以同样的方式表达出来。正是基于对“事实”认识的这一基础，休谟坚持认为“是”推不出“应当”，事实与价值是两回事。

在休谟首开“事实与价值”二分的先河之后，逻辑实证主义更是将事实与价值之间的二分关系推向了极端。逻辑实证主义高举科学主义的大旗，高呼“拒斥一切形而上学”的口号，力主事实与价值之间的绝对二分，坚持将科学性与规范性对立起来，以对理论的科学性要求否定规范理论的价值。这种唯科学主义的认识论坚持事实的确定性和客观性，将事实内容看作是理性的标志和整个科学陈述体系的基础，而价值判断作为与事实内容完全不同的范畴，不仅被彻底地排除在理性以外，更被排除在整个科学陈述体系之外。在本体论和认识论的层面，这种知识论倾向主要体现为经验主义对传统形而上学的否定；在价值论的层面，则表现为经验主义的知识论原则对规范理论方法的否定。至此，事实与价值被科学主义彻底划入了两个完全不同的领域，成为绝对二分的一对范畴。

### （二）对事实与价值二分法的反驳

作为主张事实与价值统一的一方，从理论和实践两个维度反驳了事实与价值二分观点的偏颇，论证事实与价值统一的合理性。

就理论层面而言，首先，这一方质疑了二分一方关于“事实”概念的定义，认为坚持二分的一方关于“事实内容”的认识是建立在一种贫乏的经验主义基础之上的。这种基于贫乏经验主义之上的事实观对“事实”的认识仅仅停留在对描述性事实的认识上，并不加区分地将描述性和客观性等同起来。这样一来，一方面缩小了“事实”概念的范围，人为地将对事

① ［美］希拉里·普特南：《事实与价值二分法的崩溃》，东方出版社 2006 年版，第 16 页。
② 同上。

实的认识局限在对具体事物的认识上，无法对数学真理和逻辑真理这类没有对象的事实存在做出解释；另一方面，将客观性等同于可描述性的方法在面对诸如由“正确”、“不正确”、“真”、“假”、“有根据”、“无根据”这些术语处理的陈述时也会失效，因为这些陈述“并非描述，却是受理性的控制”① 的。这些术语的存在客观上质疑了逻辑实证主义将客观性等同于描述性事实的基本观点。

其次，混杂伦理概念的存在也对事实与价值的二分提出了质疑。普特南在对混杂伦理概念的举例中，用“冷酷”一词来反对事实与价值的绝对二分。“冷酷”一词既是一个描述性的词汇，同时也传递了价值判断的意味。普特南举例说，“如果有人问我，我的孩子的老师是个怎样的人，而我回答说，‘他非常冷酷’，那么我就是既对他作为一个教师提出了批评，也对他作为一个人提出了批评。我不必再补充说，‘他不是一个好老师’，或‘他不是一个好人’”②，“冷酷”在这个陈述中，不仅承担了事实陈述的功能，同时也提供了价值上的判断。诸如此类的词，还有“高尚”、“慷慨”、“熟练”、“强壮”、“笨拙”、“虚弱”等，都属于混杂伦理概念，而这类词的事实性存在，那就恰恰证明了“我们关于其中没有一种东西能够既是事实又是价值负荷的语言图像是完全不恰当的，我们的大量描述性词汇是而且必定是‘缠结的’”③，坚持事实与价值之间非此即彼的绝对二分的理论观点是偏颇的。

除了从理论维度对事实与价值二分观点提出质疑和反驳之外，从实践角度也能证明事实与价值之间不是决然的二分关系。实际上，在认识实践过程中，事实与价值二者难以相互剥离，只有同时从事实和价值这两个角度出发，才能够获得对对象的真正认识，尤其是对实践行为的认识，更是必须要在事实与价值二者统一的基础之上才能够完成，“一种行为是冷酷的或善良的、敏感的或麻木的、冒失的或天真率直的，这种事实只有通过价值概念的透镜才能得到”④，缺少事实或者价值中的任何一方，对实践行为的认知都是偏颇和不完整的，这就从实践层面证明了关于事实与价值二分的观点是一个伪命题。近年来，政治哲学的复兴也正是基于对科学主

① ［美］希拉里·普特南：《事实与价值二分法的崩溃》，东方出版社 2006 年版，第 42 页。

② 同上。

③ 同上书，第 75 页。

④ 同上书，第 148 页。

义所主张的事实与价值二分立场的反思，重新从事实与价值关系的角度探讨哲学的基本问题。

## 二 坚持事实与价值统一的马克思主义政治哲学

在事实与价值关系的问题上，马克思始终坚持二者统一的基本立场，并从实践角度，对二者的统一关系做了解释说明。马克思以探讨“人的真正存在”为核心问题，以事实与价值相统一作为理论预设的出发点，不仅深入地考察了社会历史发展的脉络，批判地分析了资本主义社会中种种不合理现象及其原因，并据此提出了自己关于实现人的自由和全面发展的理论观点。

### （一）事实与价值的统一：马克思的一般研究立场

尽管学界存在关于早期和晚期“两个马克思”的争论，认为早期的马克思深受费尔巴哈的影响，多从感性直观角度阐发自己的观点，带有强烈的人本主义色彩。相比之下，晚期的马克思则彻底褪去了费尔巴哈的印记，以完全不同于感性直观的方式建立了历史唯物主义，特别是在考察人类社会发展的各个阶段时，马克思基于大量文献事实，勾勒出关于人类社会发展的基本脉络。与早期作品相比，晚期作品中已丝毫不见那种洋溢在早期文章字里行间的人本主义基调，从文字表达上看，确实有判若两人之感。然而，这种变化是否就能证明确实存在着早期和晚期两个马克思呢？笔者认为这种观点值得商榷。在笔者看来，所谓的“两个马克思”不过是一种基于写作方法和具体研究对象差别的判断，并不能作为证实存在“两个马克思”这一观点的根本依据。相反，马克思所坚持的事实与价值统一的基本理论立场和以实践为主的一般研究方法都始终没有发生改变，从这一点上来讲，关于早期和晚期“两个马克思”的论断并不成立。

在早期作品中，马克思立足于现实，基于自己对感性直观行为的分析，表达自己的基本观点和一般立场。在《莱茵报》时期，马克思在对摩泽尔河地区贫困人民生存现实了解和调查后，发现了农民现实的悲苦生活和由国家理性所设定的生活预期之间存在着巨大差距。面对这一事实性差距，马克思写道：“摩泽尔河沿岸地区的贫困状况不能看作一种简单的状况。我们至少必须始终分清两个方面，即私人状况和国家状况，只有这两个方面的相互关系才构成摩泽尔河沿岸地区的现实状况。”① 这就是说，如果单从事实角度出发，对摩泽尔河地区人民的贫困生活进行经验性描述，或者只从国家角度阐发官僚机构建制的功能和作用，都是完全不可能发现这种真实存在于社会与国家间的矛盾的，而只有坚持这样一种客观方法，即“只要人们一开始就站在这种客观立场上，人们就不会违反常规地以这一方或那一方的善意或恶意为前提，而会在初看起来似乎只有人在起作用的地方看到这些关系在起作用”②，才能够不失偏颇地对对象整体有全面具体的认识。在获得对摩泽尔河地区全面的事实性认识基础上，马克思以“事实与价值相统一”的基本立场揭露了资本主义社会现实生活和理论理性之间的现实矛盾和巨大裂缝，由此提出了对“市民社会中国家理性和与私人利益相统一”这一资本主义社会信条的质疑。与此同时，这也奠定了之后马克思坚持“是”与“应当”、事实与价值应当统一的基本理论立场。通过对这对范畴统一关系的认同与坚持，马克思在之后的研究中不仅发现了资本主义社会的现实矛盾及其真正根源，并进一步提出了自己关于解决这一社会根本矛盾的合理方法。

尽管后期马克思不再像早期那样用带有明显人本主义色彩的词句和通过对经验事实的直观描述直接地表达自己的观点，而是在对经验事实进行理论抽象后阐发自己的观点，但这种转变并不代表他对自己早期研究的否定。事实上，马克思主张事实与价值统一的根本立场和研究的核心问题始终没有发生任何改变，事实与价值构成了马克思理论的一体两面。特别是对资本主义社会内部机制和特点进行深入剖析时，与古典政治经济学家着力探讨实现财富积累的途径和方法的基本立场不同，马克思从事实与价值关系角度出发，在对人的现实生存境况和人的真正存在价值这一事实性反差的分析中，揭示出资本主义社会中物与人、劳动者与资本家之间关系的不合理。

“生产力”是马克思晚期进行资本主义社会研究的主要对象之一，它作为创造财富的主要来源，是资本主义社会得以进步发展的根本。在对生产力的认识上，马克思承认其在创造物质财富方面所展现的巨大能量，这不仅有生产工具数量和规模上的扩大，也包括所创造的物质财富规模的扩

① 《马克思恩格斯全集》第1卷，人民出版社1956年版，第216—217页。

② 同上书，第216页。

大。此外，马克思还看到了被生产力物质表象所掩盖的关于生产力质的方面，即生产力作为人的创造物，其本质是属人的，因此对生产力的研究不能只停留在物的方面，还要深入到对人的研究。建立在交换价值基础上的资本主义经济制度，通过物与物之间的交换完成了人与人之间的交换，并由此形成了资本主义社会的基本社会关系。在进行交换的劳动力商品背后掩藏着“劳动者已经一无所有”的事实，即劳动者除了自己的劳动力之外，没有其他任何东西可以用来交换的事实。劳动者通过劳动力这一中介，沦为跟物一样的、被用来交换的产品，成为积累社会财富的工具和手段，甚至被资产者当作同其他的生产力——牲畜、机器一样的存在。人作为人存在的价值伴随着社会生产力的发展而逐步丧失，人反而成了从属于物的存在。

受交换价值影响的生产力不仅把人变成了工具性的存在，还使人和人之间的关系变成了受交换价值支配的社会关系。在交换价值的驱动之下，生产力的发展始终以增进财富数量作为唯一目的，人和人之间的社会关系也受这一目的的驱使，变成了单一的雇佣关系。伴随着生产力的不断发展和扩大，人被完全禁锢在资本主义社会关系中，丧失了原本自由自觉的能动性，社会关系也由此变得越来越单一。资本主义社会企图以规律的形式将这种雇佣生产关系合理化，从而实现资本主义社会制度的永恒化。

马克思从量和质两个方面对“生产力”进行分析，认识到了在急速膨胀的生产力这一事实背后所被掩盖的关于人的价值问题。这种认识方法正是基于事实与价值相统一的基本理论立场，从事实层面考察生产力在创造社会物质财富方面的作用和现实的人的生活，从价值层面重新审视了人的生存境况，看到人作为个人存在价值的失落和人与人关系的单一化和不合理化。以对这两个维度的认识，马克思更进一步地就资本主义社会中存在的事实与价值相分离的现实进行了分析和系统批判，也为马克思致力建构一种事实与价值相统一的社会理论提供了参照。

### （二）自由人的联合体：事实与价值统一的愿景

马克思关于自由人的联合体的理论构想是基于事实与价值相统一的这一根本理论立场，他力主彻底摆脱人受物控制的生存形态，重新恢复人作为人而存在的价值，获得全面发展的自由个性。

马克思关于自由人的联合体的观点基于对“自由时间”的分析。在马克思看来，生活在资本主义社会中的无产者由于受雇佣劳动关系的制约，“时间”对其而言始终是一种劳动时间，是一种受他人和他物支配的、不属于自己的自由时间，这意味着无论他的工作还是生活都同时受到雇佣劳动关系的支配，都不是完全属己的活动，是不自由的。这种受制于雇佣关系的劳动时间侵占了原本属于劳动者个人的“自由时间”，自由时间的丧失意味着劳动者进而也失去了能够发展自身能力的机会和空间，这使得人的现实存在背离了人作为目的而存在的真正价值旨趣。这种由劳动时间和自由时间引起的资本主义社会中无产阶级与资产阶级的对立，在马克思看来，其实质是资本主义社会中个人存在的事实与价值之间对立的表现。马克思正是在此基础上，以“实现自由”作为人的存在价值弥合了当下人的事实存在与人的价值相分离的社会现实，提出以“自由人的联合体”作为超越资本主义社会的新的社会形态。

与资本主义社会中普遍存在的劳动时间和自由时间的对立不同，马克思指出，在自由人的联合体中，这二者不再对立，人能够全面地占有自己的时间，拥有和享受自由支配的闲暇时间，自由地从事各种活动以获得人的个性和人的能力的全面发展。与此同时，劳动生产也不再是受雇佣关系支配的、被剥削和压迫的活动，而是自由的生产活动，是为人的生存提供物质生活和生产资料的必要劳动，劳动时间也不再与自由时间对立。在自由人的联合体中，“任何人都没有特定的活动范围，每个人都可以在任何部门内发展，社会调节着整个生产，因而使我有可能随我自己的心愿今天干这事，明天干那事，上午打猎，下午捕鱼，傍晚从事畜牧，晚饭后从事批判，但并不因此就使我成为一个猎人、渔夫、牧人或批判者”①，人的存在以全面占有自由时间作为前提，在不受任何外在目的的支配下自由地从事劳动活动和各种实践活动，获得实现个人全面发展的可能性。实现了自身价值的人是一种“人以一种全面的方式，作为一个完整的人，占有自己的全面的本质”② 的存在，是真正实现了事实与价值统一的存在主体。

在马克思看来，自由人的联合体是对已存在着的事实与价值相互分离的社会形态的扬弃和超越，是真正符合人本性的社会形态。在这个社会中，事实性的人类活动天然地与人存在的本质价值相符合，人不仅摆脱了

① 《马克思恩格斯选集》第1卷，人民出版社1972年版，第37—38页。

② ［德］马克思：《1844年经济学哲学手稿》，人民出版社1985年版，第77页。

物的控制和奴役，同时，人和人之间的相互关系也不再受某一具体社会形态的制约，重新回复到友好而单纯的相互关系中。这种关于事实与价值相互统一的社会存在也正是马克思所始终追求的真正合理的社会存在。

尽管对于自由人的联合体是乌托邦构想还是确实能够实现的社会形态始终存在着争议，但是关于在自由人的联合体中个人的存在方式和价值的设定获得了普遍的认同。个人存在本身就应该是一种立足于实践活动上的事实与价值的统一，这是因为个人活动的最初并且最真实的目的就是为了实现个人自为的存在价值。在这一点上，马克思关于自由人的联合体的理论设定是符合逻辑和人类希冀的。马克思正是立足于个人的现实存在这个实践问题，从人类社会发展的规律阐释了事实与价值二者之间的关系，表达了关于事实与价值二者统一的根本观点。

（作者系南开大学哲学院马克思主义哲学博士研究生）

# 从马克思对于实体思维的批判看劳动二重性及其意义

刘　旭

马克思在《1844年经济学哲学手稿》中曾经对于实体思维进行了激烈的批判："谁生出了第一个人和整个自然界？""我只能对你作如下的回答：你的问题本身就是抽象的产物"；"请你问一下自己那个无限的过程本身对理性的思维来说是否存在"①。马克思一方面反对把有限和无限、特殊和普遍绝对对立起来；另一方面又在《资本论》中将具体劳动的特殊性与抽象劳动的普遍性对立起来。这其中的表面上的逻辑矛盾恰恰告诉我们，关于具体劳动与抽象劳动的关系一方面是理解政治经济学的枢纽，另一方面也是马克思政治经济学批判的枢纽。

## 一　马克思对于实体思维的批判

"所谓实体思维，是指把存在预设为实体、把宇宙万物理解为实体的集合，并以此为基础诠释一切的思维。"② 马克思对于实体思维的批判一方面继承了黑格尔对于那些把具体的有限存在物及与之对立的普遍存在物当作实体的观念的批判；另一方面也批判了黑格尔关于绝对理念的实体观念，从而实现了对于全部实体思维方式的批判。

马克思对于实体思维的批判，首先继承了黑格尔对于把有限的存在物和与之对立的普遍存在物当作实体的观念的批判。黑格尔以绝对精神为基

---

① ［德］马克思：《1844年经济学哲学手稿》，人民出版社2000年版，第91—92页。

② 孙美堂：《从实体思维到实践思维——兼谈对存在的诠释》，《哲学动态》2003年第9期。

础，认为把有限的存在物及与之对立的普遍存在物当作实体的观念实际上是一种知性的思维方式（包括无批判的知性和康德的批判的知性，当然康德自己也实际上区分了知性和纯粹理性），而不是理性的思维方式。在知性的思维方式中，思维总是采取一种非此即彼的“二截化”（Halbierung）的思维方式，“他们会理解为主体与对象是有区别的，同样，有限与无限也是有区别的，好象那具体的精神的统一体本身是无规定的，并且没有包括区别于自身之内，又好象谁都不知道主体与对象，有限与无限是有区别似的”①。

“无批判的知性”的思维方式把特殊的东西与普遍的东西对立起来，认为有限的、具体的、特殊的东西就不是普遍的东西，因而是需要否定的，“误解有限范畴不足以达到真理”②；另一方面又在否定有限事物的真理性的基础上，将与之对立的普遍的事物当作绝对的真理，“将具体的精神的统一性当作一抽象的无精神性的同一性，在这同一性里，一切是一，没有区别，在别的范围内即使善与恶也是一样的东西”③。黑格尔对于无批判的知性的思维方式的批判，主要在于两个方面：一是知性的思维是一种有限的思维，作为有限的思维的知性无法认识真正无限的真理和绝对。知性的思维只适合研究具体的、有限的事物，而不适合研究真正的、无限的事物。二是这种思维方式也是一种主客二分的实体思维方式，没有看到“实体即主体”的内在合理性，没有考察到主体与客体之间内在的矛盾统一性。这种思维方式不能实现实体与主体的辩证统一，“不可能既承认共相、主体、理性的实在性，同时又承认个体、客体、感性的实在性”④。

黑格尔也批判了康德的形而上学的理性：“物自体（这里所谓的‘物’也包含精神和上帝在内）表示一种抽象的对象。——从一个对象抽出它对意识的一切联系、一切感觉印象，以及一切特定的思想，就得到物自体的概念。很容易看出，这里所剩余的只是一个极端抽象，完全空虚的东西，只可以认作否定了表象、感觉、特定思维等等的彼岸世界”，“这种抽象的同一性作为对象所具有的否定规定性，也已由康德列在他的范畴表

① ［德］黑格尔：《小逻辑》（第二版序言），商务印书馆1980年版，第8页。

② 同上书，第6页。

③ 同上书，第8页。

④ 梁枢：《实体思维与辩证思维》，《学术月刊》1990年第9期。

之中"[①]。在黑格尔看来，康德的批判的知性，一方面正确地指出了有限的知性（理论理性）探究无限的事物所必然出现的二律背反，以及将有限的知性（实践理性）运用于实践领域的非法性质；另一方面却也低估了理性对于探究无限事物的权利。因此，黑格尔批判康德"关于理念，他同样只是停留在否定的和单纯的应当阶段"[②]。

这种无批判的或批判的知性的思维方式，也就是我们常说的形而上学的思维方式。马克思继承了黑格尔的辩证法思维方式，因而对于这种形而上学也是采取了一种批判的态度。他指出："辩证法对每一种既成的形式都是从不断的运动中，因而也是从它的暂时性方面去理解。"[③]

然而，马克思不仅继承了黑格尔对于知性思维方式的批判，而且也对黑格尔的绝对理念观念进行了批判。如果说黑格尔批判知性思维方式对于研究有限事物的合法性，以及研究无限事物的非法性，也即对形而上学进行批判，从而否定了具体事物的实体性以及与之对应知性所研究的普遍事物的实体性，那么黑格尔保留了绝对理念的合法性也就保留了"大全"的实体性，因而黑格尔对于实体性思维的批判还不是真正彻底的。马克思在继承黑格尔对于形而上学批判的基础上，在唯物辩证法的立场上对于黑格尔绝对理念的批判，彻底否定了实体思维的方式，从而为新的历史观和思维方式开辟了道路。

马克思对于绝对理念的批判在《巴黎手稿》中有过精彩的论述，他同意费尔巴哈对于黑格尔辩证法的解释："第一，黑格尔从异化出发（在逻辑上就是从无限的东西、抽象的普遍的东西出发），从实体出发，从绝对的和不变的抽象出发，就是说，说得更通俗些，他从宗教和神学出发。第二，他扬弃了无限的东西，设定了现实的、感性的、实在的、有限的、特殊的东西（哲学，对宗教和神学的扬弃）。第三，他重新扬弃了肯定的东西，重新恢复了抽象、无限的东西。宗教和神学的恢复。"[④] 所以，马克思一方面肯定了黑格尔对于无限的、普遍的及有限的、感性的实体的否定过程；另一方面，他也对于黑格尔重新恢复无限的实体，即绝对精神持批判态度。在他看来，黑格尔唯心辩证法的根本问题在于保留了绝对精神这

① ［德］黑格尔：《小逻辑》，商务印书馆 1980 年版，第 125—126 页。

② 同上书，第 127 页。

③ 《马克思恩格斯选集》第 2 卷，人民出版社 1995 年版，第 112 页。

④ ［德］马克思：《1844 年经济学哲学手稿》，人民出版社 2000 年版，第 96 页。

一唯一的实体。由于保留了绝对精神这一唯一的实体，所以绝对精神是一个没有外在对象的非对象性的存在物，而“非对象性的存在物是非存在物［Unwesen］”①。所以，不存在任何的实体。

因而，马克思一方面继承和肯定了黑格尔对于有限的事物及无限的普遍事物的否定，另一方面也批判了黑格尔保留绝对精神这一唯一的实体。所以马克思彻底地否定了一切实体，也就彻底地批判了所谓的实体思维的方式。

## 二　从劳动的实体化看马克思对于劳动二重性关系的辩证阐述

当有人运用马克思所反对的实体思维去看待《资本论》，扬扬得意于马克思关于“形成价值实体的劳动”的说法时，难免忽略了马克思是从根本上反对“实体”观念的。考虑到马克思将作为“价值实体”的劳动看作是“抽象劳动”的阐述，我们不得不怀疑，马克思在说明抽象劳动的“抽象性”时，实际上是把本来非实体性的劳动进行实体化的结果。劳动的实体化是理解劳动二重性的关键。

劳动的实体化在《资本论》中表现为两个方面：一方面，劳动表现为具体劳动，把具体劳动固定在个别的人身上，从而使具体劳动不再具有普遍的意义，也不能当作一个普遍的劳动来使用。因而具体劳动使劳动呈现为一种殊相的实体形式，使劳动转化为个人或一些个人的劳动，马克思把它称为“私人劳动”。所以具体劳动是“人类劳动力在特殊的有一定目的的形式上的耗费；就具体的有用的劳动这个属性来说，它生产使用价值”②。这种“特殊的”、“有一定目的”就是指一个或几个人的私人的目的。另一方面，劳动的实体化也表现为抽象劳动。抽象劳动把劳动的普遍性从劳动中剥离出来，“各种劳动不再有什么差别，全都化为相同的人类劳动，抽象人类劳动”③。因而，抽象劳动以人类劳动的普遍形式超越了具体劳动的个人形式，使劳动呈现为一种共相的实体形式。因此，马克思也把抽象劳动称为“社会总劳动”。抽象劳动使劳动不再归于个人，而是

---

① ［德］马克思：《1844年经济学哲学手稿》，人民出版社2000年版，第106页。

② 《马克思恩格斯选集》第2卷，人民出版社1995年版，第123页。

③ 同上书，第117页。

归于人类总体。所以，抽象劳动“就相同的或抽象的人类劳动这个属性来说，它形成商品价值”①。

有人认为，通过马克思所说的“私人劳动的总和形成社会总劳动”②，可以看出社会总劳动与抽象劳动无关。但是，我们也应该看到，在同一页的下一段中，马克思指出：“劳动产品只是在它们的交换中，才取得一种社会等同的价值对象性，……劳动产品分裂为有用物和价值物，实际上只是发生在交换已经十分广泛和十分重要的时候，那时有用物是为了交换而生产的，因而物的价值性质还在物本身的生产中就被注意到了。从那时起，生产者的私人劳动真正取得了二重的社会性质。”③ 也就是说，私人劳动取得“二重性”只是发生在交换“十分广泛”和“十分重要”的情况下，所以，马克思所说的“私人劳动的总和”是指非交换或交换不是十分广泛和十分重要的情况下，这时的私人劳动由于内含着具体劳动和抽象劳动，所以私人劳动的总和可以构成社会总劳动。而当劳动的实体化使得具体劳动只从属于私人时，私人劳动也就不再是社会总劳动的组成部分，私人劳动的“总和”也就不再是社会总劳动，而仅仅是劳动的私人性质。所以，此时私人劳动的社会性质必须通过交换来实现。那么此时，社会总劳动既然不能再由私人劳动中的具体劳动来承担，那么只能由私人劳动在交换中所表现出来的价值或其实体的抽象劳动来承担。因此，此时私人劳动与具体劳动、社会总劳动与抽象劳动也就具有了各自的一致性。原本同一的私人劳动与社会总劳动，也即所谓非实体性的劳动，现在各自分裂为分别归属于个人和人类总体的私人劳动和社会总劳动。私人劳动也就成为那个非实体性劳动的具体劳动，社会总劳动也就成为那个非实体性劳动的抽象劳动。只有这样，我们才能理解马克思所说的那个著名的“一切劳动”④，它既不仅是指个人的劳动，也不仅是指人类的劳动，而是指一切形式的“劳动”——非实体性的劳动。

依此，我们就可以理解劳动二重性的辩证关系。首先，具体劳动与抽象劳动共同处于同一劳动之中，具体劳动和抽象劳动是同一劳动的两个侧面或两种形式。也就是说不存在孤立的具体劳动，也不存在孤立的抽象劳

① 《马克思恩格斯选集》第2卷，人民出版社1995年版，第123页。

② ［德］马克思：《资本论》第1卷，人民出版社2004年版，第90页。

③ 同上。

④ 同上书，第60页。

动。有人把抽象劳动看作是从具体劳动中剥离出来的，好像只要把劳动的具体形式剥离掉就能得出抽象劳动一样。这实际上是一种误解。抽象劳动作为“人类劳动力在生理学意义上的耗费”，其实也可以是具体劳动的基础。二者之间的关系可以用黑格尔在《小逻辑》中关于自我意识的内在规定来作类比。黑格尔在《小逻辑》中说道：“‘我’是一个自在自为的普遍性，共同性也是一种普遍性，不过是普遍性的一种外在形式。一切别的人都和我共同地有‘我’，是‘我’，正如一切我的情感，我的表象，都共有着我，‘伴随’是属于我的东西，就作为抽象的我来说，‘我’是纯粹的自身联系。”① 如果我们用具体劳动和抽象劳动来代替黑格尔关于自我意识中非我意识与“我”之间的关系，那么就可以看到：一切具体劳动都“共有着”抽象劳动，一切别的具体劳动和我自己的具体劳动都共有一个抽象劳动。因为抽象劳动的真正主体是整个人类，所以每个人作为人类的一分子，都共有一个抽象劳动，即一般人类劳动。一切具体劳动都是“共有”、“伴随”着抽象劳动。抽象劳动不再是属于个人的东西，因而也不可能是从从属于个人的具体劳动中剥离出来的。

其次，抽象劳动与具体劳动之间是劳动的量与质的关系，然而劳动的实体化使二者各自分离，不能统一。我们知道，商品是劳动的物化产物。劳动的实体化与劳动的物化之间既有某种联系，也有各自的区别。劳动的实体化是指劳动作为人类活动的基本形式，按照实体思维的方式转变为具体劳动与抽象劳动两种实体形式的过程。实际上劳动本身仍然是非实体性的，这个转化过程只是一种实体化的逼近，而非真正的实体化，正如物体的速度只能逼近光速而无法达到光速一样。而商品，则是劳动过程的产物，人们通过劳动运用劳动资料改变劳动对象使之成为人们需要的劳动产品。一方面，商品作为劳动的物化产物，它的使用价值表现为商品中所包含的“劳动的质”，即具体劳动；另一方面，商品的价值就其量来说则表现为商品中所包含的“劳动的量”，即抽象劳动。可见，商品中所包含的劳动的质与量分别是具体劳动和抽象劳动。也就是说在劳动的物化过程中，具体劳动表现为劳动的质，而抽象劳动表现为劳动的量。我们知道，劳动的物化过程就是劳动本身，因此，具体劳动与抽象劳动是劳动的质与量的统一。然而劳动的实体化，使具体劳动和抽象劳动各自相互独立，从

① ［德］黑格尔：《小逻辑》，商务印书馆 1980 年版，第 71 页。

劳动内部内在的质与量的统一转化为外在的使用价值和价值的分离。马克思也说明了这一点："既然生产力属于劳动的具体有用形式，它自然不再同抽去了具体有用形式的劳动有关"①，也就是说生产力既然属于具体劳动，那么就不再与抽象劳动有关，从而表明了具体劳动与抽象劳动的相互独立性。

最后，具体劳动与抽象劳动的内在的矛盾运动是形成"物的依赖关系"的根本原因。马克思在《1857—1858 年经济学手稿》中划分了社会发展的三种形态：一是"人的依赖关系"的社会形态，二是"物的依赖关系下人的独立性"的社会形态，三是人的自由全面发展的社会形态。其中，"物的依赖关系下人的独立性"的社会形态是跟商品经济形态（不仅是资本主义形态）联系在一起的。马克思指出："商品形式的奥秘不过在于：商品形式在人们面前把人们本身劳动的社会性质反映成劳动产品本身的物的性质，反映成这些物的天然的社会属性，从而把生产者同总劳动的社会关系反映成存在于生产者之外的物与物之间的社会关系。"② 商品形式的奥秘实际上在于劳动的实体化的结果。由于劳动的实体化，具体劳动作为私人劳动不再能够直接表现为社会总劳动，而只能通过以物易物的交换方式来成为社会总劳动的组成部分："私人劳动在事实上证实为社会总劳动的一部分，只是由于交换使劳动产品之间、从而使生产者之间发生了关系。"③ 另一方面，抽象劳动也只有通过具体劳动来表现。马克思在《资本论》的"等价形式"一节中对于这一点进行了充分的说明："充当等价物的商品的物体总是当作抽象人类劳动的化身，同时又总是某种有用的、具体的劳动的产品。因此，这种具体劳动就成为抽象人类劳动的表现。"④ 因此，具体劳动与抽象劳动本来直接统一于劳动过程本身的内在的质与量的关系，由于实体化的原因，不得不表现为外在的相互表现对方的关系：具体的私人的劳动只有通过交换才能成为社会总劳动的组成部分；抽象劳动也只有通过具体劳动的产物，即等价物的形式才能表现其具体的量的大小。因此，抽象劳动与具体劳动的统一只能在物与物的交换中实现。

---

① 《马克思恩格斯选集》第 2 卷，人民出版社 1995 年版，第 123 页。

② ［德］马克思：《资本论》第 1 卷，人民出版社 2004 年版，第 89 页。

③ 同上书，第 90 页。

④ 同上书，第 79 页。

可见，劳动的实体化，使得具体劳动与抽象劳动的统一不得不以外部交换的方式来进行，从而形成“物的依赖关系”。

## 三　马克思通过对于劳动二重性的批判揭示出消灭商品经济的必然性

马克思在《资本论》第一卷第一章的“商品拜物教”一节中向我们展示了这样一组画面：在商品交换之前的“人的依赖关系”的社会中，人的具体劳动与一般人类劳动是直接同一的；而到了商品交换的社会中，人的具体劳动与抽象劳动出现了分离与对抗，于是人与人之间的人的依赖的社会关系被人与物的物的依赖关系所取代；而到了马克思所“设想”的共产主义社会中，人与人又重新实现了具体劳动与一般人类劳动的直接同一。这样一个从同一到分裂对抗再到同一的叙述方式向我们展现了黑格尔辩证法对于马克思关于具体劳动与抽象劳动之间关系阐述的影响。

马克思指出：“一旦我们逃到其他的生产形式中去，商品世界的全部神秘性，在商品生产的基础上笼罩着劳动产品的一切魔法妖术，就立刻消失了。”① 在自然经济中，“人都是互相依赖的：农奴和领主，陪臣和诸侯，俗人和牧师。物质生产的社会关系以及建立在这种生产的基础上的生活领域，都是以人身依附为特征的。……在这里，劳动的自然形式，劳动的特殊性是劳动的直接社会形式”②。可见，在“人的依赖关系”的社会形态中，人的具体的、特殊的、有目的的劳动形式直接就是社会劳动的形式，因而在这里那个暗藏在劳动中的质与量的关系的具体劳动与抽象劳动是直接统一在劳动之中的。

而“在商品生产者的社会里，一般的社会生产关系是这样的：生产者把它们的产品当作商品，从而当作价值来对待，而且通过这种物的形式，把他们的私人劳动当作等同的人类劳动来互相发生关系”③。实体化，一方面使得劳动具体化为只从属于私人的劳动，即具体劳动；另一方面，也使劳动抽象化为普遍的人类劳动，即抽象劳动，二者是通过物的交换形式来“互相发生关系”，由此形成人们的商品经济阶段的“一般的社会生产

① ［德］马克思：《资本论》第1卷，人民出版社2004年版，第93页。

② 同上书，第95页。

③ 同上书，第97页。

关系”。具体劳动与抽象劳动从内含于同一劳动之中到商品的经济的相互分离和相互外在的转化，从而构成了商品经济中人对于物的依赖关系。

由此，取而代之的必然是劳动从实体化再到非实体化的转变，使具体劳动与抽象劳动再次湮灭于同一的劳动之中。所以在共产主义社会里，“他们用公共的生产资料进行劳动，并且自觉地把他们许多个人劳动力当作一个社会劳动力来使用”[①]。正如马克思所说：“对社会主义的人来说，整个所谓世界历史不外是人通过人的劳动而诞生的过程。”[②] 这样，劳动也就走完了一个从自然经济的具体劳动形式直接是社会劳动形式开始，到商品经济的具体劳动与抽象劳动的分离与对抗及其外在的通过交换而形成的统一，再到共产主义具体劳动与抽象劳动再次湮灭于同一劳动的历史过程。其中的核心就是劳动的实体化。劳动的实体化使具体劳动与抽象劳动分离开来，这是劳动二重化的根本原因。可见，劳动从非实体化的状态到实体化再到非实体化的过程，也就是劳动从直接同一到具体劳动与抽象劳动的分离再到二者统一的过程。这样，马克思也就完成了对于商品经济的批判，从而为共产主义奠定了基础。

马克思深刻地明白商品经济不等于资本主义经济，他的剩余价值理论固然为消灭资本主义的生产方式提供了有力的理论基础，但是消灭资本主义不等于消灭商品经济。因此，马克思在《资本论》中不得不在提出剩余价值理论之前，首先完成对于商品经济的批判，而这一批判就是通过“商品拜物教”和“货币拜物教”中对于劳动二重性的分析来完成的。因此，劳动的二重性既是理解政治经济学的“枢纽”，也是马克思“批判”政治经济学的“枢纽”。

可见，劳动的实体化与否是我们理解劳动二重性的关键，而马克思对于实体思维的彻底批判使得马克思必然对于劳动的实体化采取一种批判的态度，从而既为理解政治经济学又为批判政治经济学和消灭商品经济奠定了理论基础。

（作者单位：上海大学社会科学学院）

---

① ［德］马克思：《资本论》第 1 卷，人民出版社 2004 年版，第 97 页。

② ［德］马克思：《1844 年经济学哲学手稿》，人民出版社 2000 年版，第 92 页。

# 大众消费时代的景观社会批判与颠覆

## ——基于居伊·德波《景观社会》的分析

孙妍豪

20世纪60年代，随着战后经济的繁荣发展，商品与大众媒体在日常生活中的大量充斥，法国哲学家居伊·德波在其《景观社会》一书中指出，资本主义世界已经在消费主义的背景下进入到了一个新的时代：一个由景观影像控制的帝国时代。资产阶级以景观来主导并控制着人们的生活，马克思时代“商品堆积”的世界已经发展为“直接存在的一切”成了“表象”的时代了。在当代，对景观的颠覆与摧毁已经迫在眉睫。

## 一　景观、景观拜物教：商品世界的当代走向

在德波看来，当代资本主义已经远离了马克思所处的以生产为主导的时代，进入到消费主义社会，资产阶级开始从消费领域入手，以景观来掌控大众的消费趋向与日常生活。从德波对景观社会的批判逻辑来看，他的批判是马克思商品拜物教批判在新情况下的延展。

在马克思的时代，资本主义大工业正处于发展的鼎盛时期，商品生产的隆隆号角笼罩在社会与人的周围。在《资本论》中，马克思一开始就指出商品是构成资本主义社会的基本细胞。正是在这样一个以商品——物占据统治地位的时代，人与人之间的社会关系被物与物之间的中介性关系替代了。原有的人们之间的劳动联系被掩盖起来，而代之以商品与商品、货币与货币之间的“无人的”经济联系。人们看不到劳动在创造世界中的力量，反而认为商品——物之间的交换关系、等价关系才是这个世界的真

理。就像马克思一针见血地指出的那样："商品形式的奥秘不过在于：商品形式在人们面前把人们本身劳动的社会性质反映成劳动产品本身的物的性质，反映成这些物的天然的社会属性，从而把生产者同总劳动的社会关系反映成存在于生产者之外的物与物之间的社会关系。由于这种转换，劳动产品成了商品，成了可感觉而又超感觉的物或社会的物。"① 在这种颠倒的社会中，劳动者之间进行彼此劳动产物交换的行为却表现为"不同商品之间的交换价值的假象"，人们之间的特定关系被物之间的神秘关系取代，因而商品就具有了神秘性，"充满形而上学的微妙和神学的怪诞"。

马克思在商品拜物教的批判中，揭示的是物在资本主义社会里对世界、对人的统治，商品以绝对的优势充斥在人们的生活中。而在德波所在的社会中，资产阶级的阴谋又以新的形式——景观表现出来。在《景观社会》一书中，德波并没有对景观给予明确的定义，不过从他对景观的批判分析中，我们可以看到，在德波那里，景观是资本主义在新的时期使用的更加深层化的统治手段，它是在影像技术不断发展、大众媒体日益涌现的背景下出现的以影像媒介来展现的商品、生活及社会，而且只有通过影像人们才能进行生活与交往。"在现代生产条件无所不在的社会，生活本身展现为景观的庞大堆积。直接存在的一切全都转化为一个表象。"② 后来，贝斯特对景观的本质有过这样的表述："景观的现实是：（1）一种真正的社会阶级统治的机构设施；（2）一种意识形态，源于现实的社会状况，'已经变得十分实际，并在物质上得以解释'；（3）以及这种意识形态拥有一种真正的'催眠行为'的刺激力量。"③ 贝斯特的概括将景观的意识形态性与对大众的支配性毫不留情地指了出来。

在景观社会中，任何商品都要首先借助电子媒介表现为自身的影像，否则就根本不能够进入到大众的日常生活与消费中。商品不再是直接的物，而必须以影像为先导、为中介才能获得自身的存在。"景观不是附加于现实世界的无关紧要的装饰或补充，它是现实社会非现实的核心。"④

① ［德］马克思：《资本论》第1卷，人民出版社1972年版，第88—89页。

② ［法］居伊·德波：《景观社会》，南京大学出版社2006年版，第3页。

③ ［美］贝斯特：《现实的商品化和商品化的现实：波德里亚、德波和后现代理论》，载［美］道格拉斯·凯尔纳：《波德里亚：一个批判性读本》，江苏人民出版社2008年版，第76页。

④ ［法］居伊·德波：《景观社会》，南京大学出版社2006年版，第3页。

德波认为，在当代影像“统治了一切”。如果说在马克思生活的生产时代中，人们以物为膜拜对象而失去自身，那么在景观时代，物又被超然于自身之外的景观影像支配。随着电子媒介如电视的普及，广告、电影以不可抵挡的步伐侵入到人们的生活中，人们此时的消费已经不再依据自身的实际需要，而是被广告牵引着去购买其实并不需要的产品，并且购买的目的也在很大程度上是为了获得一种被时尚景观引领的身份与地位的虚荣，景观造就了一系列的“伪需要”。德波的分析其实非常贴近于我们的生活，而且这种以影像为主导的消费正是我们所经历着的。例如，当我们进行消费时，往往是购买广告中曾出现的商品，而没有以广告形式宣传过的商品，我们一般是不会考虑的。我们一味地相信广告所宣传的商品的质量而不加任何怀疑，其实就是被广告、被景观牵着鼻子走了。“电影激发了时尚狂热；杂志宣传了夜市的发达。”① 景观带来的这种消费模式又进一步促使更多的商家投重金来为自己的产品做广告，因而景观就在现代的社会中愈加泛滥。后来，鲍德里亚认为这是对“赋予内容的表现以优先权”，来区别于之前时代的“赋予内容的生产以优先权”②。

商品的使用价值在马克思时代是被交换价值遮蔽的，而在此时则被商品的影像的规定性建构，可见，在资本主义社会中，作为商品本质的使用性始终是未真正出场的，这正是资本主义社会的欺骗性所在。然而，正如在马克思时代人们对物的崇拜一样，在德波时代人们给予了景观一种新的崇拜。正是在这样一种景观拜物教的时代里，景观影像获得了主导权，对人们的生活实行新形式的统治。电子媒介的普及进一步使景观发展成为一个庞大而全面的体系，紧紧地包裹住社会与生活。“从生活的每个方面分离出来的影像群汇成一条共同的河流，这样，生活的统一便不再可能被重建。重新将他们自己编组为新的整体的、关于现实的片段的景色，只能展现为一个纯粹静观的、孤立的伪世界，这一世界之影像的专门化，发展成一个自足自主的影像世界。”③

德波认为景观主要有两种存在形式：集中的景观和弥散的景观。“集中的景观从根本上与官僚政治资本主义相联系。尽管作为一种技术，它也许是为了在落后的混合经济中强化国家权力而被引入的，或者是在发达资

① ［法］居伊·德波：《景观社会》，南京大学出版社 2006 年版，第 25 页。

② ［法］鲍德里亚：《生产之镜》，中央编译局出版社 2005 年版，第 116 页。

③ 同上书，第 3 页。

本主义的特定危机时期被采用的。”[①] 也就是说，集中的景观是国家统治阶级以自身权力控制和垄断的景观，这种景观一般都是统治者意志的体现。统治阶级以集中的景观来为大众选择各种商品，不允许任何自由选择的出现。他们往往用景观将一切都塑造成美好的，来掩盖自身统治下的真实的贫困与混乱。可见，集中景观下的社会是一个“由国家强力维系的高度同质化的社会”，它对“所有异质性因素”都采取极端排斥的态度。[②] 弥散的景观与集中的景观相对，它与“商品的丰裕相联系”。弥散的景观是每个商品为自己而“战斗”的产物，这时的景观高唱着颂扬商品的赞歌。充斥在市场上的各种广告都在极尽所能地、夸张地为各自的商品做着名不副实的宣传，以提高自身产量并把其他产品挤出市场。然而，一个产品消失就会有另一个产品出现，景观永远不会终结，它就是“一首无论任何特洛伊城被攻陷都永不结束的史诗”[③]，并且最终将达到商品的全球化。在后来发表的《关于〈景观社会〉的评论》中，德波结合《景观社会》出版后社会的变化，又提出了一种新的景观形式：综合景观。综合景观是对集中的和弥散的景观的整合，展示为“更加强大的弥散景观的胜利”，综合景观已经直接就是现实。可见，随着资本主义的发展，景观在社会中已然成了“本体性的存在”。

德波对景观拜物教的批判以第二次世界大战之后资本主义发展出现的新特征为背景，以消费社会中凌驾于世界之上的无所不在的影像为分析对象，具有很强的现实穿透力。德波认为，商品拜物教的原则在景观中再次“彻底地表现出来”，在景观中，可见的世界已经被一系列的影像物取代，景观社会就是影像的社会。

## 二　景观在新时代的隐性霸权控制

景观充斥在社会的每个角落，它通过电子媒介来制造虚幻的影像以麻痹、迷惑大众，而迷失在景观中的被动个人就日益沦为景观社会的无力抵抗的囚徒，就像柏拉图的“洞穴比喻”中所描述的洞中人那样坚信并沉迷

---

① ［法］居伊·德波：《景观社会》，南京大学出版社2006年版，第24页。

② 张一兵：《当代国外马克思主义哲学思潮》下卷，江苏人民出版社2012年版，第12页。

③ ［法］居伊·德波：《景观社会》，南京大学出版社2006年版，第25页。

于洞中的影子而不愿去寻找真正的世界。景观对人的控制，是资本主义在新的时期对人采取的更加隐性的控制。

在景观社会中，景观通过制造伪循环时间来实现对人们的整体时间的掌控。德波从历史进程上入手，对不同时期的时间进行了分析。德波认为，在前资本主义的静态社会中的时间是一种循环时间，这种时间对应于农业社会和游牧社会。在游牧和自然农耕的社会中，人们一年四季的生活都是依照自然变化而循环更替，“由四季节奏支配的农业生产方式是构成充分循环时间的基础”，而且“循环时间已经统治着游牧人口的体验，因为他们发现在他们旅程的每一个时刻都是同一情况的再三重复”①。资本主义的出现打破了这种循环时间，而建构出了适应于资本主义社会中劳动生产的不可逆的时间。资本主义大生产模式打破了人们对自然的依附，它以生产为主导不断地变革社会。时间的不可逆性对应于钟表上纯粹数量的增加，对应于商品的大规模生产。对社会的“不断地彻底地改造”让时间已无循环的可能。德波说：“资产阶级的胜利也是一种深刻的历史时间的胜利。”② 时间的不可逆性，也为商品的扩张提供了可能性，不可逆的时间是资本主义的内在要求。

不可逆的时间具有一种“奔向未来之维”的必然要求，即使是资产阶级也不能阻挡其向前的步伐，这就意味着资本主义必然将被下一个社会取代。为了维护自身的永恒性，资本主义又重新复活了循环时间，但这种时间已经是一种伪循环时间。它不是农牧时代中依赖自然时间循环而形成的真正的循环时间，而是资本主义为了自身的统治而制造出的伪循环，“只是原循环时间的一种变体”，这种伪循环时间体现为劳动生产时间与闲暇休息时间的交替、“白天和夜晚，工作和周末，周期性的假期等”③。然而，资本主义提供的闲暇时间也并不是真正的自由的闲暇，而是被消费充分利用的、用消费来继续掌控人们的时间。德波将当代资本主义的时间定性为景观时间，即“可消费的虚假循环时间”。这种虚假性主要体现在两个方面：一方面是资产阶级利用闲暇时间来刺激民众大量消费，从而提高自己的销售量；另一方面在于通过闲暇时间的休整来使大众更好地投入到接下来的生产活动中。资产阶级的这种阴谋不可谓不深沉。当我们在劳累

① ［法］居伊·德波：《景观社会》，南京大学出版社2006年版，第57—58页。

② 同上书，第63页。

③ 同上书，第69页。

的工作后终于迎来了休假时，却深陷于各大商场、各大影院的各种令人眼花缭乱的促销活动，当我们在尽情消费中自认为“洗去疲惫”后，就会继续投入到接下来的工作里。当我们扬扬得意着既拥有闲暇时间又可购买到“便宜”的商品时，却看不到资本家在背后数着钞票得意的神情。法国当代哲学家贝尔纳·斯蒂格勒在他的《新政治经济学批判》（*For a new Critique of Political Economy*）一书中也明确指出过，在当代资本主义社会中，劳动时间缩短的真正目的在于消费时间的增加。其实在景观社会中，大众的整个时间都已经被资产阶级控制，只是具有劳动者和消费者的不同身份罢了。

德波认为，景观时间的出现也必然会形成相应的景观空间。在资本主义社会中，不可逆时间本身就内含着向外扩张的空间，而商品生产更是突破了不同社会之间的界限，不断对地理学的距离进行消除，使历史逐渐成为一种世界历史。但是在景观社会中，“虽然消除了地理学的距离”，但“又以景观分离的形式生产出一种新的内在距离”①，即景观空间。德波认为，旅游业就是一种删除了真实空间的景观时间。旅游业是“打包消费的人类流通”，旅游的目的地不再具有真正的空间意义，而是一种在商家宣传包装下的产品，旅游在当代就是“去观看什么将变得陈腐庸俗的一种机会”②。

景观时间与空间的建构都体现了景观在新的时期对大众生活的控制，然而景观更加深层化、隐性化的强制还体现在景观的意识形态方面。马克思认为，意识形态是一种“虚假意识”，是统治阶级在物质现实层面的统治在思想领域的扩展，以调节自己时代的精神生产，意识形态是对现实的扭曲化的反映。德波对意识形态的理解基本上是以马克思为样板的。德波明确指出，“景观是意识形态的顶点，因为它充分曝光和证明了全部意识形态体系的本质：真实生活的否定、奴役和贫乏”③。景观意识形态改变了以往意识形态的纯思维面貌，它是一种“物化的意识形态”。

我们的日常生活被景观层层包围，景观通过制造伪需求、伪欲望主体来支配我们的一举一动，它以无人察觉的方式实行着一种更加隐匿的意识形态强制。总的来说，景观的意识形态功能主要体现在以下几个方面：其

① ［法］居伊·德波：《景观社会》，南京大学出版社2006年版，第77页。

② 同上。

③ 同上书，第99页。

一，景观完美地继承了资本主义意识形态的欺骗能力，它以积聚的大量虚幻的景观为手段，将人们的生活局限在资本家用影像提供的选择中。大众在日常生活中看似在做着自由的选择，在琳琅满目的商品中挑选自己满意的物品，然而我们选择的范围本身却早已限定在了被广告影像宣传过的商品中，这是一种虚假的自由。而且对于那些不曾出现在荧幕上的商品，我们会理所当然地觉得它们并没有好的品质，这其实正是资本家的目的所在，我们在不知不觉中习惯于景观的牵引，并且像个乖巧的木偶般按照资本家编排的剧本生活着。在景观社会中，意识形态虽已物化形态化，但其统治却更加隐性化。其二，“景观通过碾碎被世界的在场和不在场困扰的自我，抹煞了自我和世界的界限；通过抑制由表象组织所坚持的、在谎言的真实出场笼罩之下的所有直接的经验事实，抹煞了真与假的界限”[①]。也就是说，景观以其虚假的影像群布展在人们的世界中来遮蔽或者伪造真正的事实，在被日常生活异化的群体失去辨别真假的能力之后，就只能“求助于虚幻的魔术般的技术”。人们对景观的这种依求性本质上就是“对商品的消费和接受”。因而从大众的维度上来看，景观的意识形态性体现为大众对景观的依赖与信仰。其三，呈现在大众面前的景观必然是经过统治者审查过的合法的景观，是统治者统治意志的体现。然而，景观意识形态却以一种更加“亲和”、更贴近生活的方式来引导着人们跟随在统治者的管理之下，景观不像以往的意识形态那样明确宣传着官方思想，却在与人密不可分的生活中时时刻刻向大众灌输着现存体制的倾向性。

景观在单调的世界中以荧幕来束缚住观众，使观众失去反抗能力而成为一个个纯粹的接受者，“整体的景观是观众的‘镜像’”[②]。景观通过时刻传达着“呈现的东西都是好的，好的东西才呈现出来”来牢固掌控着大众的日常生活，实现着对人们思想的奴役，消解掉主体的批判与超越维度，成为资产阶级在资本主义发展时期所采取的更加隐性的控制工具。

## 三　以文化艺术手段为主的景观批判策略

德波以其敏锐的洞察力，捕捉到了当代资本主义的新的景观异化方

---

① ［法］居伊·德波：《景观社会》，南京大学出版社2006年版，第101页。

② 同上书，第100页。

式。在景观影像构成的世界中，人们已经完全失去了历史性视野而变得平面化，景观“已经将过去意识形态的看不见的隐性霸权变成了看得见的虚假影像世界强制”，“实现了对人的深层无意识的直接控制”[①]。在景观咄咄逼人的支配下，世界的伪饰性与虚假性不断加剧着人的异化，因而德波和情境主义者强烈呼吁革命的到来。

德波认为，虽然当代的景观已经渗入到方方面面，景观控制已经使人们丧失了反抗与否定之维，然而在这种情况下，无产阶级却并“没有被抹除，相反，在现代资本主义不断强化的异化之下，它以工人大众的形式保持了其不可缩减的现存”[②]。德波将革命的希望寄托在了无产阶级身上，这其实是正确的。[③] 然而他却追随了卢卡奇在《历史与阶级意识》中的总体性思想，将唤起无产阶级的阶级意识来实现主客体的统一作为革命的关键点。工人一旦意识到自己在景观社会中的异化遭遇，他们就能够将自己重新定义为无产阶级，“一种在这一社会内部运行的否定力量”。德波在这里的“总体性”革命思想与卢卡奇的逻辑是几无二致的。唤起无产阶级的自觉的阶级意识后，德波强调接下来就要推动革命实践的实现，“为了有效地消灭景观社会，需要的是把实践的力量置入行动中，只有与社会一切否定的实际潮流相联合，景观的批判理论才有可能是真实的……这一理论的真正规划和传播不能没有严酷的实践而被设想，可以肯定的是，朦胧的、艰难的批判理论的道路一定也是按照社会规模行动的实践活动的命运”。德波将自己的革命最终落在了革命实践上，然而他所设想的革命实践却已远远异质于马克思所说的推翻资本主义的无产阶级革命实践，前者的革命是一种文化艺术革命和日常生活革命。德波同其他情境主义者一样注重“城市和日常生活”，因而在景观社会这一新时期主张“用文化革命、主体的转化以及社会联系来补充马克思强调的阶级斗争”[④]。具体来说，德波的革命策略主要有三个，分别是漂移、异轨及构境。

漂移是一种通过穿越不同的周围环境快速旅行的方法或技巧。在漂移中，两个或三个人从日常的工作、生活中抽离出来，全身心地投入到他们

① 张一兵：《景观意识及其颠覆——德波〈景观社会〉的文本学解读》，《学海》2005年第5期，第67页。

② ［法］居伊·德波：《景观社会》，南京大学出版社2006年版，第51页。

③ 同上书，第92—93页。

④ ［美］贝斯特、凯尔纳：《后现代转向》，南京大学出版社2002年版，第102—103页。

所达到的地方的景色中，充分地去感受风情与人情，去发现每个城市的真正的美丽与诗性，从而将我们沉重的身体与心灵从景观的牢牢控制中解放出来。漂移其实是一种对景观的抽离，德波试图通过这种办法使人们看到景观背后的真正世界。异轨主要是指对于美学原理而存在的东西的整体进行再运用，是对原初的对象因素的解构与重新整合。异轨一方面要求元素的以往意义必须丧失；另一方面也要求给予每一个元素以新的意义，并使之成为一个整体。德波认为，电影是异轨的最完美的实施场所。在对景观的颠覆中，异轨的主要作用在于对景观文化和景观意识的解构。构境即建构情境，但这种情境是主体依据自己的真实所想来重新建构出的本真的生活情境，这种本真的生活情境是对景观的彻底摧毁。

德波的艺术革命策略都以对景观的揭露和摧毁、构建主体自由本真的生活情境为目标，这些革命策略表达了他积极的革命热情。然而漂移、异轨和构境等策略在本质上却是一种心理行动主义的体现，并且具有一种乌托邦的理想性。再者，德波将景观本体化，因而认为只要颠覆景观就会实现资本主义社会中人们的自由生活。德波并没有真正深入到资本主义的生产中来理解景观的产生与作用机制，尽管当代的资本主义已经不同于马克思所在的商品生产时代，然而商品的生产却仍是支配资本主义各种现象的根基，景观只是资产阶级为了消费、为了统治而实施的另一种手段而已。德波将马克思注重的物质生产隔离了出去，只是外在性地看待景观现象，将景观作为了社会的本体。德波的这种理论一元性及其在革命实践中的心理主义必然导致其革命的失败，沦为一种艺术美学性的乌托邦悲剧。然而，虽然德波的革命策略并不能带领新时期的人们走向最终的自由解放，但他对景观奴役的批判、对人们异化遭遇的同情以及构建真正生活情境的革命热情都为后来的思想家开辟了道路，而且他的思想在当代的中国亦有巨大的现实意义。

（作者单位：华东师范大学哲学系）

# 关于“哲学视野下的社会主义核心价值观培育与践行”的几个问题

范　鹏

尊敬的各位领导，与会的广大同人和陇东学院的老师、同学们，大家早上好！

今天我们非常高兴来到了红、黄、绿、黑的庆阳，红色圣地、岐黄故里、农耕文明之源和陇东能源之都，来到了崇德尚实的陇东学院，来在哲学视野下探讨社会主义核心价值观的有关问题。非常荣幸，会议给我一个小时的报告时间，我想就在马克思主义的方法分析框架下，怎么来认识社会主义核心价值观，概括、培育、践行和推进实践过程中的一些问题，谈一些自己近期的思考，和同志们进行交流。

我在省委宣传部工作期间，曾经是主管甘肃省的社会宣传工作的，社会宣传的一个非常重要的内容就是积极培育和践行社会主义核心价值观。所以在陇东我们到处可以看到社会主义核心价值观 24 字的宣传，就是我们搞的人知人晓工程的一些具体的体现。现在这个工程呢，社会主义核心价值观的培育和践行在甘肃已经进入了第二个阶段，叫作人信人守阶段。当初我和连辑部长在谋划这个工作的过程当中，我们设想好了还有第三个阶段，就是人立人行，人人树立，人人践行，从人知人晓到人信人守，再到人立人行 ，它是逐步从认知到坚守再到牢固树立和践行这样一个过程，符合人们知行的规律。我们会议的主题是哲学视野下的核心价值观培育问题，那么我就采用马克思主义哲学基本原理来分析、认识核心价值观培育和践行中的若干问题。目的呢，就是想怎么把这些问题认识得更深刻一些，说明得更充分一些，思考得更到位一些，力争能够为在华夏大地培育和践行社会主义核心价值观提供一些思考的视角和推进的参考。我主要从以下五个方面谈一些自己的认识和体会。

第一，那个论文集的第一篇收了我的提纲。第一个就是马克思主义哲学第一条原理：存在决定意识，思想决定行动。那么，就从这样一个原理来看我们概括、践行社会主义核心价值观的问题。我的认识是在社会主义核心价值观培育与践行的过程中，人们往往注重思想支配行动，而比较忽视存在决定意识，从而导致了一系列问题，我主要罗列出四个方面的问题，和同志们一起探讨。

第一个问题就是概括难的问题。大家都知道，我们提出要建设社会主义核心价值体系之后，就一直在努力提炼、概括社会主义核心价值观，但这个概括的过程是相当艰难的，下午邀请北外党委书记韩震教授作报告，他是亲自参与了这个概括的、哲学界的最著名代表之一，这个艰难的过程也许他下午会讲到。由于我们当时觉得在全党层面上、全国层面上、普遍意义的层面上还不好概括，所以社会主义核心价值体系就首先罗列出四个方面的主要内容，核心价值观在人们期盼的应该概括出来的时候没有被概括出来。后来十八大终于提出了三个倡导，24 个字、12 个方面的核心价值观，这就是国家的价值目标、社会的价值取向和公民个人的价值准则。目前我们大力宣传、努力践行的富强、民主、文明、和谐、自由、平等、公正、法治、爱国、敬业、诚信、友善这 24 个字。我在几年前的一次省哲学学会的会议上就概括难的问题做过一个我的认识的说明，我今天是老调重弹，为什么说概括难呢？就是因为就社会主义的历史进程来说，在事实上还没有发生已经超越了资本主义核心价值观的新的价值事实的出现，客观上是不存在的，或者存在得很弱。那么在主观上、理论上要把它概括出来就很难了。我当时用了一个很难听的说法，我说把专家们的脑袋想破了，也不会想出几个好词来，因为存在决定意识。那么后来我们毕竟概括出来了这 24 个字 ，如果我们不是说它是从理想出发，也是从实际出发的话，那么它是从一个什么样的实际出发的呢？它是从社会主义初级阶段的中国需要一个什么样的国家，需要一个什么样的社会，需要一个什么样的公民，从这样一个社会需求的实际出发的，所以从这个意义上来讲，我们也可以说它是从实际出发的。但换一个角度来讲，也可以说它是从理想出发的，它是一个，我看成兆文教授的论文里写到了应然的趋向，那是一个应当，不是一个实然，也不是一个事实。富强、民主、文明、和谐不是事实，自由、平等、公正、法治也不是事实，爱国、敬业、诚信、友善更不是事实，这都是我们的理想。如果是事实了，就没有必要说倡导这12个方面、24个字，这是我讲的第一个问题。

第二个问题涉及三个层面。为什么是国家的价值目标、社会的价值取向、公民的价值准则？为什么没有执政党的价值导向？为什么是三个方面，而不是四个方面？为什么不能是一个方面？大家都知道资本主义的核心价值观没有人专门说过，也没有人专门讲过，我估计更没有开过会。自由、平等、博爱，后来的民主、法治、人权等这样的一些核心价值观就是在它的实践追求中，思想家们创造、革命家们认同、人民群众拥护，最后在推翻封建贵族统治的过程中发挥了积极的作用。而无产阶级的革命在解放全人类这样一个宏大的理想中，揭露、发现、指出了资产阶级核心价值观、资本主义核心价值观的虚伪性。在今天，这种虚伪性、漏洞表现得更加充分了，就是说得好听，事实上没有做到，至少没有完全做到，这种事情我们见得越来越多了，那社会主义核心价值观为什么是三个层面，而不像资本主义核心价值观就只讲社会层面的一个问题？我们的理论家们没有从理论和实践上做出有力的说明，我也没有深入思考过这个问题，至今没有想明白，我直接抛给大家，下午，我看大家讨论的时候，也可以继续讨论。为什么是三个层面？国家、社会和个人，而不只是一个层面？有些人认为，不需要社会主义核心价值观，全人类有自由、平等、博爱，有民主、法治、人权就够了。我其实不是这样看的，我觉得我们的社会主义核心价值观实际上严格讲叫作中国特色社会主义的核心价值观，也就是中国是搞社会主义的，是从中国社会主义初级阶段实际出发的。我们目前应该追求的最高价值，与其说是一个核心价值观，不如把它叫作最高价值观可能更为准确。国家最高意义上的追求、社会最高意义上的追求、公民最高意义上的追求，这是一个问题，这个问题怎么解决？我说这个问题要交给实践进程去做。马克思主义有一个说法，就是一切历史的难题、理论的难题，最终的解决，都是用实践去检验，只有融入实践，才可以把一切的所谓的难题彻底解决，我们期待着。

第三个问题，“培育”核心价值观为什么如此之难？培育，我们甘肃搞了人知人晓、河北搞了善行河北、山东搞了四德榜、重庆搞了节能建筑、我们搞了餐桌革命等，都是在培育和践行社会主义核心价值观的大前提下开展的一系列具体的活动，搞得如火如荼，丰富多彩。比如说我们甘肃的道德银行，我们给道德模范们、信誉好的公民们多贷款、贷足款，用实实在在的利益去鼓励他们争当好人，等等。但是呢，整个培育的结果并不尽如人意，我觉得并不尽如人意，是因为出现了小悦悦事件、大学生困境、老太太问题。小悦悦是人们见死不救；大学生是撞了人不敢承认，或者没撞人说不清；老太太是要么讹人，要么碰了以后也说不清楚，是被碰了不是讹人。有口难辩，成为网络热点。这背后不是中国人是非之心、辞让之心、羞恶之心、恻然之心的退场，而是社会的各类保障制度不够健全。病态的社会制度造就了病态的公民，病态的社会使我们出现了病态的心理，要治这些病，固然要加强思想教育，做好思想引导，净化网络空间，但最重要的是要从社会实体上去消除病根，建立制度来保障碰了人敢于承认、没被碰的人不敢去讹。老太太为什么去讹人？她的养老没有保障。大学生为什么不敢承认？他背不起那个沉重的经济负担。小悦悦为什么没人去救？英雄流血又流泪的事太多了，我们不能光谴责人们的道德、责任感的下降。我们应该谴责我们这个社会的保障制度还不够健全，我们应该在社会健全中来培育社会主义核心价值观，这就是我讲的往往只注重思想支配行动，而轻视了存在决定意识，这种社会存在只能造成那种思想状态的公民，这是我对老太太问题的一个认识，我要说的关键是要从实践上、制度上解除人们的后顾之忧。现在社会主义核心价值观为什么没有用武之地？就是因为公民甚至政府有后顾之忧，有后顾之忧就不能有用武之地。所以，要让人们有用武之地，就要解除人们的后顾之忧，这个问题是具有普遍意义的。包括在大学里使用人才，你要让他有用武之地，你就要帮他解除后顾之忧；你要让所有的公民活得痛快、有用武之地，社会就要为所有的公民解除后顾之忧。解除后顾之忧就是政府和国家最重要的职能。所以我们必须从物质的层面、实践的层面、制度保障的层面，直至法律体系方面培育社会主义核心价值观生长的土壤、空间和环境，这才是治本之策。这是我对第三个事实的分析。

第四个问题是人们普遍奉行的价值观，与我们在理论上倡导的三个价值观之间的反差，这是一个客观的存在，因此，才有如此之多的主观上的困惑。因而，我们着眼于治理体系和治理能力的现代化来建设国家的价值目标、明确社会的价值取向、推行公民的价值准则，是我们培育和践行社会主义核心价值观的一个非常重要的角度。理解的基本角度，是一个主要的角度，具有逻辑的先在性和实践的主导性。解放和发展生产力，解放和增强社会活力，健全国家的治理体系，提高国家的治理能力，为老百姓创造能够弘扬社会主义核心价值观、践行社会主义核心价值观的必要条件和基本保障，这是我讲的第一个大问题。在存在决定意识和思想支配行动上，现在更多地注重了思想支配行动，很多都是从思想支配行动的角度来说核心价值观的培育和践行，而较少地注意存在决定意识的问题，并不是没有政策。这一次我们征询的一个中央的关于培育和践行社会主义核心价值观若干问题的意见里面，它对发改委、工信委、立法机关、政策制定者和制度设计者都提出了任务和要求，只不过他们觉得奇奇怪怪的，他们觉得好像宣传部管的事情、思想政治研究会做的事情、最终哲学学会需要研讨的事情，跟我们有什么相干呢，其实我觉得和他们更相干。

第二，实践出真知，理论做指南。这是马克思主义认识论的基本原理，在培育和践行社会主义核心价值观的过程中，“知”、“行”分裂的问题是很突出的，我也是具体讲四个问题。

第一个问题就是在总结提炼的过程中深感“知难行易”，认为只要我们概括出来了，在社会上去推行就很容易，至少比概括出来容易，所以概括是一个艰难的过程，经历了一个非常漫长的时期。在这个过程中，我们采取了一个分散迂回的方法，说你可以概括革命军人的核心价值观、你可以概括北京精神、你可以概括甘肃精神、你可以概括陇东学院精神——崇德尚实等，在这个背景下，北京精神出台了，甘肃精神唱响了，但是这都是个别，这都是特殊，我们需要的是一般，一般是存在于个别之中的，但是这个存在于个别之中的一般，人们发现起来还是非常困难的，现在发现了一些、概括了一些，很多人都不太满意，我敢肯定包括中宣部部长，包括韩震先生在内他们都不太满意，但是也没有办法，勉为其难，暂且如此，知难行易。

第二个问题是在概括提炼出来以后，推行过程中又深感“知易行难”，知道 24 个字、12 个方面，说说简单，做起来不容易，明确目标容易，达到目标不容易，倡导容易，建成艰难，明取向容易，见实效艰难，定准则容易，见行动难。爱国、敬业、诚信、友善 8 个字，每一个公民做起来并不那么容易，诚信确实是最大的问题，友善也难，有些人对他爸妈都不友善，孝道都尽不了，还能谈到别的什么呢？

第三个问题是“知难行难”才是真正的大问题。我觉得现在社会主义核心价值观是知难行难。知，概括认知，说透仍然在路上、在进程中，并没有终止。而真正在国家层面、政府层面、公民层面，把它做到更难。所以我说知难行难才是真正的大问题；而所谓“行”是在“博学之、审问之、慎思之、明辨之、笃行之”意义上说的，笃行才能叫“真正”的行，所以“闻道”是很困难的，听懂了，明白了，8 个字对公民来说没什么难的，不识字的农民也可以不用太大的工夫就说出、知道“爱国、敬业、诚信、友善”大体是什么意思，但是真正所谓“内化于心，外化于行”，处处做到行社会主义核心价值观之大道于天下，何其难也！共产党领导干部、政府都没有完全做到，你让一个老百姓、农民工先做到，凭什么，又为什么？很难做到，所以我说知难行难。

第四个问题是办法从哪里来？知难行难问题的出路在哪里？我还是讲从实践中来，和第一个问题的四个方面的分析是一样的，还是要在推行社会主义核心价值观的过程中，在实践中去寻找办法，从哲学层面上来说，办法是有的、道路是有的、方向是明确的，三条路线，这就是物质奠基、制度规范和行为养成。所谓富强、民主、文明、和谐主要是要有物质基础的，培育和践行社会主义核心价值观，首先要由物质奠基；“自由、平等、公正、法治”不只是一种理念，也不只是一种观念，更应是一种社会的事实，这样事实的发生叫作制度规范。习总书记批评有些共产党员正义感退化。正义感是正义的一个重要方面，是正义制度形成的主体力量和智慧的支撑，但是正义只靠感是不行的，正义必须要有正义的法律、正义的宪法、正义的政策、正义的规则、正义的组织等，这样正义的社会才能真正实现。所以制度是在物质奠基之后的更重要的方面。有了物质的奠基和制度的规范，公民的行为养成才有可能做到位，没有前面两个，只在公民脑袋上做文章，你把他脑袋捆住也是不行的，所以我说内化于心、外化于行之前还应该加两句话，叫作“实化为物、固化为制”，社会主义核心价值观实化为一个物体、物质的事实、实践的状态，固化为一种公平、正义、自由、平等、民主、和谐、富裕的制度，那么公民才好做，才能做，才有望做成。

第三，全面才能客观，具体方可深入。培育和践行社会主义核心价值观要全面地分析问题、具体地解决问题。执一端而忽视全面不行，抽象地推进而不触及具体问题也不行。这个里面，我也讲四个问题。

第一个问题是片面地认为“培育和践行”社会主义核心价值观只是一种意识形态工作、思想政治工作和精神文明建设工作，是我们执政党的一些领导干部、国家的一些公务人员片面而错误的认识，也是我们有些专家学者片面的认识。这种认识也是一种客观存在，反映在工作中，就是培育和践行社会主义核心价值观，说起来很重要，做起来其实是次要的，忙起来就是不要了，想不起来了。

第二个问题是培育和践行社会主义核心价值观是建强国、治世道、做好人的工作，如果我们往上再概括一点，我看习总书记的中国梦三句话是24个字的上位概括，国家富强、民族振兴、人民幸福，这就是社会主义核心价值观24个字更高的12个字。如果再概括成9个字：建强国、治世道、做好人。如果再说的简单点、通俗点，就是几年前我曾经鼓吹过的：大家好，才是真的好。这就是社会主义核心价值观的范鹏式的理解、解读。习总书记说，国家好、民族好，大家才能好；世界好，中国才能好。我们接着习总书记往下讲，大家好，才是真的好！社会主义就是要叫大家好，大家要好，国家要强；大家要好，世道要好；大家要好，人人要好。国家强、世道明、人心正，大家好。大家好，才是真的好，这是我们最核心的追求，即所有的中国人都好。所以培育和践行社会主义核心价值观的工作，社会各个方面、各种职业、每个公民责无旁贷。

第三个问题是抽象地说、片面地说、表面地说核心价值观的多，具体地“培”、全面地“育”、深入地“行”社会主义核心价值观的少。这是我们目前存在的事实和问题，要培育富强，就要解放和发展生产力；要培育民主，就要坚定不移走中国特色社会主义民主道路；要培育文明，就要全面推进物质文明、精神文明、制度文明、社会文明、生态文明、宗教文明、大学文明等；要培育和谐，那么就要人与自然和谐、人与国家和谐、人与人和谐。有一句笑话，说什么是和谐社会？在宇宙间不要和天斗，在地球上不要和美国斗，在中国不要和共产党斗，在单位不要和领导斗，在家里不要和老婆斗，这就是和谐社会。这是一个笑话，但是里面也有着一些实话的信息。习总书记去见奥巴马，不是要和他进行面对面的斗，而是要和美国建立战略合作伙伴关系。当然，我们也要知道这个伙伴有时嘴上说得好，上面拍肩膀、脚底下使绊子的事也经常会做，但是我们还是希望小动作少一点，歪心眼少一点，求大同存小异，促和谐，为了人类的和平，中美两国也不要斗得太凶，斗起来也要有张底牌，一定要看清楚那张底牌后面写着四个字“斗而不破”，把这个底线打出来。那你还要培养自由、培育公正、培育法治、培育平等，资本主义乃至整个人类向往了几千年的自由、平等、公正、法治何其难也，但仍然是一个理想，仍然是在宗教幻想和舞台上经常被表现出来，两个地方公正最多：一个是在宗教中、幻想中，另一个是在舞台上、表演中。所以，中国古代的很多戏剧中一场戏因果报应可以来三次，我说你要给老百姓解释公正，不需要哲学家太费事，就是“善有善报，恶有恶报，不是不报，时候未到，时候一到，一定要报”。怎么报？大善大报，大恶大罚，不仅要性质对等，而且要数量齐观，那就是正义，那就是公平，有吗？美国有吗？世界各国有吗？中国实现了吗？追求自由、平等、公正、法治的美好理想永远在路上。我现在想提出第三个100年的理想，第一个100年是在共产党建党100年的时候，我们建成全面小康；第二个100年是在共和国建国100年时，只有35年，建成富强、民主、文明、和谐的社会主义现代化国家；第三个100年，我们希望能够在改革开放100年时，就是到2078年，我们能够建成自由、平等、公正、法治的社会，也可以叫作“社会主义现代化强国”，那时中国人就很幸福了。因为我们的第二个百年目标是富强、民主、文明、和谐的社会主义现代化国家，我们期望第三个百年——自由、平等、公正、法治的社会主义社会，也就是“社会主义现代化强国”。

第四个问题就是再退一步说，在意识形态领域、思想政治工作、精神文明建设中自由、平等、公正、法治的培育和践行，更多的只注重个体的“民”，而不注重整体的“官”，对老百姓的要求多，而对当官的要求少，大学里讲得多、小学里讲得多，党校讲得少，中央党校讲得少，只注重个人的“行”，不注重政府的“为”，叫老百姓讲诚信，有一些政府不讲诚信，恶劣的臣民要有相应恶劣的政府来解释，政府不讲诚信，公民有何诚信可言？所以，建设诚信政府、法治政府和法治社会是建设法治国家的首要任务。要让公民守法，政府要带头守法；要让政府守法，执政的共产党要依法治党、依规治党、从严治党。现在为什么要求越来越严，也是为了培育和践行社会主义核心价值观，即建强国、治世道、正人心。共产党自己也在做。反腐败也是培育和践行社会主义核心价值观。比较注重自上而下的“育”，而不注重自下而上的“培”，这都是一些非常片面的问题，就是在意识形态领域、思想政治工作中、精神文明建设中培育和践行社会主义核心价值观也存在这样一些问题，需要我们去思考、去研究，关键是要在实践中去解决。

第四，人民创造历史，群众是真正的英雄，只有为了群众、相信群众、依靠群众，既做群众的学生，又当群众的先生，才能使培育和践行社会主义核心价值观的进程真正成为“多数人的为了多数人谋利益”的运动。社会主义核心价值观培育和践行的本质是什么？就是科学社会主义本质，就是共产主义运动的本质，这是《共产党宣言》里面讲的。我经常说我们党校的马列广场有四个老汉，西边的一个叫马克思，一个叫列宁；东边的一个叫毛泽东，一个叫邓小平。我们选了两段语录，13 年前选的，不是现在选的，我不知道是哪个领导定的，其实还是很有水平的。在马列的那个铜像背后，我们选的一句话是：过去的一切运动都是少数人的，或者说是为了少数人谋利益的运动，无产阶级运动是多数人的，为了多数人谋利益的独立的运动。这就是共产主义运动的本质，这就是社会主义实践的观点，即为多数人谋利益。那么我们用这样一些观念来分析目前的社会主义核心价值观和中国特色社会主义建设实践，和正在开展的具有很多新特点的伟大斗争，我觉得我们可以有这样一些问题。

第一个问题是中国当下的“四个全面”的新的战略布局从某种意义上说都是为了“培育和践行”社会主义核心价值观，全面建成小康社会就是富强、民主、文明、和谐的社会，或者比较富裕、比较民主、比较文明、比较和谐的社会。因为还有第二个百年目标是建成富强、民主、文明、和谐的现代化国家，所以小康社会还不是完全意义上的富强、民主、文明、和谐的社会和国家，只不过是为了那个国家和社会先达到的终极理想。在中国古代，小康也是相对于大同而言的终极理想或者低级纲领，不是最高纲领，它是天下为家的，它是各亲其亲、各子其子的，它是以家为本位的。而大同世界——中国梦的实现是大道之行也，“大道之行也，天下为公，选贤与能，讲信修睦。故人不独亲其亲，不独子其子，使老有所终，壮有所用，幼有所长，矜、寡、孤、独、废疾者皆有所养”。社会各个阶层的人都有自己的位置和价值。我残疾，但作为人的价值任何人是不能剥夺的，残疾人和健全人是一样的。我行将就木，但我生命的价值也应该有尊严，任何人都不能随便剥夺。全面深化的改革，改革的目标是什么？完善和发展中国特色社会制度、健全国家治理体系、促进国家治理体系和治理能力现代化，这是改革的目标，而治理体系现代化的标志就是国家富强、民主、文明、和谐，社会自由、平等、公正、法治，公民爱国、敬业、诚信、友善。这就是现代化。你能把一个国家治理得富强、民主、文明、和谐，那就是治理能力现代化的标准。那我们现在属于前现代化时期，为了国家治理体系和治理能力现代化，完善制度的重点是必须要使法治首先完善。所以在全面深化改革之后紧接着重点抓全面依法治国，“全面依法治国”的目标是要完善社会主义法治体系、建成社会主义法治国家。法治国家、法治政府、法治社会一体化建设。24个字里面，两个字——法治要这么大一次全会来确定目标，要在2020年初步实现，要在2050年根本实现，两个字就是如此庞大的一个系统！24个字、12个方面全面实现谈何容易。所以培育和践行社会主义大道于天下任重道远、任务艰巨，哲学界要经常讲、反复讲、深入讲、放开讲，想透才能为这个社会、为我们的百姓、为我们的民族做出我们自己应有的贡献。为了全面深化改革，为了全面建成小康社会，为了全面依法治国，必须全面从严治党，就是要让老百姓践行这24个字，首先让当官的做到，我看从严治党就是这样。为什么？因为当官的领导干部是13亿人当中的关键少数，习近平和王岐山讲过一句话值得我们高度重视，关键少数中的绝大多数才是问题的要害，才是培育和践行的关键，才是反腐败和加强作风建设要教育好的绝大多数，怎么说呢，在领导干部这个群体里面，雷锋式的、王杰式的、孔繁森式的、焦裕禄式的是极个别的，是我们的圣人。徐才厚式的、谷俊山式的也是极少数，或者是少数。在关键少数中的绝大多数是些什么人呢？是些既不太先进也不太不先进这样一些人，是有先进性但缺乏纯洁性、有代表性但缺乏全面性、有上进心但缺乏上进劲儿、有宗旨意识但缺乏全心全意，很多人是三心二意，很多人是半信半疑。有公正意向但缺乏公正力量，等等。所以抓住关键少数中的绝大多数，是培育和践行社会主义核心价值观最重要的一个问题，只要把这关键少数中的绝大多数培养好了、教育好了，那么全民培育和践行社会主义核心价值观就有可能做得更好，所以党校任务艰巨，使命光荣。我们做得还不够好，所以我去党校做常务副校长期间做了一件事，就是在图书馆前面用铁皮加彩灯、红灯把24个字弄大，写上去挂起来。因为我当宣传部副部长时曾经提醒批评，我所在的这个地方是共产党培养干部的学府，但在那个校园里，我没有看到一个字的社会主义核心价值观，那么我批评了现在成了我自己的事了，我首先去把它挂起来，挂起来只是一种形式，关键是要进到那些当官的脑子里，见到他们的行动。这还不是最主要的，最主要的就是我所说的要在他们制定政策、执行政策、设计制度、推进工作时从“实化为物、固化为制”的角度有所作为。光他自己做好了并不是最重要的，最重要的是在他引导的那个行业和领域里面用政策来保证我们努力走向富强、民主、文明、和谐，我们努力实现自由、平等、公正、法治，我们努力爱国、敬业、诚信、友善，这才是最关键的。不要让英雄流血又流泪。

第二个问题是在培育和践行中如何牢固树立群众史观至关重要。治理体系和治理能力的现代化、治理体系和管理体系、统治体系的一个本质区别就是共治共享共建，也就是群众参与。我们有些人认为这个天下就是他的天下，国家就是政府的国家，你们都是臣民，我是牧羊人，你们是羊群，我给你牧社会主义核心价值观之道，你听着就行了，你好好践行就行了，而不知道群众本身就是富强、民主、文明、和谐的建设者和受益者，就是自由、平等、公正、法治的追求者、向往者和实践者，爱国、敬业、诚信、友善是载体，相信群众、依靠群众、为了群众才能把社会主义核心价值观之道行于天下。

第三个问题是如何真正发动群众打一场培育和践行核心价值观的“人民战争”。就是成为绝大多数人的、为绝大多数人谋利益的，大多数人都积极支持参与这样的行动，我想既要给群众讲明白道理，又要给百姓做好榜样，这才是关键。向群众说明他努力做到强国家是为了富百姓、好百姓，为了让人活出个人样来。国家以人为本是什么？以人为本就是把人当人，使人成人。怎么把人当人，使人成人？不仅要活得有滋有味，而且要活得有尊严、有颜面。过去我们只让百姓活得有吃有穿，也就有模有样；后来我们要让百姓活得有滋有味；现在还不够，还要让百姓有苦有地方诉，有话有地方说，有冤有地方申，这才是比较好的境界。当然最好的境界是自由而全面发展的人，就是从心所欲而不逾矩。早上打鱼、中午打猎、下午去从事工业生产、傍晚从事畜牧、晚饭后从事批判，那马克思所描述过的却又不是完全意义上的农民和猎人、渔夫。他是一个君子不器的健全的人，孔子就讲过君子不器，我们现在还需要把人培养成一个匠人，这不是我们的目的，我们要把人培养成一个大写的自由而全面发展的人，从心所欲而不逾矩的潇洒的人，这是共产党人的理想，这是我们的奋斗目标，这也是哲学家们应该讲清楚的道理。当然，对政府来说，重要的不在于把道理讲得更清楚，重要的是把事情做得更漂亮，让富强、民主、文明、和谐成为老百姓最真实的感受，让自由、平等、公正、法治成为老百姓真正的获得，这也是习总书记的愿望。人民群众对美好生活的向往就是执政的中国共产党奋斗的目标，就是他这个党的领袖的最高向往。习总书记为什么在海内外有这么高的威望，就是他诚心诚意传承了共产党人的优秀传统——为人民谋幸福。2012 年 11 月 15 日，他当了总书记以后，第一次讲话的内容，大家可以去看一下。我们的百姓期盼着更稳定的工作、更高的收入、更好的社会保障、更大的住房、更蓝的天、更清的水、更绿的地，孩子们成长得更好、工作得更好、学习得更好，这就是初级阶段老百姓的向往，我们一定要记得老百姓还有仰望星空、有冤有地方申等这样新的向往。自由、平等、公正、法治是在这个基础之上的老百姓更好的向往。共产党一定要记得，人民政府一定要努力去实现。老百姓一定要和党与政府一起努力把这些事情干好，不要故意捣乱、不要故意挑刺，用合作的建设性批判来开展工作，做自己该做的事。我今天觉得我说的这些话是富于建设性的批判，我也指出了些问题，有些我也觉得说得相当尖锐，但我们的目的是建设性的。

第五，认清社会基本矛盾，解决社会基本矛盾的目的是实现从必然王国向自由王国的提升，实现国家富强、民族振兴、人民幸福的中国梦！培育和践行社会主义核心价值观，就是为了在中国建成自由王国。在那样的王国里面，用马克思的话来说，就是在那里每个人的自由而全面的发展是整个社会自由而全面发展的前提。用孔子的话来说就是在那里，每个人都是从心所欲而不逾矩的潇洒的人。在此，我们可以提出以下三个问题。

第一个问题是生产力与生产关系、经济基础与上层建筑之间的矛盾是社会的基本矛盾，由于这一矛盾的存在，我们仍处于并将长期处于社会主义初级阶段。我现在要说的是我们不能片面、狭隘地理解“社会生产”这四个字，如果我们把“社会生产”理解为物质的生产、精神的生产、政治文明的生产、社会和谐的生产、先进文化的生产、民主制度的生产、自由平等公正法治的生产，那么落后的社会生产和广大人民群众日益增长的物质文化生活需要之间的矛盾是当前中国社会的主要矛盾，解决好这一主要矛盾就是建强国、治世道、振人心的质的决策。马克思主义分析社会历史的基本方法和逻辑框架仍然是有效和管用的，关键是看我们能不能正确地理解和准确地运用。

第二个问题是生产关系对生产力、上层建筑对经济基础的反作用是“培育”和“践行”社会主义核心价值观中首先应该注意的，这是所谓的“用思想指导行动”，用思想上的自觉来促进行动的践行，强化内在自觉，接纳外在约束，二者融为一体，从而“从心所欲不逾矩”。但是我始终强调的或者今天我反复阐述的一个主要观点，就是正作用同样不能忽视，也即生产力决定生产关系，经济基础决定上层建筑。不要做那些超越了我们的阶段而做不到的事情。为什么现在更高的我们还概括不出来？我觉得如果强迫去概括就是超越一定阶段，我们所能做的就是在改造客观世界中努力地去改造主观世界，在改造主观世界中更好地改造客观世界，把两个作用都发挥出来。我并不是说你这个哲学教授忽视精神力量，不讲理想信念，不说反作用，老说正作用，我今天重点是说正作用的，但是我今天绝无轻视反作用的意图。

第三个问题是自由王国、中国梦都需要培育和践行社会主义核心价值观来支撑。从这个意义上来说，习近平的中国梦、李克强的升级版都离不开社会主义核心价值观的凝练与实践，都是需要这个东西去支撑的。所以我呼吁让培育和践行社会主义核心价值观走出课堂、走出讲堂，走出论坛、走出论文而到社会中去、到草根中去、到政府中去、到法治建设中去。从立法到立法的每一个环节，都要注意到它们同样有培育和践行的任务，而且是更重要的任务，从制度设计、规则提出为我们努力建成富强、民主、文明、和谐的强国，努力实现自由、平等、公正、法治的社会，努力为爱国、敬业、诚信、友善公民提供客观的条件和制度的保障，在这样的条件和制度的保障下，党和政府、人民各级组织、大学、社会团体、哲学学会，我们充分发挥各自的社会职能，共同建设强国，共同治理世道，共同去争做好人。如果是这样的话，国家富强、民族振兴、人民幸福的中国梦就实现了。如果中国梦实现了，我们用马克思主义哲学的语言来说就是中国到了自由王国，这是一个非常美好和崇高的理想。我们作为一个哲人，应该为我们能够认识到这样一个理想，参与到这样一个行动中来感到自豪，我们应该为之而终生奋斗，这就是我全部的发言，谢谢大家！

（报告人系中共甘肃省委党校常务副校长、教授）

# 论启蒙视域中的社会主义核心价值观*

刘贵祥

自从十八大提出社会主义核心价值观以来，关于核心价值观的论述已经很多。但是，将社会主义的核心价值观自觉放置于近代以来的启蒙传统，在整个现代性框架中，考察其提出的历史渊源和现实意义，尚不多见。本文正是基于这一想法，特别把社会主义核心价值观第二层面的内容提取出来，对其与近代启蒙传统的关系做一考察。旨在说明：一方面，社会主义核心价值观肯定“自由、平等、公正、法治”，乃是对近代启蒙价值的肯定和继承，它对当代中国的现代化进程意义重大；另一方面，指出社会主义核心价值观还需要超越近代启蒙传统，自觉以马克思的“世界史观”为指导，才可能在更高层次上形成世界意义的普遍内涵，并“引导”中国的现代化进程。这两个方面缺一不可。前一方面是中国作为现代民族主权国家积极融入、对接世界文明的主动表现；后一方面则是中华文明在更高层次沉淀、生成并可能引领世界的主体意识。

## 一　启蒙与社会主义

18 世纪以来，启蒙运动肯定的基本价值，总体来说，在学理层面是理性、批判和进步；在个人层面是自由、独立和平等；在社会层面是公平、正义和法治。启蒙价值作为一个完整系统，构成近代资产阶级社会的价值整体，并成为当代世界的主流形态。随着资本主义在全球的扩张，现

---

* 国家社科基金项目“现象学马克思主义”思潮及其独特贡献研究（15BZX014）和“兰州大学中央高校基本科研业务费专项基金（15LZUJBWZY087）”资助。

代民族国家，虽然各自具有自己悠久的历史和文化传统，但都不得不在这个基本价值的主导下生存、发展。所以，启蒙运动不仅宣布了一个新时代的开始，而且启蒙主义也成为现代主义和现代化的纲领。

在这个意义上，资本主义和社会主义都可以在启蒙传统中得到审视。关于启蒙传统和社会主义的关系，恩格斯在《反杜林论》中曾给出过经典论述。他说："现代社会主义，就其内容来说，首先是对现代社会中普遍存在的有财产者和无财产者之间、资本家和雇佣工人之间的阶级对立以及生产中普遍存在的无政府状态这两方面进行考察的结果。但是，就其理论形式来说，它起初表现为18世纪法国伟大的启蒙学者们所提出的各种原则的进一步的、似乎更彻底的发展。"① 恩格斯的这段话很重要。它既概括了19世纪社会主义运动所具有的时代内容，也指出了社会主义运动和启蒙传统的承继关系。具体来说，启蒙运动催生了资本主义，而资本主义的发展又从其内部产生了作为其否定力量的社会主义。但是，不论是资本主义还是社会主义，二者都是启蒙运动的产物和结果。所以，恩格斯才说19世纪的社会主义，不论其实践内容还是理论形式，都是"伟大的启蒙学者们所提出的各种原则的进一步的、似乎更彻底的发展"。19世纪的情形如此，那么，20世纪的情形又如何呢？20世纪的直接表现是资本主义和社会主义两大阵营的基本对峙，但是，它们的思想根源仍然是启蒙原则进一步分裂和发展的结果。

当然，由于各国国情不同，启蒙在欧洲和东方呈现出完全不同的历史效果。在欧洲，从16世纪起，启蒙运动作为文艺复兴的后继，直接催生了近代资产阶级的革命运动。思想变革作为社会变革的先声。启蒙运动逐步瓦解和摧毁了原来社会的僵硬外壳。这个过程就是近300年来的资产阶级反对封建王权的斗争过程。斗争的结果是资产阶级作为统治阶级登上历史舞台。于是，相应地启蒙价值也作为时代的主流意识形态一并被固定下来。但是，正如历史辩证法所表明的，资产阶级在政治和观念上的伟大历史进步，因为经济的不平等并没有获得完全的落实。因而，为了追求更加彻底的自由、平等，在资本主义的母体内随之又产生了扬弃资本主义的社会主义和共产主义运动。《共产党宣言》对资产阶级社会的这种对抗性有经典的概括："从封建社会的灭亡中产生出来的现代资产阶级社会并没有

① 《马克思恩格斯选集》第3卷，人民出版社1995年版，第355页。

消灭阶级对立。它只是用新的阶级、新的压迫条件、新的斗争形式代替了旧的。”因而，时代的特点随之变化：“我们的时代，资产阶级时代，却有一个特点：它使阶级对立简单化了。整个社会日益分裂为两大敌对的阵营，分裂为两大相互直接对立的阶级：资产阶级和无产阶级。”[①] 阶级对立成为19世纪的时代特征，因而，革命和战争也就成为时代的主题。

在东方，革命和战争成为国家解决自身前途和命运的基本手段。马克思主义在东方的传播直接导致了真正的社会革命。列宁领导的“十月革命”，宣告了社会主义实践在俄国真正地“道成肉身”。所以，以俄国“十月革命”为开端，整个20世纪的社会主义运动，都可以看成是19世纪社会主义扬弃资本主义的“继续”，也可以看成是18世纪启蒙运动原则“进一步的、似乎更彻底的发展”。但是，历史的吊诡就在于，实践并不是按理论的要求去走，而是理论要不断地适应实践的要求。历史的实践是，从19世纪后半期开始，欧洲由于资本主义的自身调节，无产阶级被逐渐中产阶级化。其结果是不仅造成了卢卡奇后来所说的无产阶级“阶级意识的丧失”，而且还出现了恩格斯晚年所说的“议会斗争”逐步取代“政治革命”的社会形势。这样，马克思当年期待的欧洲发达国家的“同时革命”并没有发生，这造成了马克思主义的真正危机。而马克思主义在现实中遇到的更大挑战是，到了20世纪末，随着苏东解体和中国的改革开放，社会主义运动似乎又重新回到了通过资本主义发展生产力这个起点上。那么，这究竟是证伪了马克思主义还是证明了马克思主义？这个问题构成了马克思主义20世纪面临的最大挑战。

对这个“宏大叙事”的问题，自然很难有定论。但是，若将其放置在整个启蒙传统中加以考察，则我们的结论是：当代世界的各国的发展，不是证伪了马克思主义，而是证明了马克思主义。这同样可以从恩格斯所说的“内容和形式”两个方面得到说明。

在内容上，当资本主义和社会主义处于极端对立之时，它们都忘记了在事实上“两极想通”，即无论“姓资”还是“姓社”，双方都在对抗中相互渗透、相互吸收，并以增进本国人民的福利为终极目标。在这个终极目标下，资本主义注重的“效率”和社会主义要求的“公平”并不截然相悖。正如邓小平所说，计划多一点还是市场多一点，不是社会主义和资

① 《马克思恩格斯选集》第1卷，人民出版社1995年版，第273页。

本主义的本质区别。革命是解放生产力，改革也是解放生产力。计划与市场，公平与效率，革命与改革，最终在解放生产力和发展生产力上汇集起来。而在理论形式上，马克思早在《德意志意识形态》中就指出扬弃资本主义必备的“两个条件”：“共产主义只有作为占统治地位的各民族‘一下子’同时发生的行动，在经验上才是可能的，而这是以生产力的普遍发展和与此相联系的世界交往为前提的。”①“生产力的普遍发展”和“与此相联系的世界交往”这两个条件，不论是俄国的“十月革命”还是中国的“新民主主义革命”，两者都不具备。

正是因为这一根本性的制约，20世纪社会主义的伟大理论和实践，在转了一个圈之后，又都重新回到了通过资本主义发展生产力这个起点上。因而在实践领域，不得不重新“补课”——补发展生产力这一课。这倒正好印证了马克思晚期在《资本论》中的基本论断：“一个社会即使探索到了本身运动的规律，——它还是既不能跳过也不能用法令取消自然的发展阶段。”② 但是，社会主义作为对资本主义的扬弃，它必须具有更高的价值要求，这就是“无产阶级不解放全人类就无法解放自身”、“每个人的发展是一切人自由发展的条件”，这是一个全人类的眼界，而不是单纯的“无产阶级的眼界”。在这个意义上，社会主义作为启蒙原则“更彻底的发展”，自由、平等、公正和法治当然是社会主义核心价值观的题中之义，同时它也要求越出近代资产阶级的启蒙界限，达到马克思主义所坚持的人类解放的眼界。

## 二　启蒙与自由、法治

启蒙运动的直接后果是建立了近代意义上的资产阶级社会。资产阶级社会作为一个有机整体，自由思想、民主制度和市场经济共同构成了这个有机整体的骨架。一般而言，民主制度和市场经济作为自由意志的外化，通过完善的法治得到实现。反过来，法治保障了民主制度和市场经济的有序进行。显然，没有启蒙价值追求的自由和法治，就没有近代资产阶级的民主和经济。在这个意义上，自由作为一种价值追求，构建着人们的精神

① 《马克思恩格斯选集》第1卷，人民出版社1995年版，第164页。

② ［德］马克思：《资本论》第1卷，人民出版社2004年版，第352页。

空间；而法治作为一种生活方式，让这种精神空间变为现实。

关于这一点，黑格尔曾在《法哲学原理》的“导论”中花 32 节的篇幅来谈自由意志对法的重要性，原因正在于此。在黑格尔看来，法治虽然表现为一种现实的东西，但是法治的灵魂却是人的自由意志。谈法治必须进入到法的哲学层面，法治若没有法哲学做基础，就是一套没有灵魂的空架子。而法哲学的基本规定性来自人的自由意志。因此，他指出：“法的基地一般地说来是精神的东西，它的确定的地位和出发点是意志。意志是自由的，所以自由就构成法的实体和规定性。至于法的体系是实现了的自由的王国，是从精神自身产生出来的、作为第二天性的那精神的世界。”① 黑格尔一如既往地从理性出发，把现实世界看作绝对观念的外化。但是，他肯定人作为现实的存在物，自由意志只有在其客观化中，人才能真正获得真实的自由，这是极其深刻的思想。与之相反，自由意志作为人的尊严所在，若不能客观化，就只能停留在一种无制约的主观状态中。

为此，黑格尔专门区分了自由和任性，并特别指出人要获得自由就必须限制自己。他引用歌德的话说：“立志成大事者，必须善于限制自己。人唯有通过决断，才投入现实，不论作出决定对他来说是怎样的艰苦。正是因循怠惰的人才不愿意从内心酝酿中走出，这种内心酝酿使他把一切保持在可能性的状态中。但可能性还不是现实性。有自信的意志是不会因此就在被规定的东西中丧失自己的。”② 黑格尔用晦涩的话表明的无非是，法的前提虽然是自由意志，但它必须外化才能获得其规定性。只有在外化的规定性中，主观的精神才能获得客观的内容。用通俗的话说就是，思想层面的东西必须通过制度或规范表现出来。这个表现出来的过程就是人们彼此承认和获得现实自由的过程。与之相反的则是任性，“任性的含义指内容不是通过我的意志的本性而是通过偶然性被规定成为我的；因此我也就依赖这个内容，这就是任性中所包含的矛盾。通常的人当他可以为所欲为时就信以为自己是自由的，但他的不自由恰好就在任性中。当我希求理性的东西的时候，我不是作为特异的个人而是依据一般的伦理概念而行动的”③。任性虽然也是通过“我”发生的，但因为这个“我”不具有现实的规定性，因而不是自由，而是不自由。

---

① ［德］黑格尔：《法哲学原理》，商务印书馆 1961 年版，第 10 页。

② 同上书，第 24—25 页。

③ 同上书，第 27 页。

可见，这里黑格尔表达了两个层次的内容：一是法治成立的前提是自由意志；二是自由意志的实现要客观化。只有这样，自由才能真正实现，否则，一个国家的社会生活就会出问题。为了说明这两个条件的相互制约性，黑格尔甚至常常以中国的封建专制为例来说明中国人为何没有现实的自由。黑格尔当然知道中国人有一套客观化的制度，但是这套制度不是基于个人的自由意志，而是来自“神圣天道”，谁掌握了“神圣天道”谁就具有政治上的合法性，在封建社会，皇帝和皇权就是“神圣天道”的人间体现。黑格尔在《哲学史讲演录》中分析说：中国人通常以为皇帝最自由，但是，实际上皇帝根本不自由。其原因就在于，皇帝作为一个单独的个人，看似位居权力金字塔的顶端并掌握生杀予夺的大权。但是，皇帝同时作为一个政治共同体（community）中的存在，他又总是在和其他人的交往中才能存在，因为其他人没有真正的自由，因而他自己也无真正的自由可言。至于老百姓，就更只有服从“圣人”给他颁布的“道德律令”的份儿了。黑格尔对自由和专制的分析，完全击中了中国政治传统数千年的“死穴”。在中国的政治和文化传统中，与法治相对的是人治、德治。法治对中国文化始终是一种治理的手段，而不是人们的生存方式。因此，法治在传统中国只具有工具的意义。所谓“百家殊业，皆务为治”（《淮南子·汜论》）。即使是专讲“法”的法家，法也只是人君治世的一种手段。至于儒家，虽然反对严刑峻法，主张以教化和德治为主，德主刑辅或刑主德辅也都不过是一种适应时代治乱的“手段”。所以，在近代西方意义的“法治”渗透以前，“法治”作为一种生活方式对中国人来说始终是陌生的。这种将“法”作为一种治理手段而不是一种生活方式的做法，归根结底是人治的表现。从先秦开始，孟子的“民贵君轻”就已经奠定了中国政治思想的极限。民再贵，他的对面是君；君再轻，他的目的是统治人民。民主以个体的自由意志为前提，民本以人的血缘等差为基础，民本和民主，仅一字之差，却构成德治和法治不同的思想基础。由此可见，肯定法治的基础是自由意志，其对当代中国的法治进程意义多么重大。

当然，黑格尔的《法哲学原理》除了肯定法治需要自由意志和客观化以外，它更重要的贡献还在于，提供了一个使自由意志实现的“层次结构”。这就是《法哲学原理》所讲的从抽象法到道德，再从道德到伦理的发展过程。在这个发展过程的每个大阶段中又分别包含着三个小阶段，小阶段可以再分出三个小层次。这是贯穿整个黑格尔哲学体系的典型“三一式”结构。比如，在大的“三一式”中，抽象法是客观的实体性，道德是主观的单一性，在这两个阶段，自由意志仍然处在僵硬的外部对立中。自由意志只有到达伦理阶段，客观的实体性和主观的单一性才能统一。于是，辩证的理性继续往下走，直到下一个综合再出现。同样，在小的“三一式”中，比如在伦理阶段，黑格尔将其分为家庭、市民社会和国家三个小阶段。在家庭向市民社会，然后市民社会到国家的过渡中，黑格尔已经用晦涩的语词完全表达出了封建社会的瓦解和向资产阶级社会的转变，这个转变过程中，个人自由不断得到承认。因而，家庭承认的纽带是“伦理情感”，市民社会承认的是“抽象法人”，而只有到国家中，个人作为“普遍的个人”才会真正实现。黑格尔的论证显然有为普鲁士王权论证的局限，但是黑格尔将自由的实现看成一个历史理性的辩证展开过程，有其极大的合理性。所以马克思在《巴黎手稿》中就批判黑格尔说：“他只是为历史的运动找到抽象的、逻辑的、思辨的表达，这种历史还不是作为一个当作前提的主体的人的现实历史，而只是人的产生的活动、人的形成的历史。”① 后来，马克思关于社会发展要经历人的依赖、物的依赖、人的自由个性三阶段的著名论断，也可以看成是对黑格尔法哲学的批判改造的继续。

所以，以黑格尔和马克思提供的眼界看当代中国，我们就可以看到，今天中国的现代化进程正处于“人的依赖”向“物的依赖”过渡的阶段。具体而言就是，封建的宗法伦理关系让位于商品货币关系。无数的农村在商品经济大潮的冲击下开始瓦解，无数的农民涌入城市，变成中国特有的“农民工”。社会在剧烈的变动中分解为不同的阶层，贫富分化、道德滑坡、生态失衡……无数的社会问题成为资本主义和社会主义“转型期”的共同特征。马克思在19世纪描述的基本情况在今天似乎以另一种方式得到了再现。“在我们这个时代，每一种事物好像都包含有自己的反面。……技术的胜利，似乎是以道德的败坏为代价换来的。随着人类愈益控制自然，个人却似乎愈益成为别人的奴隶或自身的卑劣行为的奴隶。甚至科学的纯洁光辉仿佛也只能在愚昧无知的黑暗背景上闪耀。我们的一切发现和进步，似乎结果是使物质力量成为有智慧的生命，而人的生命则化

① ［德］马克思：《1844年经济学哲学手稿》，人民出版社2000年版，第97页。

为愚钝的物质力量。”① 可见，如果黑格尔哲学为自由和法治提供了思想的“层次结构”，则马克思哲学提供了自由和法治实现的“现实指导”。自由和法治共同构成现代世界的灵魂和躯壳。哲学作为“思想中把握到的时代”和“时代精神的精华”，自由和法治在黑格尔和马克思的哲学中得到经典表达，它对今天中国建设法治社会在最深的理论层次上提供着指导。尤其是阐明自由意志对法治的重要性，依然是中国现代化进程中最欠缺的“思想资源”。

## 三 启蒙与平等、公正

按照我们的理论考察，自由通过法治得到实现，自由作为西方文明的灵魂，也体现为社会意义的平等和公正。自由、平等、公正和法治，四个方面共同构成一个价值整体。在这里，我们之所以将启蒙传统分别与前两个方面和后两个方面联系起来考察，不是分割这个价值整体，而是仅仅出于叙述方便的需要。

平等和公正更多的是一个社会政治层面的问题，而不是一个人的自然状态的问题。人有自然状态的自由和平等是一个假设。它既不符合历史事实，也不符合生物学的事实。在生物学的意义上，世界上没有两片相同的树叶，更不用说具有两个完全相同的个人。所以，当平等、公正在历史上作为一种价值诉求出现的时候，它本身已经先行设定了人这个主体作为前提，即平等和公正总是关于特定的社会和阶级的人的平等和公正。比如在古希腊，所谓平等和公正仅仅是城邦内部自由民之间的平等和公正，对城邦外的非自由民而言，自由民具有的平等和公正并不适用于他们。在中国，儒家伦理所谓的“亲亲、尊尊”也都是基于人有“等差”，正如老子所谓“天之道，损有余而补不足，人之道，则不然，损不足以奉有余”（《道德经·七十七章》）一样，它们所讲的是作为一种社会现象的不平等，而不是“平等”。所以，当平等和公正作为近代以来西方启蒙运动的价值诉求时，它本身代表的是一种主体意识的觉醒。在这里，为了防止泛泛谈论平等和公正，我们将平等和公正置于近代西方哲学的内部，从这个文化的核心处加以考察。

① 《马克思恩格斯选集》第 1 卷，人民出版社 1995 年版，第 775 页。

近代哲学从笛卡尔开端，它的基本原则被集中地表达在笛卡尔“我思故我在”这一命题当中。“我在”的根据在于“我思”。笛卡尔怀疑一切，但是怀疑到最后，“我思”是一个不能再怀疑的东西。所以，从笛卡尔开端的近代哲学完成了西方思想史上一次“伟大的回转”。这次回转最切近的意义在于，把中世纪那个作为外在权威和规范的“上帝”拉回到人这里，尤其是拉回到人不可怀疑的“我思”的内在性之中。黑格尔认为这次“伟大的回转”开启了一个“哲学上的新时代”，这个贡献从笛卡尔开始。笛卡尔哲学的伟大贡献在于：一方面，它把一切可靠性的根据建立在意识内部，从而确立了理性的真正法庭；另一方面，从此以后，外部世界存在或不存在、外在权威成立或不成立都要在“我思”中得到衡量。恩格斯对此有精彩的概括并将启蒙和法国大革命直接联系起来。他认为启蒙学者都是非常革命的：“他们不承认任何外界的权威，不管这种权威是什么样的。宗教、自然观、社会、国家制度，一切都受到了最无情的批判；一切都必须在理性的法庭面前为自己的存在做辩护或者放弃存在的权利。思维着的知性成了衡量一切的唯一尺度。”①在这里“思维着的知性”正是启蒙运动的结果。如果说在康德那里，他对启蒙的回答还是“要有勇气使用你自己的理性！——这就是启蒙的口号”②。那么，到法国启蒙学者那里，启蒙运动所要求的平等、公正原则直接在社会政治领域落实。自由、平等、博爱等，这些近代资产阶级的启蒙价值，经过对神权和贵族特权的长期斗争，终于在《独立宣言》和《人权宣言》中以“天赋人权”的形式固定下来。

近代资产阶级的平等、公正原则具有伟大的历史进步作用。它作为一种普遍的价值诉求，体现了人道主义的胜利。但是，正如本文第一部分所说，资产阶级只是用一种新的私有制代替了旧的私有制，用新的压迫和对抗代替了旧的压迫和对抗，所以它的平等和公正并不彻底。因此，社会主义和共产主义运动作为对资本主义的扬弃，马克思主义作为对启蒙价值的进一步发展，当马克思主义批判近代资产阶级的平等和公正时，它并不是一般地反对启蒙价值，而是深入到启蒙价值的现实基础，从而要求启蒙价值更彻底的实现。在这个意义上，正如恩格斯所说，社会主义的“内容和

---

① 《马克思恩格斯选集》第 3 卷，人民出版社 1995 年版，第 355 页。

② ［德］康德：《历史理性批判文集》，商务印书馆 2011 年版，第 23 页。

理论形式”确实是“启蒙原则更彻底的发展”。

首先，从理论形式上来看，马克思主义超越了启蒙价值一般所要求的理性原则和人道主义。比如同样作为启蒙运动产儿的费尔巴哈和马克思，他们的哲学思想都从康德、黑格尔的理性原则出发，但是费尔巴哈的宗教批判到达人道主义就停止了，马克思则超越人道主义通达社会现实层面。比如同样批判宗教和黑格尔“理性的神学”，费尔巴哈的全部哲学贡献都通过“上帝的本质是人的本质的异化”来对宗教和黑格尔的“绝对精神”进行批判。但是，同样作为启蒙理性的产儿，费尔巴哈追问到“人”就止步了，马克思却在费尔巴哈止步的地方起步，进一步追问人究竟是什么，应该如何研究人。因而，同样在1843年批判宗教和黑格尔哲学，费尔巴哈哲学的命题是“人是人的最高本质”，而马克思哲学的命题则是“人就是人的世界，就是国家，社会”①。在马克思这里，研究人就要研究人的国家和社会，研究人的国家和社会就要研究人的政治、经济关系。显然，马克思已经从启蒙运动要求的一般原则下降到启蒙原则所扎根的社会现实。马克思在1843年的《〈黑格尔法哲学批判〉导言》中的话最典型地体现出了这种差别：“真理的彼岸世界消失以后，历史的任务就是确立此岸世界的真理。人的自我异化的神圣形象被揭穿以后，揭露具有非神圣形象的自我异化，就成了为历史服务的哲学的迫切任务。于是，对天国的批判变成对尘世的批判，对宗教的批判变成对法的批判，对神学的批判变成对政治的批判。”② 后来，马克思从哲学的理性批判进入到政治经济学批判，就是这种思路的自然延伸。

其次，从内容上看，马克思主义是从资本主义的生产资料所有制这个最基础的层面揭示了“政治平等”下面的“经济不平等”。比如马克思在《资本论》中尖锐指出：“劳动力的买和卖是在流通领域或商品交换领域的界限以内进行的，这个领域确实是天赋人权的真正伊甸园。那里占统治地位的只是自由、平等、所有权和边沁。自由！因为商品例如劳动力的买者和卖者，只取决于自己的自由意志。他们是作为自由的、法律上平等的人缔结契约的。契约是他们的意志借以得到共同的法律表现的最后结果。平等！因为他们彼此只是作为商品占有者发生关系，用等价物交换等价

① 《马克思恩格斯选集》第1卷，人民出版社1995年版，第1页。

② 同上书，第2页。

物。所有权！因为每个人都只支配自己的东西。边沁！因为双方都只顾自己。使他们连在一起并发生关系的唯一力量，是他们的利己心，是他们的特殊利益，是他们的私人利益。”① 在这里，马克思用反讽的语气批评了近代资产阶级启蒙价值的不彻底性。在生产、分配、交换和消费这四大环节中，如果不考察生产资料的所有制问题，那么，分配、交换和消费三个领域的平等只是社会表层的平等和公正。比如自由，只是出卖劳动力的自由，而且这种自由得到现有法律的保障；平等，只是商品占有者等价交换的平等；所有权，只是私人范围内的所有权；“边沁”，也只是生产资料所有制之上的利己主义。所有这些都以生产资料的私人所有为前提。但这个历史生成的前提，资产阶级经济学家和意识形态家都不再考察。因而，他们只能将现有的一切作为事实接受下来。

由此可见，站在马克思主义的立场上看待近代启蒙价值，完全可以说启蒙价值以自己的面貌创造了一个近代资产阶级社会。但是，启蒙价值一方面推动了历史发展，另一方面它们的实现却并不彻底。所以，以启蒙价值为标准来衡量当代中国现实，就可以看到当代中国的发展面临和当年欧洲国家发展颇为相似的问题，这就要求中国市场经济的发展落实近代的启蒙价值。但是，另一方面，由于中国坚持的社会主义道路本质上是对资本主义的扬弃，所以启蒙价值作为社会主义的题中之义，又要坚持马克思主义在更高层次上对自由、平等、公平和法治的要求②。

## 四 结论

马克思主义作为一种全新的世界观、价值观和方法论，它既来自启蒙传统，又超越启蒙传统。正如列宁在19世纪所说，马克思主义“绝不是

① ［德］马克思：《资本论》第1卷，人民出版社2004年版，第204—205页。

② 马克思对启蒙价值的评判深入到其经济基础，因而马克思主义对公平、正义的要求比启蒙传统的要求“更加彻底”。这个“更加彻底”的发挥凝练表达在马克思《资本论》中“重建个人所有制”的基本构想中。“从资本主义生产方式产生的资本主义占有方式，从而资本主义私有制，是对个人的、以自己劳动为基础的私有制的第一个否定。但资本主义生产由于自然过程的必然性、造成了对自身的否定。这是否定的否定。这种否定不是重建私有制，而是在资本主义时代的成就的基础上，也就是说，在协作和对土地及靠劳动本身生产的生产资料的共同占有的基础上，重新建立个人所有制。”“重建个人所有制”究竟怎么重建，这个重大的理论问题至今仍然激起激烈的争论。参见严小龙《近年来关于马克思“重建个人所有制”研究综述》，《当代世界与社会主义》2011年第3期。

离开世界文明大道而产生的一种故步自封、僵化不变的学说。恰恰相反，马克思的全部天才正是在于他回答了人类先进思想已经提出的种种问题。他的学说的产生正是哲学、政治经济学和社会主义极伟大的代表人物的学说的直接继续"①。到了20世纪，即使是作为非马克思主义的思想家，不论他反对还是赞成马克思主义，马克思的"资本批判"仍然"切中"时代的基本现实。比如，即使是在作为纯粹哲学家的海德格尔那里，他也不得不承认马克思的共产主义理论是一种"世界历史意义的本质性道出"②。在21世纪的今天，在全球开始重新审视和反思启蒙现代性的背景下，近代西方启蒙传统肯定的价值已不再被当成是现代进程的唯一价值。但是，由于时代的错位，当代中国仍然以实现近代西方的启蒙价值为主。自由、平等、公正、法治仍然是需要"争而后得"的东西。这就要求中国的现代化进程必须尽快落实自由、平等、公正和法治，同时，又要求社会主义核心价值观"在更高层次上"注入时代内容，从而引导世界文明。

（作者系兰州大学哲学社会学院副教授）

① 《列宁专题文集·论马克思主义》，人民出版社2009年版，第66—67页。

② 《海德格尔选集》（上），上海三联书店1996年版，第384页。

# 略论社会主义核心价值观

赵　民

在人类纷繁复杂的社会生活中，众多的现实问题和理论问题都涉及价值观，尤其是在当下价值观多元化的背景下，不同的利益主体对同一问题的看法有很大的差异，甚至截然对立，对于价值选择、价值评判、价值追求，衡量的标准各取其一、莫衷一是。以往依据“官方”标准决定是非似乎变得十分脆弱，甚至难以为继。显然，价值观念的多元化导致价值观的混乱，致使核心价值观在理论上和实践中变得苍白无力，很难使人心服口服，因此，在哲学的视野下审视核心价值观，从根本上规避价值虚无论或者价值悬置论，确立起核心价值观的神圣而牢固的地位，这是我们哲学社会科学工作者迫在眉睫的课题。

毋庸讳言，我们对价值观问题的观照与经济相比长期以来显得相对滞后，始终将价值观问题集中在个人的价值理念上，对于社会的价值内涵，尤其是核心价值观却缺乏深度的关注，这是当下理论上亟待解决的问题。中华人民共和国成立以来至20世纪70年代，非经济学意义上的价值在主流意识形态中避而不谈，这显然是十分错误的。改革开放以来，价值的非经济学意义才逐渐得到认同，主流意识形态也逐渐接纳其为正式话语。如今，社会主义核心价值体系特别是社会主义核心价值观的建构才真正恢复其本质上应具有的地位和作用。

党的十六届六中全会第一次提出“建设社会主义核心价值体系”，党的十八大提出了社会主义核心价值观的基本内容，即“富强、民主、文明、和谐，自由、平等、公正、法治，爱国、敬业、诚信、友善”，此后，社会主义核心价值观引起了学界的广泛关注。但对于什么是社会主义核心价值观，仍然众说纷纭。我们认为，要总结概括出全国人民高度认同、衷心拥护的社会主义核心价值观，必须科学地定义价值、价值观、核心价值观，特别是社会主义核心价值、社会主义核心价值观。

## 一

众所周知，在日常生活中，价值是人们必然遇到的基本问题，与人的创造活动联系在一起，不仅仅牵涉到个人的需求、欲望等，而且也牵涉到个人的追求、理想等。价值作为一个关系范畴，是指人们在认识和改造世界的过程中形成的一种满足与被满足的关系。因此，从哲学意义上理解，“价值”是指客体的存在、作用以及它们的变化对于主体需要及其发展的某种适合、接近或一致。[①] 可见，一方面是客体的存在、属性及其变化同主体的需要相一致、相符合；另一方面是“物”与“人”的客体、主体关系扩展为人与人之间的关系，这种主体间的关系在发生价值关联时就转化为价值的主客体关系，从而彰显外部事物对主体需要的满足以及主体本质力量的对象化。从这个意义上讲，价值是客观的，反映的是客观事物与主体的客观的现实关系。马克思主义哲学坚持用辩证唯物主义和历史唯物主义的观点来观察各种价值现象，认为价值的一般本质在于：它是现实的人同满足其某种需要的客体的存在、属性及其变化之间的一种关系。价值同人的需要有关，但它不是由人的需要决定的，价值有其客观基础，这种客观基础就是各种物质的、精神的现象所固有的存在、属性及其变化，但价值不单纯是这种存在、属性及其变化的反映，而是标志着这种存在、属性及其变化对于个人、阶级和社会的一定的积极意义，即能满足人们的某种需要，成为人们的兴趣、目的所追求的对象。人们的需要是多方面的，各种物质的和精神的现象的存在、属性及其变化也是多方面的，因而可以满足人们各种不同的需要，具有不同的价值。就客体的存在、属性及其变化满足主体的不同需要而言，价值可分为物质的、经济的、科学的、道德的、美学的、法律的、政治的、文化的和历史的价值等。

人们在创造和实现自己价值的过程中，必然会形成自己的价值观。著名学者李德顺教授认为，价值是指人的客观的现实关系，即价值关系的状

① 王艳灵、刘洪涛：《从意识形态视角看社会主义核心价值体系》，《沈阳干部学刊》2009年第1期，第13—17页。

态；价值观是对这一客观关系的主观认识或表达。[①] 也就是说，价值观是主体对客体与主体关系的主观表达和诉求，具有主观性。价值观是对价值关系的反映，是指导主体的思想行为的根本价值意识。作为一种意识，是人对价值目标、价值标准、价值实现手段的看法和观点，所反映的是客体与主体的关系，即价值关系。价值观渗透在一切社会意识的形式中，通过各种社会意识形式表现出价值意识。由此，价值观就包含着一般的价值观和核心价值观。任何社会都有自己的核心价值，在社会的价值体系中，价值观表现为多元化，而且各种价值观的地位不同，有些是从属的，有些是处于主导地位的。那么，核心价值观就是指在一个社会的所有价值观中居于主导地位、起着支配作用的价值观，它反映了现实生活和社会发展的内在要求以及统治阶级的根本利益。从人类社会的发展进程来看，任何一个国家、民族、社会都是以核心价值观来团结社会、凝聚力量的。核心价值观体现了价值体系的基本价值取向，是一种文化区别于另一种文化的基本价值理念，也是一种社会制度共同遵循的基本价值标准和原则。应当指出，价值概念本质上是以人及其所涉及的各种关系为中心的，价值概念体现了与人相关的根本特征，在与人的关系中才能理解和使用这个概念说明了价值的基本属性。价值与人具有同一性，离开主体或具体的人，既无所谓价值，也无所谓评价，因而一切相关的思维都仅仅是思维领域的运作，没有现实意义。因此，说人的存在是一种价值存在，其实质就是人的价值必须而且能够得到实现。而价值概念又是包含各种不同层次的，人们认识、渴望和追求价值的程度或方式，取决于人们对价值在不同层次上的理解。从社会的角度看，人的价值实现是通过建立和遵守社会规范完成的，而个人的价值能否实现，从根本上说必须取决于其实现方式能否符合社会价值的规范要求，特别是能否符合一个社会的核心价值观的规范要求。这一点才是我们今天之所以必须讨论社会主义核心价值观的要害和最主要、最重要的意义或曰价值所在。离开这一点的讨论，其意义或曰价值是令人怀疑的，至少是无足轻重的。

因此，我们党提出社会主义核心价值观就具有了重大的现实意义和深远的历史意义。而要真正理解和最终落实社会主义核心价值观，则必须对

---

① 何涛：《社会主义核心价值体系研究综述》，《政工研究动态》2008 年第 17 期，第 27—30 页。

它进行科学定义，而要科学定义社会主义核心价值观，首先必须科学定义社会主义核心价值观中的“社会主义”。我们认为，今天要探讨社会主义核心价值观不是以纯学术探讨的角度来展开的，是在特定的历史方位和历史背景下展开的，不然的话就容易产生误读。的确，单纯从学术研究的角度来讲，社会主义核心价值观可以从不同的角度来进行界定。社会主义核心价值观是相对于社会主义价值观而言的。在人类历史发展过程中形成的每一种社会主义价值观都是一个体系性的存在，在每一种社会主义价值观体系中都存在着核心价值观和非核心价值观。例如伦理社会主义以民主作为核心价值观，科学社会主义以“人的自由而全面发展”作为核心价值观，空想社会主义以“平等、博爱、和谐”作为核心价值观等。也就是说，从纯学术的角度来讲，人类社会发展过程中产生的任何一种社会主义的核心价值观不仅可以而且应该对其展开研究，这种研究可以为我们今天提炼社会主义核心价值观提供以资借鉴的资源。但必须明确，我们研究的重心是哪一种社会主义的核心价值观。社会主义核心价值观的探讨是具体的，而不是抽象的。普遍的、永恒的、固定不变的，适合于每一种社会主义的核心价值观是不存在的。我们今天探讨并定义社会主义核心价值观，是在党的十六届六中全会提出“建设社会主义核心价值体系”的背景下展开的，我们不能脱离中国的社会主义革命和建设，不能脱离我们所处的历史方位，即社会主义初级阶段这样一个特定的语境来进行定义，否则的话，就容易导致误读。我们党曾多次下发关于社会主义精神文明建设的文件，文件中指的社会主义精神文明，绝对不是整个社会主义阶段的精神文明，也不是社会主义高级阶段的精神文明，更不是共产主义社会的精神文明，它所指称的是当下社会主义初级阶段的社会主义精神文明。因而，我们理解，对社会主义核心价值观中的“社会主义”的理解，不宜泛化，应从中国社会主义的视角进行解读，它所指称的是中国社会主义的核心价值观，不是其他国家，也不是其他社会主义流派的核心价值观。我们只要仔细研读党的十六届六中全会提出的“建设社会主义核心价值体系和社会主义核心价值观”的有关文献就不难看出，文件中讲的社会主义核心价值体系和社会主义核心价值观就是中国社会主义核心价值体系和中国社会主义核心价值观。

总之，任何一个社会的核心价值观肯定是具有自己的民族特色和国家特色的，为了巩固和增强公民对自己所属国家的认同，大多数国家都会努力建构一种与其国情相适应的核心价值观，核心价值观作为一个社会价值体系中最为抽象的和普遍性的价值观，具有凝聚社会共识、维护社会秩序、强化国家认同的积极而强有力的功能。我国的社会主义核心价值观不仅是国家认同的基础，而且是中华民族根本利益的集中体现和表达，是中华民族全体认同的核心。我们所要确立的社会主义核心价值观，应当是与社会主义在当代中国的发展阶段的基本特征、发展主题、历史使命相适应的。我们既不能忽视社会主义的社会性质的严格规定，也不能忽视当代中国的具体国情、发展阶段、发展要求和社会特色。

## 二

要科学定义社会主义核心价值观，不仅要弄清社会主义核心价值观中的“社会主义”指的是什么，而且要在上述分析的基础上进一步弄清楚社会主义核心价值观中的“核心价值观”指的是什么。作为核心价值观，必须具备一定的条件。我们认为成为社会的核心价值观必须至少具备两个基本特征：一是必须体现人文精神的本质，标志社会发展的价值方向，否则就不能成为社会的精神之魂，因而就不具有对多元价值观予以引领、指导和帮助的资格；二是必须赢得社会中大多数人的认同，否则就没有感召力，就不具有对多元价值观予以引领的基础。由此可见，作为核心价值观，既有认知方面的内容，也有情感方面的内容，两者相辅相成、有机结合，才能发挥其作为行为灵魂和行动杠杆的作用。作为一种意识形态，在它所在的社会和国家中处于主导性地位，是植根于活生生的现实生活中的东西，不是抽象的永恒不变的形而上的东西。社会主义核心价值观中的“核心价值观”至少应当从以下两个方面进行分析。

第一，从价值观构成体系的结构来看，价值观可以分为两类：一类是核心价值观，另一类是一般价值观或非核心价值观。核心价值观是价值观体系的深层结构，是该价值观体系的“硬核”或曰“心脏”，它在价值观体系中处于主导地位或曰中心层次，它统摄、指导并约束着其他一般价值观或非核心价值观，并为其提供方向和根据，从而维护价值观体系的规范、稳定和统一。一般价值观是价值观体系的浅层结构，是该价值观体系的“保护带”或曰“外围”，它在价值观体系中处于从属地位、非核心的地位，它受核心价值观的引领、指导和支配，并对核心价值观起着重要的维护、保护和巩固作用。

第二，核心价值观应当包括三个方面的含义。首先，核心价值观是价值观体系的中心。价值观是以核心价值观为根据、原点和基础而展开的有机结构体系。价值观体系的结构，呈现为一个多层次的同心圆，在价值观这个同心圆中，核心价值观是中心、是内核、是原点。其次，是引申义，是就核心价值观在价值观结构体系中的作用而言的。核心价值观是在价值观体系中起主导作用的价值观。“主导”一词，其主要内涵包括统领、领导、指导、引导、支配、控制、保证、促进等意思。而所谓主导作用，就是一种主要的且具有引导性的作用，或者说是一种引导性的且是主要的作用。从主导作用的词义可以看出，核心价值观是在价值观体系中起统领和领导作用的价值观，它规定和影响其他价值观的性质和方向，其他价值观从属于核心价值观并受核心价值观的影响和支配。最后，就核心价值观与其他价值观之间的关系来说，核心价值观是价值观体系中的主要部分，其他价值观则是次要部分。核心价值观上述三个层次的含义是相互联系、相互影响、相互补充的，共同构成一个有机统一的整体。

总之，我们可以把核心价值观定义为：所谓核心价值观，就是指人们在长期的价值生活实践中积淀和形成的有关客体对主体效应的根本看法，是人们在处理各种价值问题时所持的根本立场、观点和态度，它在整个价值观体系中处于中心地位，起着主导作用，代表着价值观的根本特征，体现着价值观的根本倾向，统率并约束其他处于非核心地位的价值观。具体地来说，就是人们关于好坏、得失、善恶、美丑等价值的根本立场、根本看法和根本态度。在现代社会生活多样化的文化模式中，没有一个统一的文化基础，特别是没有一个共同的核心价值观，就很难实现国家和民族的凝聚力，而没有凝聚力的国家和民族就很难自立于世界民族之林，就是没有希望的。总之，核心价值观是一个与价值观既相联系又相区别的概念。核心价值观来源于价值观，但它又不是一般的价值观，是价值观体系中处于中心地位、起着主导作用的价值观，是价值观的中心和内核。从核心价值观中引申出非核心价值观，从而形成核心价值观的“保护带”或曰外围。在价值观体系中，核心价值观最基础、最根本、最稳固、最持久、最有统摄性、最具有指导功能和统领作用，也最具普遍性和渗透性，在相当大的程度上具有永恒的意义。它影响、支配其他非核心价值观，其他非核心价值观以不同方式展示着、体现着和巩固着核心价值观。

社会主义核心价值，就是指在社会生活中居于统治、中心地位和引导作用的社会主义社会的价值，它能够保障和促进社会主义的经济制度、政治制度、文化制度等具体制度的稳定和发展。社会主义核心价值观是社会主义价值体系中最基础、最核心的价值观，是反映我国社会主义的本质和现代化建设的价值理念。它为社会主义建设事业提供了最深层次的思维方式和行为方式，为我国各族人民指明了最根本、最长远同时也是最有意义的奋斗目标。它关系到整个国家的兴衰成败，关系到社会整体的进退治乱。它支撑着我们在建设社会主义现代化事业中的最基本的行动准则和行为指南，支撑着我们全体社会成员的价值判断。党的十六届六中全会通过的《中共中央关于构建社会主义和谐社会若干重大问题的决定》明确提出："马克思主义指导思想、中国特色社会主义共同思想、以爱国主义为核心的民族精神和以改革创新为核心的时代精神、社会主义荣辱观，构成了社会主义核心价值体系的基本内容。"社会主义核心价值体系是一个结构清晰和内在组成部分密切相关的有机整体，充分反映了我国社会主义现代化建设的本质要求和价值理念。

## 三

价值和价值观都具有主体性，任何价值观都是一定主体的价值观。社会主义核心价值观的主体是谁？这是我们定义社会主义核心价值观必须弄清楚的又一个重要问题。我们认为，社会主义核心价值观的主体是全体中国人民。

《中国共产党章程》将党的性质表述为：中国共产党是中国工人阶级的先锋队，同时是中国人民和中华民族的先锋队，是中国特色社会主义事业的领导核心，代表中国先进生产力的发展要求，代表中国先进文化的前进方向，代表中国最广大人民的根本利益。党的最高理想和最终目标是实现共产主义。这一论述，不仅从党的阶级性、先进性、根本宗旨、党在中国特色社会主义事业中的地位和作用等方面，阐明了中国共产党的性质，而且蕴含着党的根本价值观。那么，中国共产党的核心价值观是什么？笔者认为，中国共产党的核心价值观是"为人民服务"。"为人民服务"这五个字虽然简明通俗，却有着深厚的理论根基和丰富的历史内涵。"为人民服务"是无产阶级政党先进性的本质体现，是中国共产党的根本宗旨，是中国共产党全部政策的出发点和归宿，是区别于其他任何政党的根本标志。它明确地指明了党的根本价值取向是一切为了人民群众。中国共产党各个时期领导人的论述明确而完整地回答了一切价值观共有的核心问题——“为什么人”的问题。“为人民服务”代表了中国共产党价值观的最高原则，是中国共产党的核心价值观。

我国是人民民主专政的社会主义国家。我国宪法明确规定：中华人民共和国是工人阶级领导的、以工农联盟为基础的人民民主专政的社会主义国家。我们国家的社会主体是全体中国人民，社会主义是一个人民当家做主的社会，那么，它的主导价值观即社会主义核心价值观就必须以人民为主体，以人民的利益为标准。价值主体问题，是历史观、价值观的一个基本问题。人民群众是历史的主人，是一切价值和价值创造的主体，人民群众的实践是一切价值的本质和源泉，人民群众也是价值评价的主体。

在定义和提炼社会主义核心价值观时，不能把党的价值观直接等同于全国人民的共同价值观。要认清党与人民、党的价值观与全国人民的共同价值观是什么关系。党的核心价值观是党的宗旨所表述出来的“为人民服务”。党以人民的利益作为一切纲领、行动的标准。然而这样的价值观显然不能无条件等同于全国各民族、各阶层的人民群众的共同价值观。因为党虽然来自人民，但毕竟不同于人民，党不能把自己的主张原封不动地强加给全体人民，也不能把对自己的要求与对广大人民群众的要求混为一谈，更不能把对自己的要求无条件地、无差别地、不分层次地适用于全体人民群众，而是要向人民群众学习，从人民群众那里，把他们的根本利益、共同愿望和基本诉求用党的理论、党的方针政策策略等等加以总结概括，表达为全体人民的价值观。也就是说，应该表达的是“人民要怎样”，而不是“要人民怎样”。解决了社会主义价值观体系的定位问题，才能进一步解决它的内容定位问题，也就是以人民为主体的社会主义价值观究竟要追求什么样的核心价值。

根据上述分析，我们可以把社会主义核心价值观界定为：所谓社会主义核心价值观，就是指中国人民在长期的价值生活实践中积淀和形成的有关对社会主义的最根本的看法，是中国人民在革命和建设实践中处理各种价值问题时所持的根本立场、观点和态度，它在中国社会主义价值观体系中处于中心地位、起主导作用，代表着中国社会主义价值观的根本特征，体现着中国社会主义价值观的根本倾向，统率并约束其他处于非核心地位的价值观。从这一定义可以看出，社会主义核心价值观是一个与社会主义价值观既相联系又相区别的概念。社会主义核心价值观来源于社会主义价值观，但它又不是一般的价值观，是社会主义价值观中处于中心地位、起着主导作用的价值观，是社会主义价值观的中心和内核。以社会主义核心价值观为坚实基础和根本内容的社会主义主流文化是我们民族精神的载体，是民族身份的象征，也是经济独立与政治主权的主要屏障，是凝聚一个国家和民族的灵魂，是维系社会发展的精神支柱和纽带。如果我们这个民族的主流文化特别是核心价值观失落了、丢弃了，也就意味着我们这个民族迷失了灵魂、失去了自我，意味着本土国家历史记忆的中断、民族精神的毁灭。如果我们的核心价值观只能培养出一代没有人格、没有国格、没有民族自尊心的一心只想移民海外的资本寻梦者，那只能意味着我们的精神文明建设失败了！我们这个民族没有希望了！

价值观反映的是人们对社会生活实践的态度，必然带有社会性和实践性的痕迹，不同的文化、生活方式，表现出不同的价值观。加之，现代社会总是以国家的形式存在，国家必然宣扬自己的价值观，而这实质上就是统治阶级的意志表现。所以，任何社会所秉持的核心价值观实质上就是统治阶级的价值观。因此，价值观属于意识形态范畴，明确价值观研究的意识形态属性，就为价值观的研究指明了方向。而从根本上确立社会主义核心价值，全面建设社会主义核心价值观，必须坚持马克思主义在意识形态领域的指导地位。马克思主义是我们的立党之本，是社会主义核心价值体系特别是社会主义核心价值观的旗帜和灵魂。马克思对资本主义的批判，对我们理解当今的价值问题仍然具有强烈的现实意义。从当前的国际环境来看，西方敌对势力对社会主义国家的和平演变战略仍然没有放弃并不断加强，意识形态的冲突和对抗始终存在。在经济全球化与发展市场经济的大背景下，我们的主流文化特别是核心价值观面临着西方发达国家特别是美国的全球文化战略的严峻挑战。西方发达国家意图通过“文明冲突”、“文化冷战”来瓦解发展中国家特别是发展中的社会主义国家富有民族特色的文化价值体系。虽然，冷战时期刀光剑影般的意识形态冲突已经淡化，但是文明的冲突、文化的冲突依然存在，西方大国通过经济的渗透，不断推行其价值标准，诸如消费主义、可口可乐文化、迪士尼文化等，在销售其产品的同时，兜售着他们的价值观，极大地冲击了我们原有的价值观念与社会构成。这都会危及我们的社会主义意识形态的地位。同时，经曼海姆、马克斯·韦伯等人的演绎，到20世纪五六十年代，意识形态终结论演化成颇具声势的社会思潮。这场思潮哺育的家族人丁兴旺，为我们熟知的有丹尼尔·贝尔、福山、李普塞特、雷蒙·阿隆、布热津斯基等人，极力地倡导意识形态的终结。深究他们的思想本质，都无法掩饰他们的共性——否认马克思主义，确认资本主义价值观。显然，西方意识形态终结论的本质并不是终结意识形态，而是终结马克思主义的意识形态，实质上是要将西方的自由民主核心价值确立为人类最终的意识形态，以西方尤其是美国标榜的平等、自由、民主的价值观为人类的终极价值，也就是人类社会的最后的意识形态。因此，在意识形态终结论、意识形态多元论和意识形态全球化的思潮中，坚持马克思主义意识形态的现实批判精神和实践性，立足和运用马克思主义的立场、观点和方法认识当下复杂的社会环境和国际形势，确立社会主义核心价值，并不断加强社会主义核心价值观乃至社会主义核心价值体系的建设，巩固社会主义意识形态的指导地位，是我们的当务之急。我们任重而道远，但是，我们充满必胜的信心。

（作者系甘肃政法学院马克思主义学院副教授）

# 民族振兴：增进社会主义精神文明的价值向标*

李　谧

一个民族，倘若缺失了应有的精神支柱，就等于丧失了灵魂、失去了凝聚力和生命力；缺失了高昂的民族精神，就等于丧失了敢于抬头正视一切、与其他文化和谐相处的勇气与魄力。一个缺乏民族精神的国家，其人民的生活是没有尊严的、屈辱的、受欺凌的，因而是痛苦的。民族振兴正是提升一国人民的民族精神，建设民族先进文化、推进文明发展的正确方向。中华民族的伟大复兴，正在于振兴中华民族精神、凝聚民族力量，让每个人都升腾起民族自信心和民族自豪感，提升中国特色社会主义精神文明程度，进而让人民群众过上幸福美满的生活。

## 一　民族精神与民族振兴

民族精神具有历史承继性和时代特色。一个民族的精神必然要符合时代的要求，才能动员整个民族的凝聚力和发展推动力。强大的民族并非一定是受欢迎的，美国很强大，但在世界很多地方都成为憎恨的对象。因而一个国家，仅仅经济、军事强大了，或者说只是硬实力提升了，并不意味着该国家获得了振兴。硬实力的提升，只是实力强盛的一半，另一半则是文化软实力的提升。提升文化软实力，就要建构核心价值观，核心价值观是凝聚人民群众的一把钥匙。“一个社会不应局限于物质生产和经济交流。

* 本文为2013年教育部人文社会科学研究一般项目“马克思主义民生伦理思想研究”（13JD710044）的阶段性成果。

它不能脱离思想概念而存在。这些思想概念不是一种‘奢侈’，可有可无，而是集体生活自身的条件。它可以帮助个体彼此照顾，具有共同目标，采取共同行动。没有价值体系，就没有可以再生的社会集体。”① 民族精神、核心价值观将影响到一个民族得以振兴的进程，成为一国内部力量得以聚合的因素。

中华民族的振兴过程和其民族精神是一个相互塑造的进程。中华民族在传统上具有团结统一、爱好和平、勤劳勇敢、自强不息的民族精神，中华民族的发展，必将在继承历史的基础上，把握时代的脉搏，与时俱进，继往开来。“发展着自己的物质生产和物质交往的人们，在改变自己的这个现实的同时也改变着自己的思维和思维的产物。不是意识决定生活，而是生活决定意识。”② 民族精神不可能独立存在与发展，而是与民族的历史实践活动联系在一起的。中华民族的文化自觉，促使中国人民进一步自我反思并形成自我认同，进而凝聚在一起，通过协调与合作，形成了共同的奋斗目标，因而形成了共同的文化形式和价值追求。民族精神使中国人民产生共同的社会心理和归属感，进而推动文化发展。民族精神通过民族文化反映出来，起着对民族现实的历史性创造活动的引领作用，凸显出对时代性问题的回应。在知识经济和全球化市场的今天，必须重建自信心和进取心，“天行健，君子以自强不息”，中华民族的伟大复兴要求我们在创造中展现魄力与活力，不断弘扬民族精神，以开放、自信、自强与创新的姿态，培育与时俱进的民族精神。这是中国特色社会主义精神文明的内在要求。

社会主义精神文明所要求的民族振兴，体现的是面向现代化、面向世界、面向未来的，民族的科学的大众的社会主义文化，以便丰富人们的精神世界，增强人民群众的精神动力。社会主义先进文化是中国共产党思想与精神上的旗帜，没有文化的引领，人民精神世界将不能得以丰富，全民族精神力量则得不到应有的发挥。物质贫乏当然不是社会主义，但这只是一方面，另一方面则为：精神空虚也不是社会主义。社会主义文化大发展大繁荣，是社会主义现代化的重要内容，它不仅关系到经济建设的成败、关系到民生建设的成败，而且关系到整个中国特色社会主义的成败得失、

---

① ［法］利波维茨基、［加］夏尔：《超级现代时间》，谢强译，中国人民大学出版社 2005 年版，第 111 页。

② 《马克思恩格斯选集》第 1 卷，人民出版社 1995 年版，第 73 页。

关系到中华民族的伟大复兴、关系到人民群众的整体生活水平。因而，民族振兴就是要建设社会主义先进文化，准确把握新时代文化发展的新趋势，把握各族人民群众精神文化生活与精神文明需要的新期待。社会主义文化发展，中国特色社会主义精神文明建设，对把我国建设成为一个富强、民主、文明的现代化国家，对于实现中华民族的振兴，均具有战略意义。

社会主义核心价值体系是先进文化建设、精神文明建设、民族振兴的灵魂和精髓。一国欲形成自己的社会认同，构建休戚相关的共同体，就必须要有核心价值观的引领。社会主义核心价值体系必将成为引领中华民族振兴的灵魂，其指导思想为马克思主义。马克思主义与中国实践相结合的中国特色社会主义，与人民群众共命运，焕发出强劲的生命力、感召力和创造力。中国特色社会主义精神文明建设，必须把握好人类社会发展的规律，以人民群众的根本利益为出发点和价值取向，始终要实现好、维护好、发展好人民群众的利益，要尊重人民群众的主体性地位和首创精神，以保障其各项权益。这些建设目标，都被纳入改善民生的范畴。而民生改善的实现，就要求中国特色社会主义为我们确立共同的理想信念，激发全国人民的共同价值理想。因而，中国特色社会主义共同理想是实现民族振兴的制度之魂。

加强精神文明建设，不断满足人民日益增长的精神文化需要，以利于充分提升人民的精神文化生活，达致精神幸福的境界。中国经济的发展，必然会带来文化发展的连锁要求。提升文化软实力、建设文化强国的文化战略，正是顺应了时代的要求，也体现了认清文化对一国发展与实力提升的重要性与关键性作用的大智慧。中国必须从传统的农业社会的自然主义文化模式和经验主义文化模式中跳出来，走向宣扬人的主体性、创造性的自由与全面发展的人的现代化。我们的文化建设的目的，就是要不断提升文化软实力，成为文化强国和文明大国，只有这样，人民群众才能够享受到高尚的精神文化消费，也才会有精神上的愉悦和幸福感。中国特色社会主义精神文明建设，就是要不断践行与落实社会主义核心价值体系。社会主义核心价值观可以合理地引导大众追求、促进大众发展的积极作用，不断提高大众文化的水准和品位，以达到以高尚的精神塑造人的效果。社会主义核心价值体系对大众文化的引领，是由社会主义核心价值体系与大众文化本身的特点和性质及其内在相关性决定的。“社会主义核心价值体系是根源于民族优秀文化和社会主义先进文化并吸收人类文明成果发展起来的，是我国社会主义文化的引领和主导。”① 社会主义核心价值体系所引领的文化建设，就是要求我们在不断提升物质文明的同时，不断提升精神文明，切实满足人民群众不断增长的精神文化需要。

## 二　社会主义制度与民族振兴

社会主义精神文明建设需要社会主义制度来保障。我们用马克思主义来观察国家与民族的命运，并指出了国家富强、民族振兴的正确道路，因而，我们必须坚持马克思主义，在社会主义的基础上去实现民族振兴。也就是说，中华民族的伟大复兴，必须建立在社会主义制度之上。社会主义理论逻辑与中国社会发展的历史逻辑，统一于中国特色社会主义，反映着中国人民群众的愿望，根植于中国土壤，顺应中国和时代发展的要求，是中华民族伟大复兴的必由之路。社会主义制度是历史的选择，是中国人民的选择，是实现民族振兴和人民幸福的正确道路。改革开放以来，我们的社会主义现代化建设取得了举世瞩目的成就，中国特色社会主义道路日益显示出其旺盛的活力与巨大的优越性。未来民生的改善，任务必将落到社会主义制度上面来。“我们集中力量搞四个现代化，着眼于振兴中华民族。没有四个现代化，中国在世界上就没有应有的地位。我们的四个现代化，是社会主义的四个现代化。只有社会主义，才能有凝聚力，才能解决大家的困难，才能避免两极分化，逐步实现共同富裕。”“我们要利用机遇，把中国发展起来。”② 全面建成小康社会，让改革开放的成果惠及全体人民，必须依靠社会主义而不是其他的剥削制度。搞好经济建设、政治民主建设、社会建设、文化建设、生态建设，全面统筹发展，只有依靠社会主义制度。实践告诉我们，只有建立社会主义公有制，建设社会主义民主，走共同富裕道路，才能真正让人民群众得到更多的实惠，实现利益最大化和幸福最大化。只有社会主义，才能“建立真正之民主共和国，致国家于富强隆盛之域，置民族于自由解放之林”③。

---

① 胡锦涛：《坚定不移走中国特色社会主义文化发展道路努力建设社会主义文化强国》，《求是》2012 年第 1 期。

② 《邓小平文选》第 3 卷，人民出版社 1993 年版，第 357 页。

③ 《毛泽东书信选集》，人民出版社 1983 年版，第 67 页。

在社会主义制度下实现民族振兴，就要求我们建设先进文化和高度的精神文明。“历史和现实都告诉我们，要实现我国社会主义现代化建设和中华民族伟大复兴的宏伟目标，必须大力加强文化建设，坚持用社会主义先进文化引领全国各族人民奋勇前进。发展社会主义先进文化，是建设中国特色社会主义的应有之义，是马克思主义政党思想精神上的旗帜，是推动我国经济社会发展的必然要求，是实现中华民族伟大复兴的显著标志。”① 中华民族的伟大复兴，意味着中华文化的繁荣兴盛。先进文化的前进方向是建设文化强国和文明大国，提升中华民族的文化软实力，升华中国人民的凝聚力、自信心和自豪感。毛泽东曾指出：“我们不但要把一个政治上受压迫、经济上受剥削的中国，变为一个政治上自由和经济上繁荣的中国，而且要把一个被旧文化统治因而愚昧落后的中国，变为一个被新文化统治因而文明先进的中国。”② 他还讲道：“伟大的胜利的中国人民解放战争和人民大革命，已经复兴了并正在复兴着伟大的中国人民的文化。这种中国人民的文化，就其精神方面来说，已经超过了整个资本主义的世界。”③ 中国人民的文化应该是先进文化，它曾在和正在人类发展史上闪耀着光芒，对世界文明的发展做出了巨大的贡献，因而中国人民理应为此骄傲，民族自信心和民族自豪感应当得到巩固和弘扬。

## 三 民族振兴之梦想的实现

民族振兴的实现是一个系统工程，或者说是一项“有机”工程。从历史唯物主义的“社会有机体”思想来看，整个社会并非单纯的原子式的结晶体，而是一个处于不断变化之中的有机体，那么，我们就必须加强整体性或系统性谋划。在改革进程中，注重各方面的相关性、系统性与协同性。因而，在总体上，不仅要把握人类社会的生活全貌，而且要涵摄社会生活的各个领域。社会生活的单个领域并非孤立地、零散地存在，并非单独地表现为政治、经济、社会、文化、生态等，也并非单纯地表现为东部、中部、西部，社会整体更不是这些方面的简单相加或机械组合，而是由诸多方面与因素，按照一定的规律与联系，构成一个有机的整体。我们

① 《十六大以来重要文献选编》（下），中央文献出版社 2008 年版，第 752 页。

② 《毛泽东选集》第 2 卷，人民出版社 1991 年版，第 663 页。

③ 《毛泽东选集》第 4 卷，人民出版社 1991 年版，第 1516 页。

在深入改革中，必须要全面、整体地把握各个因素和方面，注重各个领域之间的联系与内在逻辑理路，综合推进。不仅要注重改革的效率，更重要的是要检测并不断修正改革的信度和效应，不可只注重效率而忽视了公平，不可只顾及“先富”而忽略了“共富”，不可热了物质而冷了精神，否则，我们将由一个极端走向另一个极端，甚至所付出的代价超过所获得的收益。

民族振兴之梦便是人民幸福之梦，这个梦想的实现要靠这个民族的每一个公民。“实现中国梦必须凝聚中国力量。这就是中国各族人民大团结的力量。中国梦是民族的梦，也是每个中国人的梦。”① 民族振兴之梦想的实现，依靠人民群众的力量，其成果为人民群众所享。毛泽东对中华民族的伟大复兴充满了自信，他指出：“它是站在海岸遥望海中已经看得见桅杆尖头上的一只航船，它是立于高山之巅远看东方已见光芒四射喷薄欲出的一轮朝日，它是躁动于母腹中的快要成熟了的一个婴儿。”② 这婴儿正在积蓄力量，等待时机，有所作为。现在，国内条件具备，国际环境有利，加上充分发挥社会主义制度能够集中力量办大事的优越性，民生幸福的未来应当而且必然成为现实。当然，我们追求民族振兴，并非要称王称霸，给世界带来灾难性的后果，招致其他民族的憎恨甚至仇恨，而是帮助世界其他民族“去昧”和“去蛮”，以促进人类文明的发展。中国是一个具有悠久历史的文明古国，理应对人类文明做出应有的贡献，因而，中华民族的伟大复兴必将有利于全人类。

习近平指出，到中国共产党成立100年时，全面建成小康社会的目标必定实现；到新中国成立100年时，建成富强、民主、文明、和谐的社会主义现代化国家的目标定能实现，中华民族的伟大复兴定能实现。民族振兴之梦想是一个伟大的蓝图，是全中国人民为之奋斗的光荣目标，是为着全体人民美好生活的构想与设计。精诚所至，金石为开，只要我们努力，凭借中国人民百折不挠的精神（当然不止这一种），以一种高度的历史责任感与责任意识踏上征程，这个梦想定能成为现实！

（作者系北京第二外国语学院思想政治理论教研部副教授）

① 习近平：《中国人共同享有人生出彩机会》，2013年3月17日，每经网（http：//www.nbd.com.cn）。

② 《毛泽东选集》第1卷，人民出版社1991年版，第106页。

# 马克思主义哲学

# 马克思恩格斯生态文化观及其现实诉求*

王宗礼　刘海霞

生态文化是以关注人与自然的和谐为旨趣的价值观念、情感态度及心理意识的总和，是审视人类社会发展和演进不可或缺的重要维度。近年来，生态文化不仅是学者们追捧的理论焦点，更是今天我国进行“五位一体”社会建设必须面对的重要现实课题。提炼和总结马克思恩格斯一百多年前留给人类的生态文化思想，对于促进人与自然的和谐、生态文明建设，全面建成小康社会和中华民族的伟大复兴意义深远。

## 一　马克思恩格斯生态文化观的内涵剖析

马克思恩格斯在思考人类前途命运的过程中，虽然没有形成一部像《资本论》那样的生态文化著作，但他们不同时期的论著散落着丰富的生态文化观，概括起来，主要包括以下三个方面。

### （一）人、自然、社会和谐共存的生态价值观

价值观是文化观念体系的灵魂。传统人类中心主义把人与自然、主体与客体对立起来，片面张扬人的主体性，强调人在自然面前的无所不能，人对自然的一切行为都以人类的利益为尺度，认为自然界的全部价值无非就是它对人类的“有用性”。在这种观念的支配下，人类“雄赳赳”、“气

---

* 国家社科基金项目“西北地区环境问题引发的社会冲突及其防控机制研究”（11CZZ027）、甘肃省高等学校基本科研业务费项目“经典马克思主义的生态思想及其当代启示”（2014A—040）的阶段性成果。

昂昂”地“向自然界大肆进军”的行为“剥夺了整个世界——人类世界和自然世界——本身的价值”①。马克思恩格斯指出，“剥夺自然”、“统治自然”、“人是自然的所有者”是对人类主体意识的片面张扬，客观上助长了人类对大自然不顾后果的占有、支配、掠夺和征服。实质上，人类对自然物质条件如矿产资源、水资源、土地资源等不可能发生占有和支配关系，因为“从一个较高级的社会经济形态的角度看，个别人对土地的私有权，和一个人对另一个人的私有权一样，是十分荒谬的。甚至整个社会，一个民族，以至于一切同时存在的社会加在一起，都不是土地所有者”②。

马克思恩格斯在批判人类中心主义的同时，表明了自己的立场：一方面，“人本身是自然界的产物，是在他们的环境中并且和这个环境一起发展起来的”③。一旦离开自然界，人类的生存和发展就成了无源之水、无本之木。自然物质条件是人类不可或缺的“衣食父母”。“人首先依赖于自然。”④ 人必须依靠自然界才能生活。另一方面，人具有普遍性和能动性，人类能发挥自己的主观能动性改变动植物的位置、生长条件，而且还能改善自己住所的面貌、气候条件，甚至还能使动植物本身的性质发生变化，从而使其更好地为人类服务。随着人类对自然规律的灵活掌握和运用，“人对自然界施加反作用的手段也增加了”⑤。但这并不意味着人是自然的所有者，并不意味着人能对自然为所欲为，人对自然的主观能动作用只是表现在人“把整个自然界——作为人的直接的生活资料，作为人的生命活动的材料、对象和工具——变成人的无机的身体”⑥。换言之，自然界就是人类自己的身体。破坏自然无异于危及和破坏人类自身的生存和发展。可见，人是自然的产物，人和自然生态系统中的万事万物都是平等的生命体，都有神圣不可侵犯的生存权和发展权，人类社会要永续发展，必须树立“人、自然、社会和谐相处、共存共荣”的生态价值观。

① 《马克思恩格斯全集》第1卷，人民出版社1956年版，第448页。
② 《马克思恩格斯全集》第25卷，人民出版社1974年版，第875页。
③ 《马克思恩格斯全集》第20卷，人民出版社1971年版，第38—39页。
④ 《马克思恩格斯全集》第27卷，人民出版社1972年版，第63页。
⑤ 《马克思恩格斯全集》第20卷，人民出版社1971年版，第373—374页。
⑥ ［德］马克思：《1844年经济学哲学手稿》，人民出版社2000年版，第56页。

### （二）合目的性与合规律性统一的生态实践观

考察生态文化不可或缺的一个重要因素就是生态实践观。人类生产生活实践离不开人与自然万物的互动和物质变换。马克思恩格斯认为，人类生产实践活动是“一切历史的第一个前提”，是“第一个历史活动”，人类要生存和发展首先要通过物质生产劳动从自然界获取生活资料。生产实践就是人类用“自身的活动为中介、调整和控制人和自然之间的物质变换”①。可以说，人类社会的演进发展史就是一部人类利用改造自然造福人类的劳动实践史。对此，恩格斯指出：“实践在劳动发展史中找到了理解全部社会史的锁钥的新派别。”② 同时，马克思恩格斯一针见血地指出了人与动物利用自然的区别。人和动物都会利用自然界，但是动物仅仅通过自身的存在引起自然界的变化，而人类却可以通过自己的主观努力使自然界朝着对人类生存和发展有利的方向发展，从而使自然界变成适合人类需要的“人化自然”。人与动物的本质差别在此显而易见，而“造成这一差别的又是劳动”③。不言而喻，劳动实践活动首先体现的是人与自然的物质变换，它是人与自然物质变换过程的基本环节和不可或缺的中介，人类通过劳动实践在人与自然的物质变换中不断满足自己生存和发展的需要。

人类在明晰了劳动实践活动对人类生存发展的重要意义的同时，还要时刻如实地把自己看作是自然界的一员，必须尊重和善待自然，开发改造自然要遵循自然规律。马克思恩格斯指出了人和动物在劳动实践中利用自然时会产生的不同效果，动物只是按照它那个“种的尺度和需要”在自然界中存在，人却能够按照任何一个种的尺度利用自然物质条件，而且人也能够将自己的内在尺度运用到对象上去，人能够“按照美的规律来构造”④。然而同时，人类必须时刻牢记，自然界就是人的无机身体，人类统治自然界说到底是在统治人类自身。人类之所以能够统治和占有自然界，仅仅因为人类“比其他一切动物强，能够认识和正确运用自然规

① 《马克思恩格斯文集》第5卷，人民出版社2009年版，第207页。
② 《马克思恩格斯文集》第4卷，人民出版社2009年版，第313页。
③ 《马克思恩格斯选集》第4卷，人民出版社1995年版，第383页。
④ ［德］马克思：《1844年经济学哲学手稿》，人民出版社2000年版，第58页。

律”①。人类在遵循自然规律的条件下开发改造自然的行为，自然界一定会给人类以丰厚的回馈；滥用自然、盘剥自然、破坏自然的行为一定遭到自然加倍的惩罚。恩格斯在一百多年前就警告过：人类对于自然界的“每一次这样的胜利，自然界都对我们进行报复”②。马克思恩格斯认为，人与自然的物质变换应该既是合目的性的活动，又是合规律性的活动。人以自身需求为取向的活动是合目的性的活动，在操纵自然的过程中人以物的本性为取向的活动是合规律性的活动，合目的性和合规律性的统一是人类劳动实践活动的题中应有之义。

### （三）兼顾经济发展与自然价值的生态科技观

长期以来，既追求经济利益又在不超过自然界的承受能力条件下合理利用自然资源，在某种程度上很难找到一个平衡点，二者之间的矛盾是摆在人类面前的现实难题。马克思恩格斯给人们提供了一条清晰的解决思路：人类利用科技开发改造自然给自己带来福音的同时，的确带来了生态破坏和环境污染，但是“如果说环境污染是由科技进步造成的，那么治理环境污染的良方也是科学技术提供的。因此，科技进步中发生的环境问题，还是要靠科技进步去解决。解铃还须系铃人”③。科学技术依然是发展经济兼顾自然生态价值的关键。兼顾经济发展与自然价值的生态科技观是生态文化思想的一个重要方面，它要求人类抛弃盘剥自然、破坏自然的不合理的生产生活方式，尊重自然，善待自然，发展生态科技，进行无废料生产，发展循环经济，“为社会提供足够多的产品，又保护自然价值”④，最终促进经济发展和维护自然价值的互利双赢。

科学的进步和技术的改进有利于减少自然资源的消耗量，有利于发现各种废物——这种放错位置的资源的有用性，提高资源和能源的利用率，有利于扩大人类可资利用的资源和能源的广度和深度，减少环境污染。因此，解决经济发展和维护自然价值之间的矛盾，首当其冲就要发展生态科

① 《马克思恩格斯全集》第 39 卷，人民出版社 1974 年版，第 209 页。

② 《马克思恩格斯选集》第 4 卷，人民出版社 1995 年版，第 383—384 页。

③ 郝志功：《当代环境问题导论》，湖北科学技术出版社 1988 年版，第 48 页。

④ 余谋昌：《环境哲学：生态文明的理论基础》，中国环境科学出版社 2010 年版，第 300 页。

技，改进技术，推行清洁生产。马克思说："机器的改良，废料减少了"①，"纺纱劳动由于机器的改良而提高了生产效率"②，这些都是生态科技显而易见的功效。而且科学技术的日新月异，尤其是生态科技的进步能够使许多原本不能利用的废料也变得可资利用。人类科学技术的进步，"特别是化学的进步，发现了那些废物的有用性质"③。生态科技能开辟广阔的生产前景，有利于实现生产废物最少化。人类在生产活动中，要积极研发并采用生态技术（如电子技术、新能源和新材料技术等）和生态工艺，从根本上革新人类社会经济发展模式，实现由"原料—产品—直接向环境排放污染物"的单向经济运行模式向"原料—产品—剩余物质—再生产品"的内含生态系统特征的循环经济运行模式的转变，实现废物最少化，从而预防和治理环境污染。

## 二 马克思恩格斯生态文化观的现实诉求

众所周知，马克思恩格斯生活的那个时代已经出现了生态环境问题，虽然远不如现在这样凸显和严重，但是马克思恩格斯关于人与自然相互关系以及解决社会和自然相互作用问题的观点，在今天仍然具有重要的现实意义。一百多年前，马克思恩格斯在对人与自然关系深刻探讨基础上形成的生态文化观对我国生态文明建设、全面建成小康社会和中华民族的伟大复兴都具有十分重要的意义。

第一，马克思恩格斯生态文化观与生态文明建设。人类中心主义支配下的工业文明在征服和改造自然的过程中，在物质文明方面创造了史诗般的辉煌成就，然而，正如未来主义思潮中生态学派的代表人物奥雷里奥·佩西所疑惑的："我们继续不屈地攀登，不知道究竟是在开创有决定意义的新的历史里程碑呢，还是在挖掘自己的墓穴。"④ 事实证明，工业革命以来的200多年，除表现在财富增长的"规模"和"强度"效应以外，对于能源、资源、环境、生态乃至社会、伦理等的负面影响，越来越凸显

---

① 《马克思恩格斯全集》第25卷，人民出版社1974年版，第96页。

② 同上书，第229页。

③ 同上书，第117页。

④ ［意大利］奥雷里奥·佩西：《未来的一百页——罗马俱乐部总裁的报告》，汪帼君译，中国展望出版社1984年版，第61页。

出来。这里包括一些国家的崩溃、一种文化的毁灭、一种社会方式的解体等。历史上美索不达米亚地区的变化、大河文明的衰落、玛雅文明的消失，都是最好的证明。马克思恩格斯早就指出，人与自然的关系实质上是人与人自身生存环境的关系。在自然界中，人是万物之灵，但人类时刻都不能忘记人与自然之间“血浓于水”的母子关系，人是自然之子，自然是人类最亲近的母亲。人类在开发利用自然时，必须尊重自然的“意愿”，爱惜自然的“价值”，保证自然的“健康”。因为“不以伟大的自然规律为依据的人类计划，只会带来灾难”①。

面对严峻的生态环境问题带给人类社会的警示，在马克思恩格斯生态文化观的引领下，对传统工业文明的扬弃、超越和反思中，党的十八大报告不失时机地提出生态文明建设的战略目标，指出：“必须树立尊重自然、顺应自然、保护自然的生态文明理念，把生态文明建设放在突出地位，融入经济建设、政治建设、文化建设、社会建设各方面和全过程。”② 在推进生态文明建设的进程中，新型的生态文明开始在神州大地上生根、发芽、开花、结果。生态文明摒弃了“人类主宰一切”的价值观念，主张人、自然、社会协调发展、共存共荣，提倡尊重自然、顺应自然、保护自然。它是工业文明的旧胎中孕育出的新生命，不仅是对人类生产生活方式和价值观的重塑，更是人类中心主义和非人类中心主义无法企及的深刻革命，是凤凰涅槃的浴火重生，是一种全新的价值观和世界观，“具有特殊的吸引力和想象力”③。蕾切尔·卡逊说过：“一个正确思想的力量远远超过许多政治家的言辞。”④ 马克思恩格斯生态文化观就是指引我国生态文明建设的正确思想力量，离开它的智慧引领，生态文明建设的目标——建设美丽中国和实现中华民族的永续发展，就只能仅仅停留在纸上谈兵的层面。

第二，马克思恩格斯生态文化观与全面建成小康社会。全面建成小康社会，是惠及十几亿中国人的小康，它是包括经济、政治、文化、社会、

① 《马克思恩格斯全集》第 31 卷，人民出版社 1972 年版，第 251 页。

② 胡锦涛：《坚定不移沿着中国特色社会主义道路前进，为全面建成小康社会而奋斗——在中国共产党第十八次全国代表大会上的报告》，人民出版社 2012 年版，第 36 页。

③ 蔺雪春：《生态文明辨析：与工业文明、物质文明、精神文明和政治文明评较》，《兰州学刊》2014 年第 10 期，第 81—85 页。

④ ［美］蕾切尔·卡逊：《寂静的春天》，吕瑞兰等译，吉林人民出版社 2004 年版，第 4 页。

生态“五位一体”的小康。生态环境是全体中国人的共有财富，生态环境的建设和保护、人与自然的和谐是全面建成小康社会的题中应有之义。毋庸置疑，人类社会在科学技术的推动下，大大增强了征服自然和改造自然的能力。然而，如果没有正确理论的指导，现代科技运用中的任何一种力量都可能显现出其破坏性特征，都可能对自然界和人类的生存发展带来无法估量的损失和不可挽回的毁灭性灾难。马克思恩格斯生态文化观认为，自然界是人类生存的家园，人类可以通过社会实践活动有目的地利用自然、改造自然，但人类归根到底是自然的一部分，又是靠大自然供养而生存和发展的，人类所创造的一切物质财富，无一不是源于自然界的“慷慨恩赐”。因此，“人类在开发改造自然、利用自然的过程中，就不能凌驾于自然之上，人类的行为方式必须符合自然规律”①，必须充分考虑自然的“意愿”和“感受”，而且千万“不要把自然当成工具，随便像汽车一样，不行再换一个”②。因此，我国生态文明建设必须时刻谨记马克思恩格斯一百多年前的教诲：利用科学技术开发自然、改造自然为人类服务时，一定要注意人、自然、社会和谐共存；既要满足人类自身的需求，同时又必须尊重自然规律；既要注重经济的发展，又要兼顾自然的价值。唯有如此，经济、政治、文化、社会、生态才有望实现多元平衡和互利共赢，全面建成小康社会才有望顺利实现。可见，全面建成小康社会的突破口和关键就是在马克思恩格斯生态文化观的指导下，加强生态环境的建设和保护，促进人与自然的和谐，使资源节约型、环境友好型社会建设取得重大进展，同时使经济、政治、文化和社会也无一例外地获得突破性发展，最终使经济、政治、文化、社会、生态全面发展的成果更多更公平地惠及全体中国人民。

第三，马克思恩格斯的生态文化观与中华民族伟大复兴。习近平指出，中华民族伟大复兴是指“国家富强、民族振兴、人民幸福……”③，它是全体中国人正在追逐的伟大梦想，是新世纪新阶段世界历史发展进程中最响亮的中国声音。中华民族伟大复兴的中国梦是一个系统，表现为经济、政治、文化、社会、生态“五位一体”的全面复兴，相应地，中国梦

① 中共中央宣传部：《习近平系列重要讲话读本》，学习出版社、人民出版社 2014 年版，第 121 页。

② 阳含熙：《留住原始》，《人与生物圈》2006 年 9 月，卷首。

③ 习近平：《习近平谈治国理政》，外文出版社 2014 年版，第 36 页。

也就表现为经济梦、政治梦、文化梦、社会梦、生态梦的“五位一体”梦。建设美丽中国正是中华民族伟大复兴的中国梦要追求的一个重要梦，即生态梦。中国梦归根结底是人民的梦，是以凝聚人民、依靠人民、造福人民为根本的梦。目前，人们越来越盼望能够喝上干净的水、呼吸上新鲜空气、吃上安全优质食品、享受优美的环境，“生态环境问题日益成为重要的民生问题”。正如习近平所指出的：“老百姓过去‘盼温饱’现在‘盼环保’，过去‘求生存’现在‘求生态’。”① 因此，人民的梦，首先要实现建设美丽中国的生态梦，协调好人与自然的关系，实现天蓝、地绿、水净，达到人与自然的和谐共生。要满足人民群众迫切渴望实现的美丽中国梦，就要在马克思恩格斯生态文化观的指导下，从根本上改变我国资源约束趋紧、环境污染严重、生态系统退化的严峻形势，在不断提高抗天灾能力的同时用正确的思想观念来抑制人祸。目前，最重要的任务就是通过宣传教育等手段，使马克思恩格斯生态文化观倡导的人与自然和谐，尊重自然、保护生态的观念深入人心。只有这样，人们才能自觉在生产和生活实践中，把自然生态环境真正当作人类生存的家园，对前人留下的生态文化遗产进行保护，以保证其永续性，从而为建设美丽中国和中华民族的永续发展凝聚共识。马克思恩格斯生态文化观是建设美丽中国和实现中华民族伟大复兴的理论基石。在马克思恩格斯生态文化观的引领下，把生态梦放在突出地位，并且使生态梦、经济梦、政治梦、文化梦、社会梦这五个梦相得益彰，全面实现，“国家富强、民族振兴、人民幸福”才能真正落到实处，才能最终实现。

## 三 小结

马克思恩格斯生态文化观是马克思恩格斯关注生态环境问题、深刻思考人与自然关系的产物，具有重要的理论意义和现实意义。从理论层面看，马克思恩格斯生态文化观是对人的自我精神的重新认识和升华，是人类生态道德的重大完善和生态价值观的重大进步，也是人类在处理生态环境问题的新视角，是马克思主义生态观的重要组成部分。在它指导和引领

① 刘海霞、王宗礼：《习近平生态思想探析》，《贵州社会科学》2015年第3期，第29—33页。

下产生的新的理论成果——中国化马克思主义生态文化观是中国共产党人在建设中国特色社会主义生态实践中认识不断深化的结果。此外，马克思恩格斯生态文化观进一步丰富和完善了马克思主义理论宝库，彰显了马克思主义理论的完整性和科学性。

从现实层面看，时代的发展已经把马克思恩格斯生态文化观放到了一个十分突出的地位，它对于开创中国特色社会主义新局面意义深远。在生态环境问题日益严重和凸显的今天，只有以马克思恩格斯生态文化观为基础，生态文明建设才能从肤浅走向深沉，从被动自发走向主动自觉；全面建成小康社会才能从低水平走向高水平，从片面走向全面；中国梦才能由梦想变成现实。马克思恩格斯生态文化观为生态文明建设、全面建成小康社会和中华民族伟大复兴的中国梦的实现提供了理念引导力、重要理论依据和有效规范，它是我国生态文明建设、全面建成小康社会和实现中国梦的强大思想保证和精神动力，具有重要的实践指导意义。

（王宗礼系西北师范大学马克思主义学院教授）
（刘海霞系兰州理工大学马克思主义学院副教授）

# 重新解读马克思“现实的人”思想

柴秀波

在西方，从古希腊开始就有了关于人的研究。在近代以前，对人的研究主要停留在人与自然、人与神的关系层面上。真正对人的全方位研究是从近代开始的，但是从文艺复兴一直到德国古典哲学，对人的研究始终是在抽象的层面进行，他们所探讨的人是脱离现实实践、脱离社会关系的“抽象的人”。马克思“现实的人”思想是建立在对德国古典哲学“抽象的人”批判基础上的。他指出：“德国哲学从天国降到人间；和它完全相反，这里我们是从人间升到天国。这就是说，我们不是从人们所说的、所设想的、所想象的东西出发，也不是从口头说的、思考出来的、设想出来的、想象出来的人出发，去理解有血有肉的人。”① 在马克思看来，人不是独立于社会之外的某种抽象的“类”，而是生活在现实之中的有血有肉的生命个体，正是通过对德国古典哲学“抽象的人”的批判，马克思赋予了“现实的人”以丰富的思想内涵。

## 一 “现实的人”的内涵

马克思用“现实的人”取代了以往旧哲学的“抽象的人”。他曾指出：“我们开始要谈的前提不是任意提出的，不是教条，而是一些只有在想象中才能撇开的现实前提。这是一些现实的个人，是他们的活动和他们的物质生活条件，包括他们已有的和由他们自己的活动创造出来的物质生

① 《马克思恩格斯选集》第1卷，人民出版社1995年版，第73页。

活条件。”[①] 也就是说，马克思所说的“现实的人”，是从事实践活动的人，是拥有一定物质生活条件的人，而不是想象出来的、抽象的人，“不是处在某种虚幻的离群索居和固定不变状态中的人，而是处在现实的、可以通过经验观察到的、在一定条件下进行的发展过程中的人”[②]。这种“现实的人”是可以用纯粹经验的方法来确认的有生命的人，是在一定的物质条件下存在且不受他们任意支配的界限、前提和条件下能动地表现自己的人。任何现实的人都要依赖于其所生存的现实物质生活条件，而物质生活条件会随着时代的发展而发展变化，因此，现实的人的内涵也必然拥有其时代的内容。在资本主义时代，随着生产力发展和科技的进步，物的力量越来越成为一种异己的力量控制着人本身。马克思曾谈道：“在资本主义体系内部，一切提高社会劳动生产力的方法都是靠牺牲工人个人来实现的；一切发展生产的手段都变成统治和剥削生产者的手段，都使工人畸形发展，成为局部的人……”[③] 在资本主义社会中，工人阶级过着非人的生活，人的自由自觉的活动异化了，仅仅成了谋生的手段，在资本主义社会存在的现实的人，实际上是异化的人。

概而言之，马克思所说的“现实的人”，可以从以下两个维度来理解：第一，从应然态角度，现实的人是指以物质生产实践为基础，处于一定社会关系中的自由全面发展的人。第二，从实然态角度，现实的人是指处在资本主义生产关系条件下的异化的人。“现实的人”的本质是具体的、历史的、发展变化的。马克思正是通过对实然态的“现实的人”的深入分析与批判，揭示了人的发展如何从实然走向应然的过程。

## 二　“现实的人”的存在前提

马克思的“现实的人”之所以是现实的，而不是抽象的，就在于其是建立在物质生产实践基础上的、受社会物质生活条件制约的人。这些“现实中的个人，也就是说，这些个人是从事活动的，进行物质生产的，因而是在一定的物质的、不受他们任意支配的界限、前提和条件下活动着

① 《马克思恩格斯选集》第1卷，人民出版社1995年版，第66—67页。

② 同上书，第73页。

③ 《马克思恩格斯全集》第23卷，人民出版社1972年版，第707—708页。

的”[①]。现实的个人的存在是以他们的活动和物质生活条件为基础和前提的，离开了实践活动和物质生活条件，他们就不是现实的人。现实的人、实践活动和物质生活条件三者是辩证统一的关系。

一方面，实践是“现实的人”的存在根基。马克思的“现实的人”与旧哲学的“抽象的人”的根本区别，就在于其具有实践本性，在实践中获得了现实的规定性，拥有了丰富的内容。“现实的人”是实践活动的主体，而实践是赋予“现实的人”以鲜活的内容、动态的历史演进的现实根基。马克思说：“首先应当确定一切人类生存的第一个前提，也就是一切历史的第一个前提，这个前提是：人们为了能够‘创造历史’，必须能够生活。但是为了生活，首先就需要吃喝住穿以及其他一些东西。因此第一个历史活动就是生产满足这些需要的资料，即生产物质生活本身。”[②] 人要想活着，就必须要吃喝住穿，就必须有吃喝住穿这些生活资料，而这些生活资料恰恰是通过人们的实践活动提供的。人在生存过程中所形成的人与自然、人与社会、人与自身之间的关系也都是在实践中生成并随着实践的发展而发展变化的。离开了实践，“现实的人”的生存就将成为无源之水、无本之木。也正是实践活动，使“现实的人”具有了历史生成性。这种生成性既立足当下，又昭示未来，使人具有了实然态和应然态两个维度。也就是说，正是由于实践活动，把人从动物界中提升出来，使人的本质不再具有先定性，而是体现在实践中的自我生成性。这种生成性既是历史实践的结果，又是未来实践的基础，使人的实际存在呈现出历史性、具体性和延展性。

另一方面，物质生活条件是“现实的人”生存发展的制约因素。“现实的人”是处在一定的自然和社会关系中的人，他要受到来自自然和社会的各种关系的制约。马克思指出，“在人们的生产力发展的一定状况下，就会有一定的交换［commerce］和消费形式。在生产、交换和消费发展的一定阶段上，就会有一定的社会制度、一定的家庭、等级或阶级组织，一句话，就会有一定的市民社会。有一定的市民社会，就会有不过是市民社会的正式表现的一定的政治国家”[③]。所有这些既是“现实的人”生活的

① 《马克思恩格斯选集》第 1 卷，人民出版社 1995 年版，第 71—72 页。

② 同上书，第 78—79 页。

③ 《马克思恩格斯全集》第 27 卷，人民出版社 1972 年版，第 477 页。

一定物质前提，这些前提在一定历史条件下，也是制约“现实的人”实现自由全面发展的物质因素。“历史的每一阶段都遇到一定的物质结果，一定的生产力总和，人对自然以及个人之间历史地形成的关系，都遇到前一代传给后一代的大量生产力、资金和环境，尽管一方面这些生产力、资金和环境为新的一代所改变，但另一方面，它们也预先规定新的一代本身的生活条件，使它得到一定的发展和具有特殊的性质。”① 这充分说明，建立在一定生产力发展基础上的物质结果，既是前一代人留给下一代人的物质生活条件，同时，也是制约新一代发展的物质条件，但这种物质条件是可以通过新一代的实践活动加以改变和发展的。可见，马克思所理解的“现实的人”就是处在一定的社会关系中，并受各种物质条件制约的人。也正是由于受这些物质生活条件的制约，马克思的“现实的人”才是真正的生活在当下的“现实”存在的人，而不是“抽象的人”。

人类社会不断地发展演进，各种社会关系和物质生活条件也必然随着实践的发展而不断运动变化，“现实的人”的本质也必然跟随其所依赖的物质基础而不断发展变化。因此，考察“现实的人”，不能脱离客观的物质实践活动，不能离开特定历史阶段的物质生活条件，也不能脱离特定时代的生存境遇。

## 三 “现实的人”：从实然走向应然

“现实的人”的本质是具体的、历史的、发展变化的。在马克思所处的时代，“现实的人”的实然态主要表现为在资本主义生产关系条件下的异化的人。只有克服这种异化状态，才能实现人的本质的复归，才能走向应然态的“现实的人”，即自由全面发展的人。也就是说，马克思的应然态的“现实的人”是通过对资本主义生产方式下的实然态的“现实的人”的批判和扬弃实现的。

实然态的“现实的人”的表现。在资本主义社会，由于强制性分工导致了人的活动范围的固定性和有限性，人只能在特定的范围内、特定的生活条件下从事某种特定的活动，人的能力不能自由自觉地去发展，从而导致了人的发展的片面性和人的异化，而人的异化是劳动异化的结果。马克

① 《马克思恩格斯选集》第1卷，人民出版社1995年版，第92页。

思在《1844年经济学哲学手稿》中，阐释了劳动产品与人相异化、劳动活动与人相异化、人与人的类本质相异化、人与人相异化这四个方面的异化现象。“人同自己的劳动产品、自己的生命活动、自己的类本质相异化的直接结果就是人同人相异化。当人同自身相对立的时候，他也同他人相对立。”① 在马克思看来，劳动的异化其实体现的就是人的异化。而人的异化的重要表现之一就是人与人之间的关系被异化为物与物之间的关系。“人和人之间除了赤裸裸的利害关系，除了冷酷无情的‘现金交易’，就再也没有任何别的联系了。”② 当人将自身的驱策力投射到外物的同时，人自身就发生了异化。“异化的事实就是，人没有把自己看作是自身力量及其丰富性的积极承担者，而是觉得自己变成了依赖自身以外力量的无能之‘物’，他把自己的生活意义投射到这个‘物’之上。”③ 被自己的创造物奴役，人也就失去了其作为人的本质内涵，丧失了人作为一个完整的人的本质。

“现实的人”为什么会异化？马克思在批判施蒂纳关于异化的概念时，指出：“桑乔只是把一切现实的关系和现实的个人都预先宣布为异化的（如果暂时还用一下这个哲学术语），把这些关系和个人都变成关于异化的完全抽象的词句。这就是说，他的任务不是从现实个人的现实异化和这种异化的经验条件中来描绘现实的个人，他的做法又是：用关于异化、异物、圣物的空洞思想来代替一切纯经验关系的发展。”④ 在马克思看来，异化不是施蒂纳所谈的“自我意识的异化”，而是“现实的人的异化”。这种异化是人类历史发展过程中特定历史阶段必然会出现的且具有一定历史进步意义的社会历史现象。异化的直接根源是分工，而分工是生产力与生产关系矛盾运动过程中的必然产物。分工中既包含着人与自然之间的关系，也体现着人与人之间的关系，强制性的分工导致了异化的产生。“受分工制约的不同个人的共同活动产生了一种社会力量，即扩大了的生产力。由于共同活动本身不是自愿地而是自发地形成的，因此这种社会力量在这些个人看来就不是他们自身的联合力量，而是某种异己的、在他们之

① ［德］马克思：《1844年经济学哲学手稿》，人民出版社2000年版，第59页。

② 《马克思恩格斯选集》第1卷，人民出版社1995年版，第275页。

③ ［美］埃利希·弗洛姆：《健全的社会》，欧阳谦译，中国文联出版公司1988年版，第124页。

④ 《马克思恩格斯全集》第3卷，人民出版社1965年版，第316—317页。

外的权力。关于这种权力的起源和发展趋向，他们一点也不了解；因而他们就不再能驾驭这种力量，相反地，这种力量现在却经历着一系列独特的、不仅不以人们的意志和行为为转移的，反而支配着人们的意志和行为的发展阶段。"① 在生产力有了一定程度的发展，但发展很不充分的情况下，就必然存在着自发的、强制性的分工，而这种自发的、强制性的分工就必然会引起异化现象。

如何扬弃这种异化，从而走向应然态的"现实的人"？首先，是生产力的发展。只有生产力充分发展了，才能消灭剥削、消灭旧式分工，才能保证"自由个性"的充分发展，才能实现所有人的自由全面发展。其次，是在生产力发展的基础上，将丰富的物质条件和全面的社会关系从资本主义的桎梏中解放出来，变成自由全面发展的"现实的人"的现实条件。因为"全面发展的个人——他们的社会关系作为他们自己的共同的关系，也是服从于他们自己的共同的控制的——不是自然的产物，而是历史的产物。要使这种个性成为可能，能力的发展就要达到一定的程度和全面性，这正是以建立在交换价值基础上的生产为前提的，这种生产在产生出个人同自己和同别人的普遍异化的同时，也产生出个人关系和个人能力的普遍性和全面性。"② 人的社会关系的丰富和发展是应然态的"现实的人"实现的前提和基础。最后，是建立以每个人的自由全面发展为基本原则的社会形式，即未来的共产主义社会。马克思恩格斯在《共产党宣言》中明确指出，未来的共产主义社会，将是这样一个联合体，在那里，每个人的自由发展是一切人自由发展的条件。"共产主义是私有财产即人的自我异化的积极的扬弃，因而是通过人并且为了人而对人的本质的真正占有；因此，它是人向自身、向社会的即合乎人性的人的复归。"③ 到了共产主义社会，由于具备了各种物质前提条件，扬弃了异化的人，"现实的人"也将从实然态走向应然态。

## 四 "现实的人"思想的重要意义

重新解读马克思"现实的人"思想，对于当今社会的发展目标的准确

---

① 《马克思恩格斯全集》第3卷，人民出版社1965年版，第38—39页。

② 《马克思恩格斯全集》第46卷（上），人民出版社1979年版，第108—109页。

③ ［德］马克思：《1844年经济学哲学手稿》，人民出版社2000年版，第81页。

定位以及个人素质境界的全面提升都具有重要的启示意义。

从社会层面看，马克思“现实的人”思想对于社会发展目标的准确定位具有重要的指导作用。社会发展的最终目标是什么？在不同的社会历史阶段，都有不同的社会发展目标。但作为整个人类社会的整体，却有一个共同的终极目标，这个目标在马克思看来，就是“现实的人”的应然态，即实现人的自由全面发展。在我国当下的社会主义初级阶段，社会发展的中心工作是发展社会主义市场经济，大力发展生产力，但这不是社会发展的最终目标，发展生产力只是手段，目的是满足人的全面发展的需要，为人的自由全面发展提供物质基础。基于此，我国提出了“以人为本”，全面协调可持续的科学发展观。这种发展观，进一步明确了社会发展的目标，要关注现实的人、关注现实的人的生存和发展、关注现实的人的具体生活世界，这是一切工作的出发点和最终归宿，也是思考、分析和解决一切问题时应坚持的一种基本价值取向。可见，“以人为本”价值理念的提出，既是对马克思“现实的人”思想的继承与发展，也是马克思“现实的人”思想在我国社会主义初级阶段的具体体现。

从个人层面看，马克思“现实的人”思想对于个人素质和境界的提升具有重要的启示作用。马克思在《1857—1858年经济学手稿》中，以人的发展为依据，将人类社会分为三大社会形态，即“人的依赖关系（起初完全是自然发生的），是最初的社会形态，在这种形态下，人的生产能力只是在狭窄的范围内和孤立的地点上发展着。以物的依赖性为基础的人的独立性，是第二大形态，在这种形态下，才形成普遍的社会物质变换，全面的关系，多方面的需求以及全面的能力的体系。建立在个人全面发展和他们共同的社会生产能力成为他们的社会财富这一基础上的自由个性，是第三个阶段。第二个阶段为第三个阶段创造条件”①。依据马克思的三大社会形态理论，我国目前人的发展阶段大致处于“以物的依赖性为基础的人的独立性”第二阶段。这一阶段的人也可以说是马克思所处时代的“实然态”的、异化的人。其主要表现为个人主义和利己主义盛行，人们只关注对物的追求，一心追逐和占有金钱、权力、财物等“身外之物”，忽视人的精神境界的提升，人变成了马尔库塞所说的“单面人”，失却了生存意义的维度，人一旦失去了对生存意义的追求，就失去了鼓舞人向着更高

① 《马克思恩格斯全集》第46卷（上），人民出版社1979年版，第104页。

价值目标奋斗的动力，从而导致个人无意义感的蔓延、精英文化的失落、崇高精神境界的隐退等。人的这种生存状况既有其客观原因，也有其主观原因。从客观角度讲，它是社会发展到一定历史阶段的时代产物，与生产力发展不够充分密切相关。从主观角度看，它也与个人自身的修养和自我塑造的努力程度不够密不可分。因此，人应加强自身的思想道德修养，注重精神境界的提升，去追寻人的精神家园，实现生存的意义与价值。

（作者系山东工商学院马克思主义学院教授）

# 刍议社会发展理论的“问题意识”

金建萍

社会发展的实质是人类及其生存方式的不断完善过程。社会发展既是人们通过交往构建起来的社会存在，又是制约和决定人的发展的先在和前提条件，但并不能直接造成人的发展的即期效应和决定人的发展的直接存在形态。从这个意义上说，社会的发展往往要经过一些中介环节和过程转换，才能为个人的发展创造条件、开辟道路与提供可能。离开人及人的发展，社会发展就失去了价值的载体，从而也就湮没了价值意义。当代中国社会正在发生着巨大变化，人的全面发展的物质的、精神的、社会的诸方面条件都在迅速成长，强化社会发展理论对人的发展问题的自觉直面和应答，在问题的破解中丰富创新中国话语理论体系，对当代中国社会发展理论的构建具有重要意义。

## 一　社会本身即是人的存在方式

所谓社会，是由人们的社会关系，也即生产关系的总和构成的。“只有在社会中，人的自然的存在对他来说才是人的合乎人性的存在”，“只有在社会中，自然界对人来说才是人与人联系的纽带”①。人以社会活动方式存在，以自己的经过事先思考的、有计划的需要与目的使自然界及其环境发生改变，在劳动中把握自然规律，探求实现人的发展的基本途径，从中形成人与自然、人与社会的诸种关系。因此，“整个所谓世界历史不外

① 《马克思恩格斯文集》第1卷，人民出版社2009年版，第187页。

是人通过人的劳动而诞生的过程，是自然界对人说来的生成过程”①，人必须根据自己的以一定目标为取向的需要，通过生产劳动来支配和统治自然界。人的发展一方面获得了强有力的推动力，另一方面更是获得了确定的方向，也就是说，“人们自己创造自己的历史，但是他们并不是随心所欲地创造，并不是在他们自己选定的条件下创造，而是在直接碰到的、既定的、从过去承继下来的条件下创造”②。人们改造自然的生产活动表现为“一方面是自然关系，另一方面是社会关系”③。马克思对人和社会的关系做出了具体分析，他指出：“历史不外是各个世代的依次交替。每一代都利用以前各代遗留下来的材料、资金和生产力；由于这个缘故，每一代一方面在完全改变了的环境下继续从事所继承的活动，另一方面又通过完全改变了的活动来变更旧的环境。”④ 可见，人的活动只有在社会中，才具有实践的背景与参照。卡西尔说：“人只有以社会生活为中介才能发现他自己，才能意识到他的个体性。但是对人来说，这种中介并不只是意味着一种外部规定力量。人，像动物一样，服从着社会的各种法则，但是除此以外，他还能积极地参与创造和改变社会生活形式的活动。”⑤ 社会本身是人的发展的存在基础，人的本质力量只有在社会中，才能得以塑铸与丰富，并实现、创造和发展着自身的主体价值，才能使人成为具有能动性、自主性和自为性的人。

社会生产力的发展是人的发展的物质基础。人的发展程度取决于现实生产力水平，受社会生产力的制约，对此，马克思做出了如下阐释：“历史的每一个阶段都遇到一定的物质结果、一定数量的生产力总和，人对自然以及个人之间历史地形成的关系，都遇到前一代传给后一代的大量生产力、资金和环境，……它们也预先规定新的一代本身的生活条件，使它得到一定的发展和具有特殊的性质。”⑥ 而马克思所说的“每个个人和每一代当作现成的东西承受下来的生产力、资金和环境”，就作为先在前提条件体现着社会发展对人的根本制约，而这又是以以往的长期历史为前提

① 《马克思恩格斯文集》第1卷，人民出版社2009年版，第196页。

② 《马克思恩格斯选集》第1卷，人民出版社1995年版，第585页。

③ 同上书，第80页。

④ 同上书，第88页。

⑤ ［德］恩斯特·卡西尔：《人论》，上海译文出版社1985年版，第282—283页。

⑥ 《马克思恩格斯选集》第1卷，人民出版社1995年版，第92页。

的，因而“人们不能自由选择自己的生产力——这是他们的全部历史的基础，因为任何生产力都是一种既得的力量，是以往的活动的产物”①。当人从自己的目的出发，人的本质力量对象化于自然时，这种能力本身是决定于人们先前已经获得的生产力，当每一代人都得到前一代人已经取得的生产力并将其当作新原料为自己新的生产服务时，无疑使主体地位得以增强，从自然界中获得了更多解放。人的发展就是一个随着生产力的发展、社会的进步而不断前进的持续过程，人在自然力量面前一定程度自由的获得本身就是历史的产物，需要一定的历史条件，“人们每次都不是在他们关于人的理想所决定和所容许的范围之内，而是在现有的生产力所决定和所容许的范围之内取得自由的”②。在此意义上，生产力水平的状况，直接制约着人的发展所能达到的状况，个人“是什么样的，这同他们的生产是一致的——既和他们生产什么一致，又和他们怎样生产一致。因而，个人是什么样的，这取决于他们进行生产的物质条件”③。在人类刚从动物界分化出来的初期，人们对自然的驾驭能力是非常有限的，极其低下的生产力水平决定了人类仅仅是低层次的生存，人的发展也是处于蒙昧与野蛮状态下的低层次状态。随着生产力的发展，尤其是以大机器为标志的生产和科技获得空前发展，不仅可以极大地改善人的物质生活，同时，还可以带给人们新的交往方式、新的需要和新的观念，大大缩短人们的劳动时间，才能使人在摆脱贫困状态、基本满足生活需要的前提下追求精神层面的享受。正如马克思所说，“在必要劳动时间之外，为整个社会和社会的每个成员创造大量可以自由支配的时间（即为个人生产力的充分发展，因而也为社会生产力的充分发展创造广阔余地）”，这样“使整个社会的劳动时间缩减到不断下降的最低限度，从而为全体社会成员本身的发展腾出时间”④。与此相适应，由于给所有的人腾出了时间和创造了手段，个人会在艺术、科学等方面得到发展，以往人们狭隘的谋生需要将为更高的自由个性的发展需要所取代。

社会关系变革是人的发展的基础条件。可以说，人生活在世界之中，就是生活在关系之中，没有关系，人就谈不上存在，更谈不上生成。社会

① 《马克思恩格斯文集》第10卷，人民出版社2009年版，第43页。

② 《马克思恩格斯全集》第3卷，人民出版社1960年版，第507页。

③ 《马克思恩格斯文集》第1卷，人民出版社2009年版，第520页。

④ 《马克思恩格斯文集》第8卷，人民出版社2009年版，第199页。

关系指的是一定的生产方式所决定的生产关系的总和，人的生存和发展正是在一定的社会关系中。马克思指出：“人们的生活自古以来就建立在生产上面，建立在这种或那种社会生产上面，这种社会生产的关系，我们恰恰就称之为经济关系”①，其所反映的是人类所特有的本质联系，在社会意义上，对于个人发展来说，“社会关系实际上决定着一个人能够发展到什么程度”②。这种决定作用至少体现在社会关系的丰富，必然使人能够在全面发展的社会关系中，使人们在复杂多样的社会联系中发展其丰富多彩的个性，使长期被历史湮没的普通个人的作用广泛地显示出来，并受到历史的尊重，全面地塑造自己。正是从社会关系变革和完善的重要意义的角度，马克思将人的发展分为三个阶段：“人的依赖关系，是最初的社会形式，……以物的依赖性为基础的人的独立性，是第二大形式，……建立在个人全面发展和他们共同的、社会的生产能力成为他们的社会财富这一基础上的自由个性，是第三个阶段。”③ 从个体发展史看，由于人们各种不同的需要以及他们求得满足方式的不同，他们彼此之间必须建立相互联系，这种联系与交往决定着生产和需要，“不能将这些关系的发展只看做是外在于人的发展的东西，或者只看做为人发展的前提、条件，实际上，这些关系的发展本身就属于人的发展的内容，而且是人的发展的最基本的规定”④。

社会文化是人的发展的程度和方式。从人的劳动实践和活动角度看，文化作为人的本质和人的本质力量的对象化，其产生经历着外化和内化两个过程。外化即文化是有意识有目的的人类劳动的对象化，在这个意义上，马克思将自然界看成是人的无机的身体，因为它本身不是人的身体；内化即文化又是自然物的主体化，不经过人类认识和改造并为人类所利用的对象物，不构成文化，文化的本质就在于创造和发展人的个性，“最初的，从动物界分离出来的人，在一切本质方面是和动物本身一样不自由的；但是文化上的每一个进步，都是迈向自由的一步”⑤。就社会文化对人的发展的作用方向看，文化与人的发展之间的影响作用是相互的，即人

① 《马克思恩格斯文集》第8卷，人民出版社2009年版，第139页。

② 《马克思恩格斯全集》第3卷，人民出版社1960年版，第295页。

③ 《马克思恩格斯文集》第8卷，人民出版社2009年版，第52页。

④ 丰子义：《如何理解和把握人的全面发展》，《北京社会科学》2002年第4期。

⑤ 《马克思恩格斯选集》第3卷，人民出版社1995年版，第456页。

创造文化，文化是人的活动，是人不断外化和优化自己的生存条件的过程，是人的自我肯定和自我确证。文化将人类社会历史经验以浓缩的信息跨越时空地进行传递，维持社会历史的延续性，为人的发展奠定了厚重的历史创造的积淀，使人成为历史的人。兰德曼认为“人作为文化的存在，也是作为历史的存在”。在这个意义上，“文化是人的‘第二天性’”[①]。就社会文化对人的发展的作用后果看，作为人类经验的载体，文化通过知识体系和行为方式教育、培养、塑造人，使人成为社会的人。但文化一旦被稳定化和系统化，就会成为外在于人的客观对象和异己力量，反过来制约人，成为人需要克服和超越的对象。人的发展的真正实现就在于社会文化程度和方式的转换，而这种文化活动方式的转换则意味着人的生存和发展方式的变迁。

## 二　人的发展：社会发展理论的问题域

社会发展的旨归必然是人的生存状态的改善、人的生活质量的全面提升以及生活方式向人的本质的逐步复归。因此，社会一切其他的发展都是为人的发展创造条件和机会，人是一切发展的最终目标。任何一个社会，不论其发展速度多快、发展水平多高，如果无益于全体社会成员的素质、能力、创造力的提高和改善，这个社会就不能说是真正进步的、真正发展的社会。佩鲁指出，社会发展的目标是“为了一切人和完整人的发展”，“通过共同的努力，使人们能够自己养活自己，有意识地自己教育自己，并且不用暴力来实现自己的解放”[②]。因此，“必须牢牢记住，个人的发展、个人的自由，是所有发展形式的主要动力之一。这种个人的发展和自由能够在每个人所赞成的和在其各种活动中所感受到的各种价值范围内充分实现他们的潜力”[③]。

提出发展应以人的价值、人的需要和人的潜力的发挥为中心，旨在满足人的基本需求和共同体成员的全面发展。按照这种发展思路，对社会发展的最终检验，不是普通的物的指标，而是人的发展程度。从国际上看，最早比较系统地设计社会发展指标体系的是联合国社会发展研究所的麦格

① ［德］米夏埃尔·兰德曼：《哲学人类学》，上海译文出版社 1988 年版，第 221、182 页。

② ［法］F. 佩鲁：《新发展观》，华夏出版社 1987 年版，第 16、117 页。

③ 同上书，第 175 页。

拉纳汉（Gordon M. Granahan），他于1972年发表的《社会经济发展的内容及其衡量》的研究报告，根据115个国家的资料选择73项指标，最后从中选取16项相关度最高的指标（大于0.9），其中经济和社会指标各占一半。美国学者迈尔斯（Ian Meyers）强调指出，以人的发展为中心的社会发展指向了：（1）社会平等。人的发展对于社会的所有成员都有同样的可能。（2）地区间的平等和国际平等。在尊重社会的完整性这一方面，社会允许并促进其自己成员的人的发展。（3）关心未来的生存。不以损害后人的生存和发展为代价来追求当代人的发展。（4）注重现在。后代人的发展不应意味着对现代人的剥夺。① 这进一步开拓了社会发展理论的思路和视域。

社会发展评价指标的变迁是一个不断补充、发展和完善的过程。随着人类对全球环境和发展问题的广泛讨论，可持续发展理论问世。深受以往极端人类中心主义的影响，人类把对自身利益的追求推向了极致，这就使得人的逐利行为在人类中心主义理念的支配下具有了极强的“排他性”，即只关注人自身而不关注人赖以生存和发展的生态环境系统，完全将自然界及其他主体当作自己任意宰割盘剥的对象。可持续发展理论追求人的生存环境的改善、人的整体生活质量和生活品位的提高以及人的物质需求、精神需求和生态需求的满足。1993年联合国开发计划署提出了发展是“人的发展，为了人的发展”。1994年召开的世界人口与发展大会明确提出“可持续发展以人为本”，“是以人为核心的社会发展”。由此可见，人们对社会发展的认识已上升到一个更高层次，达到了一个全新境界，社会发展所追求的目标和基本出发点，就是满足人的生存和发展的需要，并使之向更高的程度前进。正如马克思指出的：“一切民族，不管它们所处的历史环境如何，都注定要走这条路——以便最后都达到在保证社会劳动生产力极高度发展的同时又保证每个生产者个人最全面的发展的这样一种经济形态。”②

从人本身出发考察社会发展，在理论上彰显了马克思社会发展观的人文关怀向度。“既然人天生就是社会的，那他就只能在社会中发展自己的真正的天性。”③ 由于社会发展本身是社会客体与主体在历史过程中所发

① ［英］伊恩·迈尔斯：《人的发展与社会指标》，重庆大学出版社1992年版，第5页。

② 《马克思恩格斯选集》第3卷，人民出版社1995年版，第342页。

③ 《马克思恩格斯文集》第1卷，人民出版社2009年版，第335页。

生的合目的性变化，人在社会发展中的核心地位的确立，并不意味着把主体尺度作为评价社会发展的唯一标准。马克思曾表明，他也并非要取消生产力尺度存在的合理性，而是探讨如何在不阻碍社会发展和不损害人的长远发展目标的前提下，最大可能减少资本主义生产方式造就的大多数人的不合理性和不公平，避免人的现实生活的苦难和不幸。人的发展是以人的生命存在为前提条件的，其吃喝住行等一系列基本需要，只能在生产力的发展过程中才能得到满足，生产力的发展、交往的普遍性是“个人全面发展的可能性”①。社会主义自诞生以来，在从理论变为实践的过程中，不断经受着历史发展、时代转换和所处国际环境赋予的各种考验和风险，在人类社会发展史上产生了无法比拟的震撼和影响。列宁把落后国家建设和发展社会主义的道路探索比作“攀登一座还没有勘察过的非常险峻的高山”，“在这里既没有车辆，也没有道路，什么也没有，根本没有什么早经试验合格的东西”②。其艰辛是不难想象的，因为这是“一个全世界从未有过的事业”③。社会主义也并没有固定不变的模式与“最终规律”可循，回顾半个多世纪以来社会主义所获得的举世瞩目的成就，从中我们可以得出一个重要结论：尊重每个人的发展是社会主义的本质要求。因而，必须以历史的眼光看待人的发展，把人的发展作为推进中国特色社会主义建设的重要战略任务，根本的是着眼于人民现实的物质文化生活需要，认真汲取国内外经济社会发展的经验教训，自觉把握时代发展脉搏，“把发展问题提高到全人类的高度来认识，要从这个高度去观察问题和解决问题”④。

## 三　社会发展论域中人的发展路向

物质基础的增强是巩固社会主义的基本前提。在谈到人的发展时，马克思“反复强调人的全面发展不是自然的产物，而是历史的产物，归根结底是社会生产力的产物”⑤。这就表明，生产力的发展和增加物质财富的过程，也就是人获得发展的过程，离开必要的社会物质条件，人的发展就

① 《马克思恩格斯文集》第8卷，人民出版社2009年版，第171页。

② 《列宁全集》第42卷，人民出版社1987年版，第448页。

③ 同上书，第175页。

④ 《邓小平文选》第3卷，人民出版社1993年版，第282页。

⑤ 袁贵仁：《马克思的人学思想》，北京师范大学出版社1996年版，第290页。

失去了基础。《共产党宣言》中明确指出，在无产阶级夺取政权以后，首要任务是“尽可能快地增加生产力的总量”[1]，从而“为人类实现自身全面发展的价值理想揭示出一条历史必然道路”[2]。人民的生活水平显著提高，综合国力不断增强，使社会主义制度建立在牢固的物质基础之上，这是一个长期的任务。社会主义制度如果没有物质生产力的发展，“那就只会有贫穷、极端贫困的普遍化；而在极端贫困的情况下，必须重新开始争取必需品的斗争，全部陈腐污浊的东西又要死灰复燃”[3]。严格按照客观经济规律进行经济建设，正确处理经济发展与政治、社会、环境之间的关系，转变经济增长方式，创新发展模式，在某种程度上也就是强调解放人和开发人，把“人”从遮蔽状态中突出出来，促进人的发展，这是唯物史观深刻揭示的一条规律。不容否认的是，社会主义初级阶段的生产力，客观地说，“有不同的经济层次和支持所有层次的生产过程，以信息为基础的服务业生产、商品的现代的工业生产，以及传统的手工业、农业和矿业的生产融合和共存”[4]。这就决定了中国社会主义现代化建设的特殊性、艰巨性和复杂性，解放和发展生产力是社会主义的本质要求，也是促进人的自由全面发展的前提条件。社会主义市场经济的建立和完善为自觉实现人的发展提供了特殊的经济条件，生产力的发展使人们多方面的物质文化生活需求得以基本满足，使人的主体性、创造性在生产中得到极大发挥，“唯有借助于这些生产力，才有可能去实现这样一种社会状态，在这里不再有任何阶级差别，不再有任何对个人生活资料的忧虑，并且第一次能够谈到真正人的自由，谈到那种同已被认识的自然规律和谐一致的生活”[5]。

对社会生产力总和的全面占有。在《法兰西内战》一文中，马克思明确指出：无产阶级“掌握政权的第一个条件是改造传统的国家工作机器，把它作为阶级统治的工具加以摧毁”[6]。否则，“生产力的总和”就还像从

① 《马克思恩格斯选集》第1卷，人民出版社1995年版，第293页。

② 孙正聿：《人的解放旨趣、历程和尺度——关于马克思的人的全面发展学说的思考》，《学术月刊》2002年第1期。

③ 《马克思恩格斯选集》第1卷，人民出版社1995年版，第86页。

④ ［美］迈克尔·哈特等：《帝国——全球化的政治秩序》，江苏人民出版社2003年版，第275页。

⑤ 《马克思恩格斯选集》第3卷，人民出版社1995年版，第456页。

⑥ 同上书，第117页。

前一样仍然被当作个人的生产资料和产品来处理，按社会化生产方式生产的产品仍然是属于私有财产与资本的力量，仍然可以转化为随意用来增殖资本的最可靠的手段与工具。这样，虽然生产资料和生产实质已经社会化了，但还不属于个人的力量，还不是个人发展自己与争取自由的手段。以后，他又多次论述了生产资料社会占有的历史必然性，“社会主义者一般都把变劳动资料为社会的集体财产看做是运动的最高目标……这个目标是劳动的解放”①。显然，马克思的初衷无疑就是使个人在以社会直接占有生产资料的基础上摆脱片面性与屈从性，向着全面发展的“有个性的个人”转变。人是劳动的人，一旦社会占有了生产力总和，劳动者便成了生产过程的主人，劳动产品也属于劳动者共同所有，产品对生产者的统治消失，从而使个体的发展扩大了空间和程度。这种占有还“为全社会节省出大量的生产资料和产品”，“不仅可能保证一切社会成员有富足的和一天比一天充裕的物质生活，而且还可能保证他们的体力和智力获得充分的自由和发展的运用”②。在某种意义上说，占有生产力总和要通过提高人的各方面能力来实现，而人的发展又作为一种生产力推动整个社会的进步。社会主义所建立的公有制有效地使劳动者对劳动力的占有获得了自主权，保证他们有越来越充足的物质生活和闲暇时间，个人无论在体力和智力上均获得充分的真正的自由发展。另一方面，“联合起来的个人占有全部生产力总和，生产工具受联合起来的人们的支配而不是屈从于某种生产工具”③，即劳动者集体获得对生产力总和占有的公共自主权，促使劳动组织形式不断完善，实现人的现实关系和观念关系的全面性，从而使人能自觉而主动地驾驭与控制自己的社会关系，“这不仅涉及走向对财富的分享，还涉及走向对知识、权力、资源和资金的分享”④。

在全面深化改革中推进制度建设。制度是人类社会生活中一种极其重要的社会现象，马克思认为社会制度对人的发展而言，规定和限制了人的发展的方向和程度。制度对于生活于其中的人来说，是一种既定的力量，是决定人的发展的一个非常重要的因素，其作用就在于通过压抑和反对某种行为而又肯定和褒扬另一种行为，向社会中的人们传递某种信息，从而

① 《马克思恩格斯全集》第45卷，人民出版社1985年版，第711页。

② 《马克思恩格斯文集》第9卷，人民出版社2009年版，第299页。

③ 《马克思恩格斯选集》第1卷，人民出版社1995年版，第129页。

④ 陈露：《法国共产党三十二大对若干理论问题的阐述》，《国外理论动态》2004年第2期。

激发人的能力的发挥，改变并影响人们的选择，保障个人发展自由的边界，为个人的发展提供公平的环境和平台。正如美国政治哲学家迈克尔·沃尔泽（Michael Walzer）的观点：“好的篱笆造就公正的社会。”[①] 在现实社会中，高素质的人只能产生于制度良好的社会之中，从这种意义上来说，能否体现、保障和促进人的发展也就成了衡量制度好坏或合理与否的重要标准。如果制度结构不合理，制度本身就不道德，因而“良好的社会制度和政治制度将能够给那些既有益于个人完善又有助于其他人幸福的品质提供培养和发挥作用的环境，同时，又能够有效地控制那些损人利己的恶劣品质和行径”[②]。正如邓小平所说：“制度好可以使坏人无法任意横行，制度不好可以使好人无法充分做好事，甚至会走向反面。”[③] 任何人都生活在一定的社会制度中，是“一种制度里的公民”[④]。一定历史阶段的制度安排，是人的发展的基础框架和前提条件，对人的活动的方式、空间做出的种种安排和规定，赋予了人的发展以特定的社会历史内涵。现阶段进行制度建设，要立足于激发每个人的价值创造能力，努力解决体制改革中遇到的一系列深层矛盾，消除束缚人的发展的制度弊端，使制度在改革和创新实践中焕发出更大的活力与生机，以期实现“将在一种制度的框架内为生存安定提供更大的机会，而这种制度又为人类需求和才能的自由发展提供更大的机会”[⑤]，为人的自我价值实现提供自由、宽松的环境、制度安排以及舆论上的强有力支持。

确认和维护人民群众利益。当前的核心问题是继续健全与市场经济相关的法律法规，发挥个人、法人在公开平等的市场竞争中的积极性和竞争力，调动劳动者的积极性，其最终目标是最广大人民利益的最大化。一是利益引导。现代社会改变了道德在传统的人际关系中发挥强大作用的条件，多数人通常根据利益的得失选择行动。如果让公共秩序的道德底线存在，需要借助法律的强制力量，建立在对权责明确划分的基础上，通过调节利益得失，对人们获取利益的行为进行引导和约束，使不道德的行为付

① ［美］迈克尔·沃尔泽：《正义诸领域》，译林出版社2002年版，第425页。

② Adam Smith, *Theory of Moral Sentiments*, Oxford University Press, 1976. Party Ⅳ, Chapter Ⅱ.

③ 《邓小平文选》第2卷，人民出版社1994年版，第333页。

④ ［美］康芒斯：《制度经济学》（上），商务印书馆1962年版，第92页。

⑤ ［美］马尔库塞：《单向度的人》，上海译文出版社1989年版，第188页。

出较高成本。这种利益引导具有的“导向”作用，指示着人们什么是适当的行为、什么是不可回避的责任，促使个人或群体形成正确的利益观。二是利益调节。调整和缩小人们之间的利益差距，调整利益分配格局，最大限度地缓解社会冲突。全民社保体系保证满足每个人最基本的生存需要，健全低保标准动态调整，合理提高低保标准和补助水平，使困难群众得到更多看得见摸得着的实惠。更重要的是加大救助力度，构筑多层救助制度，建立城乡一体、能够基本满足多种困难救助需求的社会救助体系，以“精准扶贫”促进贫困地区的经济发展和社会事业进步，减少不同利益群体之间的不公平感。三是利益表达。在信息网络化时代，公众已不仅仅满足于“被代表”，他们需要有对个体权利的充分尊重和满足，对涉及公民自身利益的社会公共事务，要建立起基础性通道，搭建各种形式的表达利益并且凝聚利益的协商平台，通过凝聚使散射的利益要求接近提案和决策的层面，使群众表达利益诉求步入协商化、规范化轨道。

通过教育来发展和培育人自身。人的发展的根本问题是使人成为自身的主体，教育是人类针对自身进行的一项社会活动，自古以来就是推动人类社会发展和个体发展的不竭动力。教育“不仅是提高社会生产的一种方法，而且是造就全面发展的人的唯一方法”[①]，通过这种方法，“使人在其中能体验到真正合乎人性的东西，使他常常体验到自己是人”[②]。强调生产劳动同教育相结合是马克思关于人的发展学说的重要组成部分，重视在教育中对个人实践能力的培养，从教育角度来说，“通过教育、学习以及技能的提高，人们可以逐渐变得更具生产力，而这对经济扩展的过程能做出极大的贡献”[③]。新中国成立后，面对百废待兴的状况，毛泽东向广大干部和全体人民提出努力学技术、学业务、学习马克思主义理论，以使自己在社会主义建设所需要的各个方面都得到发展。毛泽东的这些提法，体现了个人发展与社会发展之间相互促进的辩证关系，反映了社会主义建设的规律。加拿大学者罗比·凯斯（R. Case）说：“教育有多种功能，但最重要的功能之一，是使某一文化中的年轻人及缺乏经验的成员能够获得前辈留给自己的那些价值观、领悟和技能。教育的另一个最重要的功能，是充分发展上述这些社会成员的智慧潜能，从而为他们积极参与扩充这份遗

---

① 《马克思恩格斯文集》第5卷，人民出版社2009年版，第557页。

② 《马克思恩格斯文集》第1卷，人民出版社2009年版，第334页。

③ ［印］阿马蒂亚·森：《以自由看待发展》，中国人民大学出版社2002年版，第292页。

产做好准备，当这样来看待教育时，可以发现，教育过程同发展过程彼此有着必然的联系。”① 因而，通过教育使每个人更富创造性、更加理性化、更有适应性、更具个性化依然是中国特色社会主义实践的重要课题。

（作者系西北师范大学马克思主义学院副教授）

① ［加］罗比·凯斯：《智慧的发展：一种新皮亚杰主义理论》，上海教育出版社1994年版，第401页。

# 马克思主义基本原理

# 邓小平社会主义本质理论中的人民主体思想

赵秋静

人民群众是推动社会历史进步的主导力量，这是马克思主义始终坚持的人类历史发展规律。中国共产党发动最广泛的人民大众取得了新民主主义革命和社会主义革命的胜利，开始探索落后国家如何建设社会主义。以毛泽东为首的党的第一代领导集体虽然坚持只有人民才是创造历史的动力，但始终无法摆脱对社会主义的僵化认识，固守公有制、计划经济及按劳分配框架。党内对社会主义认识和实践上的分歧最终酿成十年“文革”，造成中国社会生产力低下和普遍的贫困。直到 1978 年，我国的生产力水平和人均生活水平还远低于世界平均水平。在这种历史教训和时代召唤下，邓小平提出“什么是社会主义，怎样建设社会主义”的重要而紧迫的国家命题，从社会主义的根本规定性——生产力、生产关系和人民利益等方面着眼对社会主义的本质属性进行了长达十多年的思考。邓小平社会主义本质理论的形成和发展为中国特色社会主义事业提供了根本的指导思想。

## 一　邓小平在考察社会主义本质过程中对人民主体性的关照

经历了三年困难时期，邓小平提出：“生产关系究竟以什么形式为最好，恐怕要采取这样一种态度，就是哪种形式在哪个地方能够比较容易比较快地恢复和发展农业生产，就采取哪种形式；群众愿意采取哪种形式，就应该采取哪种形式，不合法的使它合法起来。”[①] 这是对当时各地出现的包产到户现象充分的肯定，认为这既能恢复农业生产，又能改善人民生活，但仍然无法扭转早期社会主义建设者们对人民公社和“大跃进”的狂热，最终陷入政治斗争的泥潭。这一时期的亲身经历使邓小平明白，不讲清社会主义，就无法真正建设社会主义。因此，十一届三中全会之后，他提出对社会主义本质问题的认识也要解放思想。

### （一）着眼于人民的生活处境和利益需求

追求利益是人类一切社会活动的动因。马克思主义经典作家认为人民奋斗所争取的一切都同他们的利益有关。在邓小平看来，中国共产党人奋斗所争取的一切都同人民群众的物质利益紧密相关，这首先就体现在解决人民温饱问题上。

1. 首先提出反贫困的奋斗目标

贫困与消灭贫困是十一届三中全会后邓小平谈话中出现的高频话题。“现在说我们穷还不够，是太穷，同自己的地位完全不相称。”[②] “国家这么大，这么穷，不努力发展生产，日子怎么过？我们人民的生活如此困难……我们干革命几十年，搞社会主义三十多年，截至一九七八年，工人的月平均工资只有四五十元，农村的大多数地区仍处于贫困状态。”[③] 这种深刻的国情认知促使他旗帜鲜明地提出反贫困的紧迫任务。然而经历了十年“文革”的洗礼，人民安于“抱穷守困”的思想束缚。邓小平指出“宁穷不富”思想本质上认为社会主义就是穷的，这是完全背离马克思主义、毛泽东思想根本原则的。他通过反复论证“贫穷不是社会主义”，“社会主义要消灭贫穷”，打破了人民长期的错误僵化认识。反贫困旗帜鲜明地抓经济建设。人民群众明白了“社会主义是让人民过上好日子”，“致富不是罪过”，放下了思想包袱，响应党和国家的致富政策，积极进行生产，努力改善生活。

2. 反贫困首先从解决农民问题开始

“中国有百分之八十的人口住在农村，中国稳定不稳定首先要看这百

---

① 《邓小平文选》第 1 卷，人民出版社 1994 年版，第 323 页。

② 《邓小平文选》第 2 卷，人民出版社 1994 年版，第 312 页。

③ 《邓小平文选》第 3 卷，人民出版社 1993 年版，第 10—11 页。

分之八十稳定不稳定。”[①] 邓小平认为如果农民没有摆脱贫困，我国就没有摆脱贫困。解决我国农民的基本生活问题出路是依靠农民自己，首先在农村搞活经济和开放政策，实施农田责任制。十一届三中全会之后，党和国家率先把搞活农业经济推进到新的高度，也始终注重循序渐进地抓经济生产与改善人民生活，不能操之过急，“‘四人帮’提倡什么穷社会主义、穷过渡、穷革命，我们反对那些荒谬反动的观点。但是，我们也反对现在要在中国实现所谓的福利国家的观点，因为这不可能，我们只能在发展生产的基础上逐步改善生活。发展生产，而不改善生活，是不对的；同样，不发展生产，要改善生活，也是不对的，而且是不可能的”[②]。由此，邓小平提出一心一意搞建设，聚精会神搞建设，越是改革越有风险越要抓好农民农业问题。此外，他也注重提高粮食和其他农产品收购价格。这为以后党和国家重视三农问题打下了良好基础。

3. 提出小康社会奋斗目标

邓小平充分认识到在中国生产力极度落后情况下，以人民公社为载体的理想社会主义模式是行不通的，于是果断提出小康社会的奋斗目标。邓小平所设计的小康社会是一个建立在公有制为主体和初级阶段基本国情基础上的，以人民的切实需要为考量点的社会规划。“我们确定了一个政治目标：发展经济，到本世纪末翻两番，国民生产总值按人口平均达到八百美元，人民生活达到小康水平。”[③] 这是1983年邓小平视察苏州时的讲话，并且列举了小康社会的基本指标：第一，人民的吃穿用问题解决了，基本生活有了保障；第二，住房问题解决了；第三，就业问题解决了；第四，城乡差距明显缩小；第五，中小学教育普及，教育、文化、体育和其他公共福利事业有能力自己安排了；第六，人们的精神面貌变化了，犯罪行为大大减少。[④] 以此为小康社会的标志和重要任务。邓小平提出只有实现这一小康社会蓝图，那些犹豫的质疑的人才会真正认可我们所选择的社会主义发展道路，“如果我们本世纪内达到了小康水平，那就可以使他们清醒一点；到中叶我们建成中等发达水平的社会主义国家时，就会进一步地说服他们，他们中的大数人才会真正认识到自己错了”。三步走发展战略是

---

① 《邓小平文选》第3卷，人民出版社1993年版，第65页。
② 《邓小平文选》第2卷，人民出版社1994年版，第258页。
③ 《邓小平文选》第3卷，人民出版社1993年版，第77页。
④ 梁树发：《社会与社会建设》，人民出版社2007年版，第254页。

一个从温饱到小康再到现代化的一条目标明确的社会发展战略部署。逐步实现三个层次目标虽然面临较大困难，需要经历一个漫长的全体人民努力的过程，但是在人民温饱逐渐得到解决、经济迅速恢复的趋势下，小康奋斗目标既合时宜又能调动人民的积极性。

### （二）重视人民群众自身能力的增长

推动历史前进的力量是人民，中国特色社会主义事业要发展必须使人民群众的自身认识能力与综合素质获得全面增长。

1. 听取群众意见，引导群众思想

要想得到人民群众对改革开放和发展新战略的拥护和支持，必须首先实现群众思想认识上的转变和提升。只有形成正确的认识，才能实现人民行动上的突破。十一届三中全会上，邓小平做的《解放思想，实事求是，团结一致向前看》报告中，突出重视和强调听取群众意见，了解群众情绪，引导群众思想的重要性。“党的领导就是要善于集中人民群众的正确意见，对不正确的意见给以适当的解释。”对群众的思想问题，绝不能采取压服的办法。一听到群众有一点尖锐的议论，就追查所谓的“政治背景”，就要立案，这种恶劣作风必须坚决制止。“我们的各级领导，无论如何不要造成同群众对立的局面。”① 人民群众中肯动脑筋、肯想问题的越多，越有助于我们的事业发展，应该鼓励支持群众勇于思考、勇于创新。邓小平对于来自人民群众的新生事物习惯于先冷静观察，采取不争论的策略，就在于他认为要依靠群众搞改革、搞建设就必须先让群众解放思想、开动脑筋，而民主是解放思想的前提。

2. 提出“四有”新人的人才培养目标

当改革开放和现代化建设逐渐成为社会发展的主旋律时，新的历史目标和任务呼唤着人民以新的观念、新的状态投入新的社会实践。1983年，我国农村改革取得较大进展，国民经济得到较大恢复，邓小平适时提出一手抓物质文明一手抓精神文明的构想，重视两个精神文明协同推进。“在社会主义国家，一个真正的马克思主义政党在执政以后，一定要致力于发展生产力，并在这个基础上逐步提高人民的生活水平。这就是建设物质文明。过去很长一段时间，我们忽视了发展生产力，所以现在我们要特别注

① 《邓小平文选》第2卷，人民出版社1994年版，第145页。

意建设物质文明。与此同时，还要建设社会主义的精神文明，最根本的是要使广大人民有共产主义的理想，有道德，有文化，守纪律。”① 邓小平将“四有”新人确定为精神文明建设的根本任务，提出学校肩负着培养全民思想道德素质和科学文化素质的重要使命，“我们的学校是为社会主义建设培养人才的地方，培养人才有没有质量标准呢？有的。这就是毛泽东同志说的，应该使受教育者在德育、智育、体育几个方面都得到发展，成为有社会主义觉悟的有文化的劳动者”②。邓小平提出的“四有”新人目标的主要内涵是：有理想，就是把我国建成富强民主文明的社会主义现代化国家的社会理想；有道德，就是坚持社会主义和共产主义道德，以为人民服务为核心，以集体主义为原则，以五爱精神为基本要求；有文化，就是既要掌握科学文化知识，又要具备生产实践中的经验和技能；有纪律，就是全体公民都要遵纪守法。“四有”新人体现了社会主义现代化建设对全体公民的综合素质要求。

### （三）尊重人民群众的实践创造

实践是人所特有的能动的对象性活动，以人为主体，以客观世界为对象。整个社会的发展来源于人民群众的创造性的历史实践活动。邓小平充分肯定和支持我国人民群众在探索社会主义建设过程中的创举。

1. 推广农村家庭联产承包责任制

以安徽凤阳小岗村的包产到户为标志，改革在农村拉开了序幕。党和政府通过给农民自主权、给基层自主权，农民的生产积极性被充分调动起来。邓小平说：“在没有改革以前，大多数农民是处在非常贫困的状态，衣食住行都非常困难。党这样一下子就把农民的积极性调动起来了，把基层的积极性调动起来了，面貌就改变了。”③ 1980 年 5 月，邓小平在《关于农民政策问题》中指出：“农村政策放宽以后，一些适宜搞包产到户的地方搞了包产到户，效果很好，变化很快。”到 1986 年，邓小平总结道：“这些年来搞改革的一条经验，就是首先调动农民的积极性，把生产经营的自主权力下放给农民。农村改革是权力下放，城市经济体制改革也要权

① 《邓小平文选》第 3 卷，人民出版社 1993 年版，第 28 页。
② 《邓小平文选》第 2 卷，人民出版社 1994 年版，第 103 页。
③ 《邓小平文选》第 3 卷，人民出版社 1993 年版，第 238 页。

力下放，下放给企业，下放给基层，同时广泛调动工人和知识分子的积极性。”① 各个领域、各个行业都要解决这个问题。他特别指出：“这种转变不是自上而下的，不是行政命令的，而是生产发展本身必然提出的要求。”邓小平对家庭联产承包责任制的肯定和坚持，激发了农民生产的极大热情，使农业生产力得到了充分的释放，极大地推进了农村经济的发展和农民生活的改善。

2. 对农村乡镇企业的迅速崛起给予充分的肯定和支持

在农村改革放权过程中，以农村集体经济或农民个体经济为主要构成形式的乡镇企业普遍发展起来，发展速度达到每年百分之二十几的增长率。邓小平充分肯定这一创举：“乡镇企业容纳了百分之五十的农村剩余劳动力。那不是我们领导出的主意，而是基层农业单位和农民自己创造的。把权力下放给基层和人民，在农村就是下放给农民，这就是最大的民主”②，“总结一个党或国家发展不是一两个有威望的人就能实现的。我个人做了一点事，但不能说都是我发明的。其实很多事是别人发明的，群众发明的，我只不过把它们概括起来，提出了方针政策”③。由于邓小平的积极支持，乡镇企业发展成为农村经济的重要组成部分。在发展经济特区和市场经济问题上，邓小平不仅重视依靠人民群众的力量，而且认为人民群众对改革成败享有最终发言权。

## 二 社会主义本质理论涵盖的人民主体思想

20世纪80年代，邓小平反复提出社会主义的“根本任务”、“首要任务”、“第一位的任务”是大力发展生产力，强调过去不重视生产力是国家始终无法摆脱贫穷落后状态的根本原因。1992年，邓小平南方谈话主张大胆地去分析社会主义社会的基本问题，以更加解放思想的立场提出计划和市场都不带有制度属性，都仅仅是调节经济的手段，明确阐述“社会主义的本质，是解放生产力，发展生产力，消灭剥削，消除两极分化，最终达到共同富裕”④。将解放和发展生产力看作社会主义的内在属性和根本

① 《邓小平文选》第3卷，人民出版社1993年版，第180页。

② 同上书，第252页。

③ 同上书，第272页。

④ 同上书，第373页。

任务，作为实现社会主义优越性的根本途径，这为大刀阔斧地改革及判断改革成败提供了根本的依据。

### （一）解放生产力和发展生产力：为了人民、依靠人民

1. 改善人民生活的物质基础

马克思主义坚持生产力是人类社会发展的最终决定力量。只有生产力发展了，才生产出人所需要的对象或材料、产品等，把以前只属于少数人的奢侈品变成大众生活的必需品。可以说生产力的发展和增加物质财富的过程，也就是人不断获得发展的过程。邓小平对生产力问题的重视源于对人民群众生活状况的思考。他认为生产力的主要功能，就在于能够满足人民群众的基本物质需要。“根据我们自己的经验，讲社会主义，首先就要使生产力发展，这是主要的。只有这样，才能表明社会主义的优越性。社会主义经济政策对不对，归根到底要看生产力是否发展，人民收入是否增加。这是压倒一切的标准。”① 邓小平的这一思想认识成为全党共识。十一届六中全会通过的《中国共产党中央委员会关于建国以来党的若干历史问题的决议》提出：“在社会主义改造基本完成以后，我国所要解决的主要矛盾，是人民日益增长的物质文化需要同落后的社会生产之间的矛盾，党和国家工作的重点必须转移到以经济建设为中心的社会主义现代化建设上来，大大发展社会生产力，并在这个基础上逐步改善人民的物质文化生活。”② 1992 年视察南方时，邓小平进一步强调：“过去，只讲在社会主义条件下发展生产力，没有讲还要通过改革解放生产力，不完全。应该把解放生产力和发展生产力两个讲全了。”③ 并且明确提出以“是否有利于发展社会主义社会生产力、是否有利于增强社会主义国家的综合国力、是否有利于提高人民的生活水平”作为判断改革成败与否的标准。解放生产力是为了发展生产力，发展生产力既为了人也依靠人。党的第三代领导集体在深化改革过程中，进一步提出将改善人民生活作为处理改革发展稳定关系的重要结合点。

---

① 《邓小平文选》第 2 卷，人民出版社 1994 年版，第 314 页。

② 张启华、张树军：《中国共产党思想理论发展史》（下卷），人民出版社 2011 年版，第 1140 页。

③ 《邓小平文选》第 3 卷，人民出版社 1993 年版，第 370 页。

2. 实现人的自由全面发展的根本途径

马克思主义规定共产主义社会是以每个人的自由全面发展为基本原则的社会形式。马克思反复强调人的发展不是自然的产物，而是历史的产物，归根结底是社会生产力的产物。财富就是“充分发展人类支配自然的能力”，“就是不在某个特别方面再生产人，而是要生产完整的人”。“唯有借助于这些生产力，才有可能去实现这样一种社会状态，在这里不再有任何阶级差别，不再有任何对个人生活资料的忧虑，并且第一次能够谈到真正人的自由，谈到那种同已被认识的自然规律和谐一致的生活。”[①] 这充分阐述了解放和发展生产力与人的自由全面发展是一个双向互动的过程。在我国社会主义初级阶段，人民作为社会变革的主导者，通过变革束缚生产力发展的生产关系因素推动生产力的发展，而每个深层次的生产力的解放和发展都为人民群众能力素质的提升积攒一定的物质基础。人的能力素质越发展，社会的物质财富就会创造得越多，人民的生活就越能得到改善；而物质财富越充分，又进一步推进人的素质和能力的发展。在这个相互促进的过程中，为整个社会的发展和人的自由全面发展积累经验和能量。

3. 人民群众的时代任务

明确了社会主义的价值取向是满足人民发展的需要，如何解放和发展生产力，也就是如何旗帜鲜明、大刀阔斧地改革就成为中心议题。邓小平提出要依靠群众，胆子要大，步子要稳，善于总结的基本思路。“我们这么大个国家，我们有了这么个雄心壮志，究竟怎么搞比较顺，比较能够经得起风险”就是“要同人民一起商量着办事”，“我们党提出的各项重大任务，没有一项不是依靠广大人民的艰苦努力来完成的”[②]。从农村家庭联产承包责任制到乡镇企业到开放搞活的市场经济到科技创新，都体现了人民群众是改革的实践主体，是推动改革的根本力量这一基本规律。1982 年邓小平讲三十年建设经验时，指出：“中国的经验第一条就是自力更生为主。”[③] 在科技是第一生产力的时代，面对我国长期处于初级阶段的基本国情，党和政府更好地尊重人民群众的首创精神，更有效地发挥人民群众的实践主体作用，是推进中国特色社会主义事业发展的根本需要。

① 《马克思恩格斯选集》第 3 卷，人民出版社 1995 年版，第 456 页。

② 《邓小平文选》第 3 卷，人民出版社 1993 年版，第 4 页。

③ 《邓小平文选》第 2 卷，人民出版社 1994 年版，第 406 页。

### （二）消灭剥削、消除两极分化：落后社会主义国家发展的必然选择

消灭剥削、消除两极分化是社会主义的本质特征，是社会主义区别于资本主义及一切剥削制度的根本规定性。我国实践证明在落后的社会主义国家，不但不能够通过变革生产关系一下子彻底消灭剥削，而且为了发展生产力还要在一个相当长的时期内允许剥削的存在。

1. 实行先富带动后富策略

三大改造完成后，我国已经基本实现了生产资料公有，消灭了剥削和两极分化。但是在生产力低下的情况下，纯粹的生产资料公有带来的是普遍的贫困。1985 年邓小平提出让一部分人先富起来的构想，“不讲多劳多得，不重视物质利益，对少数先进分子可以，对广大群众不行，一段时间可以，长期不行。革命精神是非常宝贵的，没有革命精神就没有革命行动。但是，革命是在物质利益的基础上产生的，如果只讲牺牲精神，不讲物质利益，那就是唯心论”。“农村、城市都要允许一部分人先富裕起来，勤劳致富是正当的，一部分人先富裕起来，一部分地区先富裕起来，是大家都拥护的新办法。”① “一部分人生活先好起来，就必然产生极大的示范力量，影响左邻右舍，带动其他地区、其他单位的人们向他们学习。这样，就会使整个国民经济不断地波浪式地向前发展，使全国各族人民都能比较快地富裕起来。”② 邓小平意识到虽然中国特色社会主义发展的大原则是共同富裕，但在生产力普遍低下的情况下，必须要让一部分人先富起来，一部分地区先发展起来再带动大部分地区发展，这是达到共同富裕的必然选择。这一策略的巨大威力首先就体现在解除了套在人们头上对物质利益恐惧的枷锁，于是做买卖、下海经商浪潮迭起。在坚持公有制主体地位基础上，党和政府大力鼓励、支持、引导非公有制经济的发展，实现以按劳分配为主，劳动、资本、技术、信息、管理等多种生产要素参与分配的分配格局，这就意味着在一定时期一定范围一定程度上允许一定剥削现象的存在，贫富差距不可避免，这对人民群众来说既是必然选择，又是一种枷锁。

---

① 《邓小平文选》第 3 卷，人民出版社 1993 年版，第 23 页。

② 《邓小平文选》第 2 卷，人民出版社 1994 年版，第 152 页。

2. 逐步消灭剥削、消除两极分化

马克思恩格斯在《共产党宣言》中说：共产党人可以用一句话把自己的理论概括起来：消灭私有制。只有消灭私有制，才能彻底消灭阶级和阶级对立，使全体社会成员得到全面发展。1992 年邓小平视察南方时指出，“现在不能削弱发达地区的活力，也不能鼓励吃‘大锅饭’”，“可以设想，在本世纪末达到小康水平的时候，就要突出地提出和解决这个问题。到那个时候，发达地区要继续发展，并通过多交利税和技术转让等方式大力支持不发达地区”，“我们一定能够逐步顺利解决沿海同内地贫富差距的问题”①。邓小平虽然强调要实现先富带动后富，但是也强调必须消灭剥削。因此，他将全力着手消灭剥削、消除两极分化的时间定为达到小康水平之后。如果不是在生产力达到一定程度上并为生产力的进一步解放和发展来消灭剥削、消除两极分化，客观上也就不可能真正实现社会主义高度发达的生产力。

**（三）共同富裕：生产力、生产关系、人民利益的一致**

在马克思主义的发展轨迹中，共同富裕包含两个不同层次的含义：较高层次的含义是指马克思主义经典作家设想的在未来共产主义社会物质极大丰富，人们能够按需索取；较低层次的含义是指在社会主义初级阶段物质财富有限的条件下，整个社会能够实现普遍富裕基础上的差别富裕。其中，第一个层次含义的共同富裕是社会主义的根本价值目标和终极追求；第二个层次含义的共同富裕是第一个层次的准备阶段和必经过程。早在 1986 年邓小平就提出，“我们坚持走社会主义道路，根本目标是实现共同富裕”，“社会主义财富属于人民，社会主义的致富是全民共同富裕”②。1990 年 12 月，他直接指出：“社会主义最大的优越性就是共同富裕，这是体现社会主义本质的一个东西。”③ 这里的共同富裕严格区别于同等富裕、同时富裕或平均富裕。在社会主义初级阶段，我国通过深化市场经济体制改革、鼓励非公有制经济发展、肯定多种生产要素参与分配等多种形式解放生产力、释放生产力，这极大地推进了社会主义社会生产力的发展

---

① 《邓小平文选》第 3 卷，人民出版社 1993 年版，第 374 页。

② 同上书，第 476 页。

③ 陶德林、何萍：《马克思主义哲学中国化的理论与历史研究》，北京师范大学出版社 2011 年版，第 514 页。

和物质财富的积累。经过持续不断的三十多年的改革，我国的综合国力跃居世界第二位，人民生活水平得到明显提升。2008 年全球经济危机后，社会主义社会的生产力优越性得到明显体现。坚持公有制和按劳分配的主体地位，就保证社会主义社会生产力的发展最终必然体现在促进社会主义生产关系的发展，必然体现在人民的物质文化生活、教育、医疗、养老等方面的全面改善。共同富裕命题的提出，不仅使解放生产力、发展生产力有了方向，而且明确人民是最终价值归宿，这就将生产力、生产关系、人民利益有机统一于共同富裕的奋斗目标中。

## 三　社会和谐理念对人民主体思想的继承和发展

### （一）社会和谐成为社会主义本质属性

在邓小平的领导下，我们党在摸索中总结规律，紧紧围绕“什么是社会主义，怎样建设社会主义”这个根本问题创造出以社会主义本质理论为基础的中国特色社会主义理论体系，为中国特色社会主义建设实践提供了思想指南。邓小平的社会主义本质理论已经包含生产力、生产关系、人民利益相互和谐的思想。党的十六届六中全会提出“社会和谐是中国特色社会主义本质属性”，“我们将要构建的社会主义和谐社会，是在中国特色社会主义道路上，中国共产党领导全体人民共同建设、共同享有的和谐社会”①。社会和谐是中国特色社会主义的本质属性的论断是社会主义认识史上的重大突破，“它实现了从规律和理论原则出发向从具体实践及实践需要出发研究社会主义本质及其属性的重大转变”②。在中国特色社会主义实践中，构建和谐社会主要包括：构建改革、发展、稳定的和谐动力机制；健全的利益表达、约束、调节机制；全面协调可持续的生产力发展机制；以改善民生为重点的社会治理机制；人与自然、人与社会、人与人和谐相处的生态环保机制；等等。我们从这些重要指标可以看出，人既是全部动力机制的主体，又是目标指向。

---

① 《中共中央关于构建社会主义和谐社会若干重大问题的决定》，中国网（http：//www.china. com. cn/policy/txt/2006-10/18/content_ 7252336_ 4. htm）。

② 王让新：《社会和谐是中国特色社会主义的本质属性》，《马克思主义与现实》2008 年第 3 期，第 157 页。

### （二）从全面建设小康社会到全面建成小康社会

"小康社会"是邓小平关于中国社会发展阶段的一个重要概念，是我国在社会主义初级阶段的一个重要发展目标。"我们有个雄心壮志，从八十年代起，到本世纪末，用二十年的时间初见成效，把中国建设成为一个小康社会。"① 三步走发展战略明确提出到 2000 年建立一个小康社会。经过十年的奋斗，党的十五大总结道："现在完全可以有把握地说，我们党在改革开放初期提出的本世纪末达到小康的目标，能够如期实现。"② 在中国这样一个十多亿人口的国度里，进入和建设小康社会意义非凡。一方面，中国特色社会主义事业会得到人民更大的认可和支持，为更加有力地推进社会主义现代化创造新的起点；另一方面，为落后社会主义国家发展经济和改善人民生活提供经验借鉴。但是，到 20 世纪末我们达到的小康依然是低水平的、不全面的、发展很不平衡的。江泽民指出：我们讲要全面建设小康社会，就是要"全面建设惠及十几亿人口的更高水平的小康社会，使经济更加发展、民主更加健全、科教更加进步、文化更加繁荣、社会更加和谐、人民生活更加殷实"③。由此可见，全面建设小康社会，就是要把一个低水平的小康社会建设成为更高水平的小康社会。党的十八大进一步提出到 2020 年"全面建成小康社会"的新要求。全面建成小康社会就是"经济持续健康发展，人民民主不断扩大，文化软实力显著增强，人民生活水平全面提高，资源节约型环境友好型社会建设取得重大进展"④。从"建设"到"建成"是一次历史性的跨越，是党和国家向人民做出的有力承诺；从低水平的、不全面的、发展不平衡的小康到五位一体的全面的小康任重而道远，需要全党和全国人民共同努力将全面建成小康社会与全面深化改革、全面依法治国、全面从严治党紧密结合起来，开拓中国特色社会主义发展新局面。

---

① 李君如：《全面建设小康社会综论》，江西高校出版社 2003 年版，第 12 页。

② 《十五大以来重要文献选编》（上），中央文献出版社 2000 年版，第 50 页。

③ 《十六大报告》，中国经济网（http：//www. ce. cn/ztpd/xwzt/guonei/2003/sljsanzh/szqh-bj/t20031009_ 1763196. shtml）。

④ 《十八大报告》，新华网（http：//www. xj. xinhuanet. com/2012-11/19/c_ 113722546_ 2. htm）。

### (三)人的全面发展目标的时代寓意

自从 1982 年党的十二大以来，我国始终高举中国特色社会主义伟大旗帜。党的十七大和十八大对中国特色社会主义道路的内涵进行了明确的界定，提出："中国特色社会主义道路，就是在中国共产党领导下，立足基本国情，以经济建设为中心，坚持四项基本原则、坚持改革开放，解放生产力、发展生产力，建设社会主义市场经济、民主政治、先进文化、和谐社会、生态文明，促进人的全面发展，逐步实现全体人民共同富裕，建设富强、民主、文明、和谐的社会主义现代化国家。"① 将促进人的全面发展写进党的纲领性文献，将之纳入中国特色社会主义奋斗目标，是对重视人的发展及个体价值的认识上的突破。从中我们可以看到，整个社会的发展是人的全面发展的前提和条件，人的全面发展不仅是价值取向，更是一个社会历史发展过程，是一个社会发展和人的发展相统一的过程。

马克思主义关于"人的全面发展"学说是相对于"人的片面发展"的现实而提出来的。在资本主义生产方式下，社会分工导致大多数社会成员只能发展自己某一方面的技能，处于"片面发展"状态，劳动是对人的奴役。在社会主义制度下，劳动不是否定自己，而是肯定自己。人在对劳动对象进行改造的同时也推进人自身的发展，劳动创造越多的物质财富和精神财富，人就会越多地实现自身的社会价值和个体价值。在中国特色社会主义视域下，人的全面发展，不是终极价值的全面发展，而是现实社会条件下的全面发展，首先体现为人的劳动能力的全面发展。科技和信息时代，工人、农民、知识分子必须不断提高自己的劳动能力和水平，通过终身学习丰富和完善自身，才能成为新时代的新主体，更好地适应社会与服务社会。人的全面发展也体现为人的德、智、体、美、劳综合素质的全面发展。毛泽东在 1957 年提出"我们的教育方针，应该是使受教育者在德育、智育、体育几方面都得到发展，成为有社会主义觉悟的有文化的劳动者"的重要论断，奠定了我国教育方针几十年发展的历史基调。② 这与我们所熟知的马克思主义经典作家最初所设想的那种只有在共产主义社会才

---

① 《十八大报告》，新华网（http：//www. xj. xinhuanet. com/2012-11/19/c_ 113722546_2. htm）。

② 《中共中央文件选集（一九四九年十月—— 一九六六年五月）》，人民出版社 2013 年版，第 90 页。

会实现的理想目标相比，具有鲜明的时代性和现实的可操作性。

邓小平以解放生产力和发展生产力作为社会主义发展的出发点和根本任务，以消灭剥削、消除两极分化为必经过程和现实条件，以人民的共同富裕作为社会主义发展的终极目标和价值追求，把人民放在社会发展的制高点，这是对马克思主义群众观的中国化解读。在我国全面深化改革的新时期，我们一方面要继承和发扬以社会主义本质论为核心和基础的中国特色社会主义理论体系；另一方面要继续弘扬邓小平的人民主体思想，谨记“我们的历史经验是，越是困难的时候，越是要关心群众。只要你关心群众，同群众打成一片，不仅不搞特殊化，而且同群众一块儿吃苦，任何问题都容易解决，任何困难都能够克服”[①]。在一切工作中，我们都要坚持尊重社会发展规律和尊重人民主体地位的一致，坚持完成各项工作任务与实现人民利益的一致，坚持党性与人民性的一致，加强同人民群众的联系，提高贯彻党的群众路线的自觉性和坚定性。

（作者系西北师范大学马克思主义学院副教授）

① 《邓小平文选》第 2 卷，人民出版社 1994 年版，第 228 页。

# 刘少奇“党性”问题之探析

## ——基于《论共产党员的修养》文本解读

赵惠强

1937年7月针对党的建设中出现的新问题，刘少奇同志在延安马克思列宁学院发表了《论共产党员的修养》的演讲。全文共分为九个部分，系统阐述了共产党员加强党性修养的必要性、党性锻炼和修养的方法及基本要求。这在世情、国情、党情已发生根本性变化的今天，对推进党的建设仍具有重大的理论和现实意义。

## 一　何为党性

刘少奇同志在第六部分“党员个人利益无条件地服从党的利益”中给党性的定义是：“为了党的、无产阶级的、民族解放和人类解放的事业，能够毫不犹豫地牺牲个人利益，甚至牺牲自己的生命，这就是我们常说的‘党性’或‘党的观念’、‘组织观念’的一种表现。”① 这是中国化马克思主义对党性的科学界定，是适合我国国情和党情的。这种党性是我们每个共产党员必须具备的，否则我们党就谈不上先进性，更不能成为中国特色社会主义事业的领导核心，也不能代表先进生产力的发展要求，不能代表先进文化的前进方向，不能代表最广大人民的根本利益。党的先进性要体现在每个党员的党性上，没有党性就不是一个纯粹的共产党员。这里的党性是中国共产党党员的党性，所以党性是有阶级属性的，这一点马克思也是赞同的。马

---

① 《刘少奇文集》（上卷），人民出版社1981年版，第131页。

克思在《哲学的贫困》中总结道："只有在没有阶级和阶级对抗的情况下，社会进化将不再是政治革命。而在这以前在每一次社会全盘改造的前夜，社会科学的结论总是：'不是战斗，就是死亡；不是血战，就是毁灭。问题的提法必然如此。'（乔治·桑）"[①] 马克思从来都毫不掩饰自己的历史唯物主义的党性。中国延安干部学院教学科研部党史党建教研室副教授王涛认为："《哲学的贫困》用战斗的语言表明了自身的政治态度、阶级立场，是第一本向世界展示唯物史观的著作，把唯物论由自然领域延伸到了社会领域，公开地、充分地展示了自身的政治态度、阶级立场，是第一本向世界展示唯物史观的著作，把唯物论由自然领域延伸到了社会领域，公开地、充分地展示了自身的阶级性、批判性和战斗性。"[②] 这从另一方面说明了党性具有阶级性，这种党性是代表无产阶级利益的。在当代社会，这种党性是代表工人阶级和广大人民群众的利益，刘少奇同志认为这种党性就是"共产主义道德的最高表现，就是无产阶级政党原则性的最高表现，就是无产阶级意识纯洁的最高表现"[③]。这种党性与一个共产党员的生命相挂钩，为了党的、人民的事业，每位共产党员随时都应该做好为共产主义事业献身的准备，到党最需要的地方去，做一个平凡的人，在平凡的岗位上干出不平凡的事业，这样才能显现出一名优秀共产党员的品格和坚定的信念，但要真正做到这一点，给我们今天的共产党员提出了挑战。

刘少奇同志是站在历史唯物主义的立场上阐述党性的，"人类社会，是一种历史发展的过程。当人类社会发展到了一定的历史阶段，就产生了阶级和阶级斗争。在阶级社会中，每个社会成员都作为一定阶级的人而存在，都在一定的阶级斗争条件下生活。人们的社会存在，决定人们的思想意识。阶级社会中不同阶级的人们的思想意识，反映着不同阶级的地位和利益。在这些不同地位、不同利益、不同思想意识的阶级之间，进行着不断的阶级斗争。这样人们不但在和自然界的斗争中，而且在社会阶级的斗争中，改造自然界，改造社会，同时也改造着人们自己"[④]。这也证明了刘少奇同志对"党性"定义的科学性，党性也是区分不同阶级与阶级之间利益的标志，共产党人的党性就是使人民过上幸福美好的生活，在今天就

---

① 《马克思恩格斯选集》第1卷，人民出版社1995年版，第275页。

② 王涛：《马克思恩格斯与"党性"概念提出》，《上海党史与党建》2012年9月10日。

③ 《刘少奇文集》（上卷），人民出版社1981年版，第131页。

④ 同上。

是要使我国建成全面的小康社会，并为实现中华民族的伟大复兴的“中国梦”而努力奋斗，这是无可质疑的要求和自觉的行为。党性不是用来在口头上表达的工具和使自己更像一个共产党员而美化自己的面具，她是需要我们每个共产党员用实际行动来证明的，她虽然不是一个鲜活的生命个体，但是当每一个共产党员把她运用到具体的实践中去时，她就会变成一个生命体，并且这个生命是万古长青的，因其有自己的接力者，而且是一代又一代的新人，这些新人在不断地结合现实情况创新和丰富其内容，使她的生命永续发展，所以作为无产阶级的先进分子的集合体——共产党，我们必须以实践来完善她。也正如刘少奇同志所说：“我们共产党员，是近代历史上最先进的革命者，是改造社会、改造世界的现代担当者和推动者。共产党员是在不断同反革命的斗争中去改造社会，改造世界，同时改造自己的。”① 担当者、推动者是当时社会赋予共产党员的历史使命，因为经过无数仁人志士的探索，戊戌变法、辛亥革命相继失败，无数的革命先辈为寻找一条能救中国的道路而抛头颅洒热血，中国共产党是在此刻出现的，是中国人民自己的选择，这也证明了在半殖民地半封建社会性质的中国，其他道路走不通，只有社会主义才能救中国，只有共产党领导人民才能使中国实现民族独立和人民解放，这是得到了历史的验证的。

共产党的先进性是毋庸置疑的，我们党的先进性是实践所证明了的，但这并不能说明我们的每个共产党员都是先进的，因为现代社会的复杂性，在我们党中不乏一些没有党性，或者党性不坚定的人，特别是当个人利益与集体利益、党的利益发生冲突时，容易犯错误，这使我们的先进性受到冲击，也使一些党员的信念受到打击，更使我们的部分党员干部顶风违纪走上不归之路，最终使我们党花费的心血付之东流，使党的事业受到不良的影响，等等。这些使我们每位共产党员的党性受到严重的挑战，我们绝对不能忽视，这些问题不解决，我们社会发展将会走许多弯路，因此我们必须逐一分析这些问题。

## 二 目前党员“党性”方面存在的主要问题

《湖南日报》报道：“综合新华社北京 6 月 24 日电，中组部副部长王

① 《刘少奇文集》（上卷），人民出版社 1981 年版，第 98—99 页。

秦丰24日介绍，截至2010年底，中国共产党党员总数为8026.9万。统计显示，在8026.9万名党员中，女党员1803万名，占党员总数的22.5%。少数民族党员533.8万名，占党员总数的6.6%。具有大专以上学历的党员2977.5万名，占党员总数的37.1%。从职业结构上看，在8026.9万名党员中，工人698.9万名，农牧渔民2442.7万名，党政机关工作人员681.2万名，企事业单位管理人员、专业技术人员1841.3万名，学生253.9万名，离退休人员1485.2万名，其他职业人员623.6万名。”①这是2011年统计的数字，现在应该比这个数字更大，从这些统计的数字来看，我们党的党员结构是相对合理的，也能够保证党的先进性和纯洁性，但这么多的党员，由于来源于各个不同的阶层，对党的认识、加入党的动机和目的、在“党性”修养层次上也不尽相同，于是仍有一些问题存在。

第一，对“党性”缺乏清晰明确的认识。个别党员入党时没有在思想上认识到入党的重要性，仅仅是随大流，没有任何的责任感和使命感，更谈不上有“党性”原则，把入党仅仅看作是组织的事情，组织让我入党我就入党，我有需要改变政治面貌，我就向党组织靠拢。这些思想主要来源于对党的认识不够彻底，思想意识淡薄，根本没有无产阶级的思想意识，只注重表面化的东西，把根本性的东西抛之脑后，甚至只字不提。因为对一些党员来说，党的要求太高了，根本就无法实现，如党员的个人利益要服从党的利益、要讲模范带头作用、要讲大公无私等，这些要求仅仅只能作为其口头上的说辞，真正把其落实到实践中去是相当困难的。这些党员不能跟党组织保持高度的一致，总是降低对自己的要求，更有甚者走上犯罪的道路。这些党员多数为党政人员，党组织经过多年的辛勤培育，使其走向领导的岗位，但他们由于禁不起金钱或者权力甚至美色的诱惑，在这些糖衣炮弹的刺激下走向腐化、堕落，把“党性”修养弃于九霄云外，最终不仅使自己深陷牢狱之灾，而且使党损失了培育其所花费的时间和对其的信任。今天的社会不像过去经常讲阶级斗争，但是社会经济的高速发展，特别是改革开放以来，我们的国门真正地打开了，外面世界好的与坏的一起涌进来，这时我们的党员更应该当好排头兵、领头羊，立场必须坚定，吸收一切有利于自身发展所需要的东西，丢弃那些腐朽甚至麻痹人们

① 《我国有共产党员8026.9万名》，《湖南日报》2011年6月23日第7版。

精神的东西。要做到这些必须具有坚定的“党性”，并且时刻保持清醒的头脑，在思想意识上时刻保持警惕，更不能抱着试一试的态度，我能入党我就比别人特殊，我的能力就强，我可以任意使用手中的权力，这种思想是千万不能有的，否则会脱离人民群众，鱼水关系就会得到破坏，使自己与组织的距离愈来愈远，走向一条不归之路。总之，正如刘少奇同志所讲的：“我们共产党员，不但要在革命的实践中改造自己，锻炼自己的无产阶级思想意识，而且要在学习马克思列宁主义理论的过程中改造自己，锻炼自己的无产阶级思想意识。”① 虽然我们今天的社会不再需要进行革命，但是改革仍然在继续，所以我们必须要把理论学习和思想意识修养相结合，使我们共产党员对“党性”有清晰和明确的认识，并且落实到具体的实践中去，践行我们党员的“党性”，使其发扬光大。

第二，缺乏行动意识，不注意从实践中锻炼和修养“党性”。不管说的是什么，最终都要落实到实践中去，实践才能出真知，实践也是能够证明党的先进性和纯洁性最好的工具。我们不能把学习马克思列宁主义的东西仅仅当作背一些他们的词句，就可以把自己标榜成为一个马克思主义者。刘少奇同志也是反对这一点的，他认为：“有一种人学习马克思、列宁，不能学习到马克思列宁主义的本质，只是肤浅地学习到马克思列宁主义的词句。他们虽然读了马克思列宁主义的书籍，但是，不能把这些书籍中的马克思列宁主义的原理和结论当作行动的指南，运用到活生生的具体问题上去。他们以背诵个别的原理和结论而自满，甚至以‘真正’的马克思列宁主义者自居，然而他们决不是真正的马克思列宁主义者，他们的活动方法是和马克思列宁主义完全相反的。”② 我们当代社会不需要学究式的马克思主义者，我们需要的是真正能够把马克思主义基本原理同中国的实际国情相结合的实干家，运用马克思主义基本原理解决中国的实际问题，这符合我国当前社会发展的要求，我们再不能犯本本主义错误、教条主义错误，这些错误使我们走了许多弯路，也损失了很多人才，我们绝不能重蹈覆辙，所以必须实事求是把所思所想在坚定的“党性”下落实到行动中去、落实到实践中去，让实践来证明其正确与否，让结果说明一切。正如毛泽东同志所说：“通过实践而发现真理，又通过实践而证实真理和

① 《刘少奇文集》（上卷），人民出版社 1981 年版，第 112 页。

② 同上书，第 106 页。

发展真理。从感性认识而能动地发展到理性认识，又从理性认识而能动地指导革命实践，改造主观世界和客观世界。”① 这是每位共产党员所应具备的实践品质，要有坚定的党性，真正做到为全人类谋福利的使命，成为一名真金不怕火炼的共产党员，中国特色社会主义事业的领导核心才会有生机和活力，我们的党将会万古长青、永葆生机，成为一流的党，领导人民实现共产主义社会，建立自由联合体。

第三，不能正确处理个人利益和党的利益的关系。刘少奇同志认为：“在一个共产党员的思想意识中，如果只有党的共产主义的利益和目的，真正大公无私，没有离开党而独立的个人目的和私人打算；如果他能够在革命的实践中，在马克思列宁主义的学习中，不断地提高自己的觉悟，那末：第一，他就可能有很好的共产主义的道德。因为他有明确坚定的无产阶级立场，所以他能够对一切同志、革命者、劳动人民表示他的忠诚热爱，无条件地帮助他们，平等地看待他们，不肯为着自己的利益去损害他们中间的任何人。他能够‘将心比心’，设身处地为人家着想，体贴人家。”② 这种利益观是人类最高尚的利益观，也是一个优秀的共产党员所应有的利益观，但在我们今天社会中的共产党员之中谈这种利益观，他们就会认为在唱高调，是可望而不可即的，他们会认为其可能是有问题，把一种正常看作不正常，这就是当今社会的悲哀之所在。人们考虑问题首先考虑自己的利益，做一件事情会计算其为我能够带来多少利益，有多少利益就干多少事，更谈不上平等看待一个人和“将心比心”，唯自己利益至上，这种病态社会使每个共产党员感觉到氛围的凝重，所以今天我们开展党的群众教育实践活动，使鱼水关系得到修复并回归正常。

今天新入党员从入党动机来说，依然是我入党能给我带来多少好处，入党可以给我考公务员以至最后走上仕途带来方便，在这方面绝对是不能落后的，这样让一些投机分子混进我们党内，在入党时组织应该充分考虑吸收对象的动机，入党不是为了拿好处，不是为以后开绿灯，要把有这样认识的分子消灭在萌芽状态，我们党才能保持先进性和纯洁性，每个共产党员的“党性”才会得到巩固和坚定。还有一点可以看出今天的党员重个人利益而轻党的利益，在党内还存在一种不正常的风气，同志一词是不分

---

① 《毛泽东选集》第1卷，人民出版社1991年版，第296页。

② 《刘少奇文集》（上卷），人民出版社1981年版，第131页。

职位高低的，是志同道合的人走到一起为了一个共同的目的。今天，同志一词好像在逐渐消失，而听到的更多是什么长、什么书记等的称呼，更多的是以所处的行政地位和职称来称谓，这本身就体现了一种不平等。我们今天大力倡导社会主义核心价值观，我相信这一点会得到解决，首先从形式上来实现平等，再从内容上实现平等，形式不平等就谈不上内容和结果的平等。这中间好像没有利益关系，但仔细一想，就是利益观在作祟，就是为满足其虚荣心和抬高身价而为之。

我们这里讲大局、讲集体利益、讲党的利益，并不是只讲奉献不讲索取，必要的索取是正常的要求，也是无可厚非的。刘少奇同志也是赞同这一点的，“在我们党内，党员的个人利益要服从党的利益，为了党的利益，还要求党员在必要的时候牺牲自己的个人利益。但是，这并不是说，在我们党内，不承认党员的个人利益，要抹煞党员的个人利益，要消灭党员的个性。……因此，当允许党员在不违背党的利益的范围内，在建立他个人的以至家庭的生活，去发展他个人的个性和特长”①。党的利益绝不是要抹杀个人的利益，党是由每个党员来组成的，从不谈个人利益的人可能是不存在的，因为一个人（这里的人是指有生命的人）要生活就离不开吃、穿、住、用、行，满足了人的基本需求，才能让其讲奉献，但应该正确处理党的利益和个人利益的关系，时刻保持着为人民、为党牺牲和舍弃一些东西的准备，这样当组织有一天真正需要时，我们的入党誓言就不再会听起来让人感觉那么的空洞和虚夸了，入党誓言与“党性”是我们每个共产党员用行动来捍卫和证明的，她是不容每个人来质疑的，她的神圣性是不容污蔑和亵渎的。

虽然我们今天讲的党性与75年前刘少奇同志讲的“党性”在具体内容上有所不同，因为我们的民族解放事业已经完成了，但为人类的解放事业、为党的事业毫不犹豫地牺牲个人利益，甚至牺牲自己的生命这一点是永远不会变的，所以今天我们讲党性仍然具有现实意义。

## 三　新形势下加强党性锻炼和修养的深远意义

江泽民同志在纪念刘少奇同志一百周年诞辰大会上指出：“中国共产

① 《刘少奇文集》（上卷），人民出版社1981年版，第131页。

党要求自己的党员，紧密结合党的阶级性质，最高理想和当前任务，在革命的实践中努力加强个人的思想品德和作风修养，努力在改造客观世界的过程中自觉地改造主观世界，坚持把马克思主义世界观同中华民族的优良思想道德结合起来，不断提高思想政治素质。这是我们党加强自身建设的一个鲜明特点，也是我们党维护思想上组织上的纯洁，提高凝聚力和战斗力的一个重要保证。刘少奇同志的《论共产党员的修养》，就生动体现了这个鲜明特点。这部著作教育了一代又一代共产党人，在党的建设上产生了广泛而深远的影响，是我们党极其宝贵的精神财富。在进行改革开放和社会主义现代化建设过程中，刘少奇同志关于党的建设的许多重要思想，对我们加强新形势下的党的建设仍然具有很强的现实意义。”①

第一，有利于党的先进性建设。从党员个体，即党员的“党性”修养方面来加强党的先进性建设，首先我们必须加强党员的思想教育工作，同时，要更加重视党员的自身“党性”的修养。“《孟子》上有这样一句话：‘人皆可以为尧舜’，我看这句话说得不错。每个共产党员都应该脚踏实地，实事求是努力锻炼，认真修养，尽可能地逐步地提高自己的思想和品质，不应该望到马克思列宁主义创始人那样伟大的革命家的思想和品质，认为高不可攀，就自暴自弃，畏葸不前。如果这样，那就会变成‘政治上的庸人’，不可雕的‘朽木’。”② 在当前社会，随着改革开放的全面深入，改革进入“深水区”、“攻坚期”，社会思潮也随之多样化，党员的来源层次再扩大，各种消极腐化的思想和价值观在侵蚀着我们党内的成员，特别是因为我们党是执政党，一些党员干部也面临着如何看待和正确对待人民赋予其的权力考验，解决这些问题要靠党员的先进性建设，在这个过程中思想政治上的教育和现阶段反腐的高压态势是完全必要的，但更重要的是从根本上彻底铲除不良的现象，必须重视党员党性的修养，这样党的先进性和纯洁性也就随之体现出来了，马克思主义正确的人生观、价值观、世界观也就会树立起来。

第二，对实现中国梦具有重要意义。习近平同志在参观《复兴之路》展出时讲道：“现在，大家都在讨论中国梦，我以为，实现中华民族伟大复兴，就是中华民族近代以来最伟大的梦想。这个梦想，凝聚了几代中国

---

① 江泽民：《在刘少奇同志诞生一百周年纪念大会上的讲话》，《人民日报》1988年11月27日。

② 《刘少奇文集》（上卷），人民出版社1981年版，第106页。

人的夙愿，体现了中华民族和中国人民的整体利益，是每一个中华儿女的共同期盼。历史告诉我们，每个人的前途命运都与国家和民族的前途命运紧密相连。国家好民族好，大家才会好。实现中华民族的伟大复兴是一项光荣而艰巨的事业，需要一代又一代中国人共同为之努力。空谈误国，实干兴邦。”① 这个任务的实现还要靠中国共产党的领导，中国共产党是中国特色社会主义事业的领导核心，中国共产党是由每个党员组成的，她的先进性和卓识远见靠的是每个成员身体力行，这样党员的党性就是最基本的要求，党性不够是无法承担此项任重而道远的任务的，也不能给全国人民交出一份满意的答卷。中国梦是由每个人的梦汇编而成，梦是有变为现实的可能性的，当然这里的梦不是白日梦，更不是南柯梦，而是实实在在的梦，梦的实现必须靠实干，而非空谈，空谈只会误国，实干才会兴邦，邦兴了，民族才会好，大家也才会更好，中国梦也就随之从梦变为现实。这个夙愿的实现须大家齐心去努力，在有着坚定信仰的共产党领导下和有着党性修养的共产党员带领下，在不久的将来一定会实现。空谈误国，实干兴邦，马克思在《致燕妮·龙格》中写道：“空谈和实干是不可调和的对立面。”② 我们只能站在实干这一面，才能实现中华民族的伟大复兴，才能自立于世界民族之林，中国人扬眉吐气的日子也才会到来。

第三，对实现自由人联合体的共产主义社会具有重要意义。共产主义社会是我们每个共产党员的最高理想，我们坚信一定会实现。刘少奇同志讲道：“共产主义世界好不好呢？大家知道，那是很好的。在那种世界里，没有剥削者、压迫者，没有地主、资本家，没有帝国主义和法西斯蒂等，也没有压迫、受剥削的人，没有剥削制度造成的黑暗、愚昧、落后等。在那种社会里，物质生产和精神生产都有高度的蓬蓬勃勃的发展，能够满足所有社会成员的各方面的需要。那时，人类都成为有高等文化程度和技术水平的、大公无私的、聪明的共产主义劳动者，人类彼此充满了互相帮助、互相亲爱，没有尔虞我诈、互相损害、互相残杀和战争等等不合理的事情。”③ 这就是一个伟大的无产阶级的马克思主义者对共产主义社会的理解和诠释，其实归结起来仍旧是马克思对共产主义社会构想的三个特征，即物质财富极大丰富，消费资料按需分配；社会关系高度和谐，人们

① 习近平：《在参加〈复兴之路〉展览时的讲话》，《人民日报》2012 年 11 月 30 日。

② 《马克思恩格斯全集》第 35 卷，人民出版社 1971 年版，第 173 页。

③ 《刘少奇文集》（上卷），人民出版社 1981 年版，第 122 页。

精神境界极大提高；每个人自由而全面发展，人类从必然王国向自由王国飞跃。共产主义社会无疑是非常美好的，是人类神往的社会形态，要实现其必须重视“党性”修养，“党性”的修养为其实现铺平道路，也为其到来做好心理和行为的准备。我们在“党性”信仰上不应该迷茫。正如习近平同志讲的那样：“坚定理想信念，坚守共产党人精神追求，始终是共产党人安身立命的根本。对马克思主义信仰，对社会主义和共产主义的信念，是共产党人的政治灵魂，是共产党人经受住任何考验的精神支柱。”① 共产主义信念，我们每个共产党员不能丢，丢了她就如丢掉了我们的灵魂，一个人如果没有了灵魂就不知其可，这是我们的根本；具体到每个党员，“党性”更不能丢，她是实现共产主义的先决条件，让我们团结一致、矢志不渝，为实现中国特色社会主义共同理想而努力奋斗。

总之，“党性”修养的形成是一个长期的过程，不是一蹴而就的，其贵在养成、贵在坚持，要实干而非空谈。我们必须“先天下之忧而忧，后天下之乐而乐”，做一个可雕之人，而非“政治庸人”，加强“党性”的修养，使党永远保持先进性和纯洁性，为实现中国梦和共产主义事业顽强拼搏。

（作者系西北师范大学马克思主义学院副教授）

① 中共中央文献研究室：《论群众路线——重要论述摘编》，中共文献出版社 2013 年版，第 121 页。

# 论中国共产党推进国家治理体系和治理能力现代化的重要思想保障：实事求是思想路线

张雪雁

中国共产党作为一个马克思主义的政党，肩负着实现和发展中国特色社会主义事业的伟大使命，党的十八届三中全会提出了“推进国家治理体系和治理能力现代化”的战略构想。实事求是思想路线作为马克思主义的一条根本原则，是为中国共产党长期的革命、改革和建设实践所证明了的正确原则。因此，要实现国家治理体系和治理能力现代化的重大战略，就必须坚持和贯彻实事求是的思想路线。实事求是思想路线是中国共产党的核心思想路线，是党对中国特色社会主义事业政治领导权的根本保证，是保证党对中国特色社会主义事业文化领导权的前提和基础，是保证中国特色社会主义事业经济基础稳固的基本要求，是贯彻和执行“四个全面”重要战略思想的必然要求。

## 一　实事求是思想路线是党对中国特色社会主义事业政治领导权的根本保证

实事求是思想路线是中国共产党的核心思想路线，是党对中国特色社会主义事业政治领导权的根本保证。社会主义事业的政治领导权问题是社会主义国家解决任何问题的前提和基础，政治领导权无论任何时候都是中心问题，也是推进国家治理和治理能力现代化的关键所在。所谓实事求是思想路线，就是指“一切从实际出发，理论联系实际，坚持实践是检验真理的标准"[①]。当1941年5月19日，毛泽东在作《改造我们的学习》的报告时，将实事求是思想上升为马克思列宁主义理论的基本原则，系统地赋予实事求是以马克思主义的科学内涵，并把它作为思想认识、党的工作和党员的党性修养的基本原则和标尺。

根据西方马克思主义学者拉克劳和墨菲的研究，领导权理论是他们后马克思主义理论的核心，他们有个口号就是"回到领导权斗争中去"[②]。他们在《领导权与社会主义的策略》一书中系统分析了马克思主义理论家卢森堡、伯恩斯坦、列宁、葛兰西等对领导权理论的贡献，认为列宁、葛兰西对领导权理论的贡献最大，并把列宁政治领导权和葛兰西的意识形态领导权理论发展到了"话语领导权"，"'领导权'范畴构成了'后马克思主义'的话语起点"[③]。拉克劳、墨菲的"话语领导权理论体现了随机性、偶然性、非法定性的后现代的社会历史观，彻底告别了社会客观性和历史必然性的逻辑，也彻底告别了阶级和阶级斗争的观念，从而远离了马克思主义"[④]。虽然拉克劳和墨菲的"话语权理论"存在上述局限性，但他们意识到领导权对于社会主义事业发展的影响是至关重要的。事实上，毛泽东很早就实事求是地提出革命的首要问题，即领导权问题，也就是谁领导谁的问题。以毛泽东为代表的中国共产党人熟练地运用马克思列宁主义的基本原理，结合中国革命的具体实践，走出了一条中国特色的武装割据和农村包围城市的正确革命道路，领导全国各族人民取得了新民主主义革命的胜利，这是为伟大的实践所证明了的。

中国共产党从一个革命的政党转变为一个长期执政的政党的时候，提出了一个重大的问题，就是党如何坚持和完善对社会主义事业的领导权。经过"文革"的惨痛教训，粉碎"四人帮"后，如何在国内外形势发生变化的情况下，领导全国各族人民发展社会主义事业，当时的中央主要领导人，提出了"两个凡是"的错误思想路线，完全违背了毛泽东提出的实事求是的马克思主义的思想路线。其后在实践是检验真理标准问题的大讨

---

① 《邓小平文选》第2卷，人民出版社1994年版，第278页。

② ［英］恩斯特·拉克劳、查特尔·墨菲：《领导权与社会主义的策略》，黑龙江人民出版社2003年版，第15页。

③ ［英］恩斯特·拉克劳：《我们时代革命的新反思》，黑龙江人民出版社2006年版，第220页。

④ 程炳辉：《从政治领导权、意识形态领导权到话语领导权——拉克劳、墨菲的领导权理论》，《厦门大学学报（哲学社会科学版）》2010年第1期，第103页。

论中，彻底地否定了“两个凡是”的错误思想，为开创中国特色社会主义伟大事业提供了思想的突破口。因此，邓小平说：“三中全会确立了，准确地说是重申了党的马克思主义的思想路线。”[①] 实际上，思想路线问题从来就是党能否领导和正确领导的关键所在，中国共产党的建设问题，很大程度上就是能否掌握对社会主义事业的领导权问题。在中国共产党建党80周年的大会上，江泽民指出：“经过八十年的发展，我们的党员队伍，党所处的地位和环境，党所肩负的任务都发生了重大变化。我们党已经从一个领导人民为夺取全国政权而奋斗的党，成为一个领导人民掌握着全国政权并长期执政的党；已经从一个在受到外部封锁的状态下领导国家建设的党，成为在全面改革开放条件下领导国家建设的党。新党员数量的大幅增加，干部队伍的新老交替不断进行，一大批年轻干部走上领导岗位。这给党的发展带来了新活力，也提出了新挑战。”[②] 为此江泽民提出了“三个代表”重要思想，实事求是地回答了如何在全面改革的情况下建设马克思主义的执政党的问题，也就是如何保持和巩固党的政治领导权问题。

胡锦涛同志《在纪念毛泽东同志诞辰一百一十周年的座谈会上的讲话》中指出：“毛泽东思想，邓小平理论和‘三个代表’重要思想都是解放思想、实事求是、与时俱进的科学理论，也都是我们党解放思想、实事求是、与时俱进的重大成果。”2006年8月，他在《在学习〈江泽民文选〉报告会上的讲话》中强调指出：“解放思想、实事求是、与时俱进是马克思主义活的灵魂，是我们适应新形势、认识新事物、完成新任务的根本思想武器。”党的十八大以来，习近平同志提出了“空谈误国，实干兴邦”的号召，鲜明地表明了坚持实事求是思想路线是实现中华民族伟大复兴中国梦的基本要求。习近平同志说：“坚持实事求是，就能兴党兴国；违背实事求是就会误党误国”，“实事求是是毛泽东思想活的灵魂之一，是马克思主义的根本观点，是我们党的基本思想方法、工作方法、领导方法”。这就是说，实事求是思想路线是党实现对中国特色社会主义事业政治领导权的重要保证，20世纪以来，苏联的诞生和消亡是留给后人的重大警示。因此，如何贯彻和彻底地执行实事求是的核心思想路线，积极有为，勇于变革，是中国特色社会主义事业胜利的根本保证，是同各种非马

---

① 《邓小平文选》第2卷，人民出版社1994年版，第278页。

② 江泽民：《论“三个代表”》，中央文献出版社2001年版，第164页。

克思主义思潮作斗争的利器，是党战胜各种困难，团结全国各族人民，克服教条主义、经验主义等思想的利器，是社会主义事业政治领导权牢牢掌握在党和人民手中的利器。

## 二　实事求是思想路线是保证党对中国特色社会主义事业文化领导权的前提和基础

实事求是思想路线是党的核心思想路线，是已为党 90 多年的奋斗历史所证明了的。要实现党的奋斗的伟大目标，必须要保证党对社会主义事业的文化领导权，这就必然要求坚持实事求是的思想路线，否则社会主义就会变色，实现国家治理体系和治理能力现代化就会失去社会主义文化价值根基。意大利伟大的马克思主义者、革命家和思想家葛兰西提出的文化领导权理论，深刻阐明了无产阶级不仅要掌握政治领导权，而且还要掌握文化领导权，造就一个知识分子的历史文化集团，这是社会主义事业胜利的必要条件。

葛兰西提出的文化领导权理论，是建立在其所提出的实践哲学基础之上的。葛兰西说："实践哲学有两项工作要做：战胜形式精致的现代意识形态，以便组成自己独立的知识分子集团；教育文化上还处于中世纪的人民大众。"[①] 葛兰西作为一位伟大的马克思主义革命者和理论家，他的文化领导权理论对马克思主义的发展是一个重大理论贡献。[②] 他从理论和实践如何具体统一入手，"在实践哲学的最近发展中，对于理论和实践统一的概念的阐述和提炼也仍然只处在一个早期阶段上。人们谈论起理论，仍然把它当作实践的一个'补充'、一个'附加'，或当作实践的婢女"[③]。他通过领导权理论的阐述，系统分析了理论与实践统一的具体路径。他认为新形势下，理论与实践统一的途径就是造就一个专门的领导集团，即属于无产阶级的知识分子阶层，以便使无产阶级能够拥有独立的自我意识而"区分自身"。他指出："成为一个特定的掌握领导权的力量的组成部分的意识（也就是说，政治意识），是走向更进一步的自我意识的第一步，在

① ［意大利］安东尼奥·葛兰西：《狱中札记》，中国社会科学出版社 2000 年版，第 304 页。

② 焦勇勤：《实践哲学、知识分子与文化领导权——葛兰西文化领导权思想评析》，《理论探讨》2002 年第 2 期，第 28 页。

③ ［意大利］安东尼奥·葛兰西：《狱中札记》，中国社会科学出版社 2000 年版，第 245 页。

这种自我意识中，理论和实践最终将合二为一。”[①] 最终，使得无产阶级掌握领导权，也对知识分子的作用和意义作了说明。

葛兰西在1926年的《南方问题笔记》中，首次提到了领导权的概念，他说：“都灵的共产主义者具体地提出了‘无产阶级的领导权（霸权，hegemony）’，即无产阶级专政和工人国家的社会基础问题。”[②] 而对于领导权理论的更为深入的阐述是在《狱中札记》中提出的，“一个社会集团的领导权地位表现在以下两个方面，即‘统治’和‘智识与道德的领导权’。一个社会集团统治着它往往会‘请出’或者甚至以武力来制服的敌对集团，他领导着同类的结盟的集团。一个社会集团能够也必须在赢得政权之前开始行使‘领导权’（这就是赢得政权的首要条件之一）；当它行使政权的时候就最终成了统治者，但他即使是牢牢地掌握了政权，也必须继续以往的领导”[③]。实现无产阶级或历史集团对文化的领导权，就需要通过阵地战方式，占领资产阶级所把持的文化领导权，这是革命领导权获得的必然途径和必要条件。葛兰西关于文化领导权的理论，对于已经建立的社会主义国家，巩固文化的领导权，也就是说巩固马克思主义意识形态的领导权有重要的启示和意义。因此，“三个代表”思想中，有一条就是中国共产党始终要代表中国先进文化的前进方向，也就是说党要掌握对社会主义事业的文化领导权。

习近平同志在全国宣传思想工作会议上的讲话中，强调要牢牢掌握意识形态工作的领导权、管理权、话语权，不断巩固马克思主义在意识形态领域的指导地位，一刻也不能放松和削弱意识形态工作，也就是说要牢牢地掌握社会主义事业的文化领导权。那么如何才能做到这些呢？这就是要坚持实事求是思想路线，研究国际和国内的各种思潮，新情况、新动向、新问题，才能立足社会主义国家的意识形态安全，为全面深化改革提供思想理论支撑。由于我们目前所处的历史条件发生了深刻变化，世界范围内各种思想文化交流交融交锋更加频繁，信息化、网络化和全球化的影响，使得人们的思想更加趋于多元化，人们的思想活动的独立性、选择性、多变性、差异性明显增强，在思想领域内的斗争复杂而深刻。这就要求从实

① ［意大利］安东尼奥·葛兰西：《狱中札记》，中国社会科学出版社2000年版，第244页。

② Antonio Gramsci，“Selections from political writings（1921-1926）”，*Translated and Edited by Quintin Hoare*，London：Lawrence and Wishart Ltd，1978，p. 443.

③ ［意大利］安东尼奥·葛兰西：《狱中札记》，中国社会科学出版社2000年版，第38页。

事求是的思想路线出发，做好宣传文化工作，离开了实事求是思想路线，那么宣传就会走向“虚置化”，就会没有根基，成为没有效力的空谈，最终会误党误国。如果党在一个日益开放的世界中，不争分夺秒地推进文化领导权事业，不十分注意将社会主义的优越性推向全世界，形成道路自信、制度自信和理论自信的民族文化性格，国家民族的凝聚的精神动力就会涣散，而社会主义事业的发展也将会遭到失败。因此，在宣传思想文化工作中，坚持党性和人民性的统一，坚持党管媒体的原则，坚持正面宣传为主，同时，也要展开同各种非马克思主义思潮进行斗争的舆论阵地战。并且大力发展社会主义文化事业，培养更多马克思主义理论家和思想家，形成梯队格局，鼓励创新。近年来，历史虚无主义甚嚣尘上，否定党领导全国人民奋斗的光辉历史，打着各种旗号，丑化党的领袖，恶意贬低党的领导能力，肆意扩大党在历史上所存在的失误，鼓吹非马克思主义思潮，这就是对社会主义事业文化领导权的挑战。因此，要以实事求是的思想为指南，积极开展思想斗争，维护社会主义文化领导权，从而有效地为推进国家治理体系和治理能力的现代化提供思想保障。

## 三　实事求是思想路线是保证中国特色社会主义事业经济基础稳固的基本要求

实事求是思想路线是保证中国特色社会主义事业经济基础稳固的基本要求。邓小平曾经说过“社会主义如果老是穷，它就站不住”[①]。因此，没有稳固、持续发展的经济基础作保障，社会主义的优越性就无法充分显现，人民生活水平就无法提高，社会主义事业就有走向曲折的可能。邓小平从实事求是的思想出发，开创了“一个中心，两个基本点”的党的基本路线，从中国处于社会主义初级阶段的具体实际出发，开创了中国特色社会主义的道路。此后，党和国家始终坚持以经济建设为中心不动摇，使得中国特色的社会主义事业不断快速发展。自党的十八大以来，党中央提出“两个一百年”的全面建成小康社会的战略目标，十八届三中全会提出全面深化改革的战略布局，要求理顺政府和市场的关系。这是一场新的改革攻坚战，因此，应当把实事求是的思想路线贯彻下去，团结一

① 《邓小平文选》第2卷，人民出版社1994年版，第191页。

致，谋改革、谋发展，调动各方面工作的积极性，这是发展社会主义经济事业的根本思想保证，同时也是推进国家治理体系和治理能力现代化的重要保证。

从实事求是思想路线出发，坚持研究国内外、省内外、市内外、县内外、乡镇内外的当下的实际情况，制定出科学合理的规划，促进经济社会的健康、持续、快速发展。由于中国是一个大国，各种历史、自然环境等因素合力造成目前整个国家经济发展的不平衡，中西部发展相对落后，东部沿海经济发达。从国家整体的发展状况看，2008 年中国人均 GDP 超过 3000 美元，而到 2013 年人均 GDP 达到了 6800 美元。经济总量已经位居世界第二位，但是人均显然很低，而且各省区之间的差距也较大。城市化水平已略微超过 50%，但是市民化水平较低，有的人虽然进了城，但还没有获得市民身份，而是半农半工或农民身份。中国二、三产业从业人员的比重大概是 67%，基本接近发达国家 70%的水平。中国的高等教育大众化水平较高，目前，2010 年高等教育毛入学率达到 25%，2013 年达到 30%，这是一个较为有利的条件，表明高素质的人才供给比较充沛。家庭消费的恩格尔系数，2012 年城市是 37. 1%，农村则为 40%。汽车和住房，还有信息通信、教育、医疗、休闲、旅游等呈现大幅增长趋势。据统计，2013 年中国社会消费品零售总额增长了大概 13. 1%。因此，有学者认为中国已进入大众消费时代。[①] 应该说这个判断是基本符合实事求是精神的，这些就是中国当下的具体实际。这就要求全国各地既要服从全国发展的整体大局，也要根据本地方发展的实际，因地制宜地发展经济，促进全面改革和全面建成小康社会的战略目标。发达地区采取的战略可能要同不发达地区有差异，城市和农村要统筹发展。

坚持实事求是思想路线，贯彻落实“一带一路”的发展战略，实现中西部的跨越式发展，东部产业结构升级。如何实现东西部均衡发展，是摆在中国面前的一个重大战略问题，没有中西部的现代化，中国的现代化是不可能实现的。因此，大力推进中西部的发展是当务之急，是兴党兴国之要。破除阻碍经济发展、技术革新的既得利益集团，要采取实事求是的渐进式战略，对于企业的转型发展、微小企业的创业等开展多方面探究，应当把创新作为工作的重点。要创新，就要加大人才培养力度，改革不适应

---

① 李培林：《社会改革与社会治理》，社会科学文献出版社 2014 年版，第 53—54 页。

创新发展的教育体制，形成完备的教育体系，中国特色社会主义事业的发展需要各级各类的人才，唯有坚持实事求是思想路线，才能为创新发展提供不竭的动力。

## 四 实事求是思想路线是贯彻和执行党中央“四个全面”重要战略思想的必然要求

自党的十八大提出到2020年全面建成小康社会的总目标以来，党的十八届三中全会通过的《中共中央关于全面深化改革若干重大问题的决定》提出：“全面深化改革的总目标是完善和发展中国特色社会主义制度，推进国家治理体系和治理能力现代化。”十八届四中全会提出全面依法治国，2014年10月，习近平总书记在党的群众路线教育实践活动总结大会上，进一步提出全面推进从严治党的要求，并对全面推进从严治党进行了部署。2014年12月，习近平总书记在江苏调研时则将“三个全面”上升到了“四个全面”，要“协调推进全面建成小康社会、全面深化改革、全面推进依法治国、全面从严治党，推动改革开放和社会主义现代化建设迈上新台阶”。党的十八大以来，以习近平同志为总书记的党中央从坚持和发展中国特色社会主义全局出发，提出并形成了全面建成小康社会、全面深化改革、全面依法治国、全面从严治党的战略布局。“四个全面”战略布局，集中体现了我们党对共产党执政规律、社会主义建设规律和人类社会发展规律的新认识，体现了以习近平同志为总书记的党中央治国理政的新思路、新举措和新要求。

贯彻和落实“四个全面”战略布局，就必然要求在中国特色社会主义政治、经济、文化、社会和生态各领域的建设中，贯彻实事求是的思想，实现国家治理体系和治理能力现代化的目标。党中央提出“四个全面”重要战略思想，是从中国特色社会主义事业发展的全面实际提出的，是经过中央的充分酝酿和调查研究做出的科学决定，符合社会发展的基本规律，符合马克思主义的国家治理思想。全面建成小康社会目标，是继承和深化党的十一届三中全会以来提出的“三步走”战略目标基础之上形成的。社会主义事业是全新的事业，自马克思主义诞生以来算起，科学社会主义作为人类文明的结晶，才167年时间，其实践、探索和发展，经历过曲折，有成功也有失败。社会主义作为全人类未来的发展方向，需要不断地进行理论和实践创新，不断地解放思想，破除教条主义和经验主义等思想。从实际出发，理论联系实际，提高社会主义的道路自信、制度自信、理论自信，聚合全国各族人民之力，增强党的执政能力，全党大兴“实干兴邦”之举，避免“空谈误国”之风。

习近平同志提出的“四个全面”战略布局，是一个具有内在逻辑联系的整体，是实事求是思想路线的具体反映。在这个整体中，全面建成小康社会是战略目标，全面深化改革、全面依法治国、全面从严治党是战略举措。“四个全面”统一于中国特色社会主义现代化建设全过程，统一于实现中华民族伟大复兴的中国梦的全过程。中国有句古话叫作“纲举目张”，任何事情都需要一定的目标作为支撑，否则我们就没有方向，就会失去价值目标依托，人心就会散。全面建成小康社会就是总目标，围绕这一惠及13亿人民的宏伟目标的实现，必然要求改善社会生产力和生产关系的运行态势，改善经济基础与上层建筑的关系，要求研究新情况、新问题，想出行之有效的新办法，促进全面发展，从而也就要求在学习、工作中牢固树立实事求是的思想，不能粗枝大叶，只在报告里、在报纸上、在口头上谈，而要团结在党中央周围，扎扎实实地干。

全面深化改革和全面依法治国，也要求坚持实事求是的思想路线，全面深化改革就是要使“市场在资源配置中起决定性作用”，这是中央新的判断，也就是要定位市场与政府的关系问题，这就要求改革政府监管不到位和干预过多的问题。由于市场经济有强烈的优胜劣汰功能，为经济学家所青睐，所以，还要综合考虑社会效益和生态效益等。所以，世界上没有一种市场是不存在监管的，也没有完全由政府把持的绝对经济，因此，还是要加强理论和实践的动态结合，形成经济持续健康稳定发展的新常态。中国的贫富差距在扩大，如何实现社会主义的分配公正性和合理性，是全面改革重点关注的事情。全面深化改革的制度化成果需要用法律的形式确定下来，以便使得全社会能够遵守，否则容易造成人亡政息的局面，同时司法体制的改革也要求立法、执法、守法都要做到以人为本，维护司法的正义，从某种意义上来说就是维护社会正义。习近平同志说：“要把权力关在制度的笼子里”，也就是要用法律制度来维护人民群众的利益不受权力的损害。无论是全面深化改革还是全面依法治国，都需要贯彻实事求是的思想路线，离开这一点，就会使得中国特色社会主义事业的发展受损，达不到改革之目的。

当下中国的发展，遇到了很多机遇，也面临诸多严峻的挑战。有句话叫“办好中国的事情关键在党”，因此，实事求是思想能否贯彻执行，是“全面从严治党”的前提和基础。在新的历史条件下，党面临着复杂而严峻的执政考验、改革开放考验、市场经济考验和外部环境考验，精神懈怠、能力不足、脱离群众、消极腐败“四大危险”更加尖锐地摆在全党面前。自党的十八大以来，中央对腐败采取零容忍态度，依法处理了一批影响极坏的党内“大老虎”，这些人损害了社会主义事业的发展，使党和国家的形象受损。有的人会上讲“反腐败”，而自己行动上却腐败不堪，这完全背离了党的宗旨，也完全背离了实事求是的党性原则。的确，社会经济的繁荣和改革开放的发展，各部门中拜金主义、享乐主义、官僚主义的作风十分的突出，将党和人民赋予的权力作为自己捞取利益的筹码，特别是军队中的腐败现象，问题之严重，让人震惊。中央开展的反腐败举措深受广大人民群众的称赞，当然也有极个别的反对声音，如说“反腐败停滞了经济发展论”等种种机会主义的思潮，这是需要严正驳斥的错误思想认识。中国的党员人数目前达到8600多万，数目庞大，甚至比一些西欧国家的人还要多，因此，建构科学合理的治党制度体系尤为必要。

（作者单位：西北师范大学马克思主义学院）

# 审美意识形态论争及文学的本质问题

张　文

## 一　文学本质的界定及其潜在危机

20 世纪 80 年代以来，审美意识形态理论逐渐成为马克思主义中国化在文学理论领域和美学领域的一个重大成果，“文学是一种审美意识形态”的观念也越来越多地在各种文学理论教材中被使用。其中以童庆炳主编的《文学理论教程》影响最大、使用时间最长，至今仍被多所高校广泛使用。在本书中，作者以马克思主义理论为基础，对文学的属性做了审美意识形态的界定，比如“文学从本质上说是意识形态。作为意识形态，文学具有普遍的属性，也具有特殊的属性。文学的普遍属性在于，它是一般意识形态；文学的特殊属性在于它是审美意识形态”①。

之所以将文学的本质定为“意识形态”，该书作者以马克思主义理论为依据做了说明。在马克思主义理论中，社会经济基础决定上层建筑，上层建筑又可以分为社会政治制度与社会意识形态，社会意识形态其实是社会的观念体系，其中一个重要的部分就是文学艺术。马克思说：“在考察这些变革时，必须时刻把下面两者区别开来：一种是生产的经济条件方面所发生的物质的、可以用自然科学的精确性指明的变革，一种是人们借以意识到这个冲突并力求把它克服的那些法律的、政治的、宗教的、艺术的或哲学的，简言之，意识形态的形式。”② 值得注意的是，由于马克思在这里只是说明了艺术的归属问题，即认为艺术属于意识形态的一种形式，

① 童庆炳等：《文学理论教程》，高等教育出版社 2004 年版，第 57 页。

② 《马克思恩格斯全集》第 2 卷，人民出版社 1995 年版，第 82—83 页。

于是，根据马克思的论述将艺术作为一种意识形态的做法只能表明艺术的归属，而不能表明艺术的特质。这就成为文学意识形态论遭到批判的第一个原因。董学文说："在我看来，用一般'意识形态'来界定文艺的最大缺欠，就是它把普遍的东西特殊化。而用'审美意识形态'来界定文艺，其最大的缺欠是它把丰富的意识形态要素狭窄化了。如果说文艺的本质是'审美的意识形态'，那么依此类推，法律的本质就该是'秩序的意识形态'、政治的本质就该是'统驭的意识形态'、哲学的本质就该是'思辨的意识形态'、宗教的本质就该是'信仰的意识形态'，等等。"① 李志宏的批评是有道理的，审美意识形态的外延过大，并不适合用来界定文学的本质。文学的特质无法得到表现，文学就无法与法律、宗教、哲学区分开来，这种对于文学本质的界定自然就无法成立。

李志宏指出的这个问题是以"审美意识形态"作为文学本质规定的最大问题。当然，问题并不止于此。文学作为一种人文精神的产物，其形态是多样且处于发展变化中的。从古至今，很多不符合当前文学定义的文本均被作为文学研究。中国古代的《春秋》、《左传》，大量的奏章和碑铭，其写作出发点不是文学创作，而是做历史史实的记录或者纯粹是应用文写作。然而世殊事异、时过境迁之后，这些文本却被发现具有丰富的文学内涵。可见，文学是在变化发展中的，文学的本质并不像物质世界一样稳定，因而对文学做本质性的定义也是困难的，甚至可以说是不可能的。这也是当前人文学科倡导反本质主义的一个原因。而童庆炳遭到抨击的一个重要原因就是他明确将"审美意识形态论"作为文艺学的第一原理②，"第一原理"的字眼直接表明了他对于文学本质的极力肯定，而这种肯定本身就有大量可以否证的空间，引发争议也就在情理之中了。

事实也是如此。随着理论的不断进步，文学研究迎来多元化的理论格局，这个时候，"审美意识形态论"因其本质主义的理论野心就显现出捉襟见肘、左右为难的尴尬。近年来，以北京师范大学和北京大学为主的关于"审美意识形态"的论争成为文学界一个重要的话题。而之所以产生争论，就是因为"审美意识形态"一词在界定文学本质时的局限性。以"审美意识形态"作为文学本质的思路，应该得到更进一步的研究。

---

① 李志宏主编：《文艺意识形态学说论争》，吉林大学出版社2006年版，第26页。

② 童庆炳：《审美意识形态论作为文艺学的第一原理》，《学术研究》2000年第1期。

当然，审美意识形态也能在一定程度上揭示文学的特点，这是值得肯定的。在马克思看来，意识形态远离经济基础从而具有一定的独立性，但毕竟与经济基础有一定的关联。如果仅仅强调文学艺术的精神性，倡导文学“为艺术而艺术”，否定其与经济基础的关联，就会陷入唯心主义的困境。文学与经济基础的关联在马克思恩格斯的著作中已经提到，“更高的即更远离物质经济基础的意识形态，采取了哲学和宗教的形式。在这里，观念同自己的物质存在条件的联系，越来越错综复杂，越来越被一些中间环节弄模糊了”。哲学和宗教如是，文学也是如此，但“模糊”并不是否定其与经济基础的关系，而只是说明这种关系的一种特点——相对独立性。只有既认识到文学独立于社会经济基础的一面，又肯定文学与社会经济基础不可分割的联系，我们才能真正认识和处理好文学在整个社会结构中的位置及其作用。

从时代出发，我们也应该肯定“审美意识形态论”的积极价值。由于时代的需要以及文学自身传播的广泛有效性，改革开放之前的文学主流不可能脱离“服务社会”、“服务政治”、“服务工农兵”的命运。也正是在时代要求之下，文学逐渐显示出明显的工具性。王瑶先生在评价 20 世纪 40 年代文学的时候，就有过明确的评论：“一方面我们必须充分注意与把握四十年代文学的历史特殊性：它是以农民为主体的民族解放与革命战争条件下的文学；特殊的历史环境，要求文学肩负起特殊的使命，形成不同于前两个十年的另一种文学风貌，这应作为我们研究与讨论的出发点……”[①] 然而，时代对于文学的要求并不能从根本上改变文学自身的特点，随着时代的变迁，尤其是改革开放以来，文学自身也有了新的要求。这种新的要求集中表现在，文学对于主体性的重视，文学对于自律性的要求，文学希望摆脱政治羁绊，重回“文学性”的要求。于是，迫切希望摆脱意识形态，重新回到文学自身的理论诉求日趋强烈，文学是审美意识形态的命题也就被提出来了。

总之，我们认为，“审美意识形态论”对于揭示文学在整个社会结构中的位置，对于分析文学与经济基础的关联有着重大的意义，但“审美意识形态论”又因缺乏对文学本身的关注而难以成为对文学本质的界定。马克思对于文学意识形态特征的关注是出于对上层建筑的研究，而非对文学

---

① 王瑶：《中国新文学大系（1937—1949）》（序），上海文艺出版社 1990 年版，第 1 页。

的研究。因此，马克思主义文学理论的建设应该接受马克思在研究上层建筑时对文学的看法，但也应该以马克思主义为指导、以文学为出发点进行马克思主义文学理论的建构，而非在意识形态理论中去建构文学理论。

## 二 意识形态与马克思主义文学理论的建构

马克思主义中国化就是要将马克思主义理论作为理论根基，在马、列原典的基础上，发展出更具科学性、普世性的理论形态。中国文艺理论界在进行文学本质的研究的时候，也在自觉地以马克思主义为指导，进行文学本质的探索。这种探索的价值在于，可以借助马克思原著更加科学地理解文学，但也容易因为理解上的僵化而错误地利用马克思主义原理。要清晰地理解文学的本质和“审美意识形态”之间的关系，就首先要对意识形态有一定的了解。

“意识形态”是一个复杂的词，早在 20 世纪 50 年代，挪威的一些研究工作者就指出，“意识形态”这个词的定义有 150 多种。而此后 60 多年间，这个数字必然成倍增加。意识形态一词是法国人德斯杜特 · 德 · 特拉西最早开始使用的。在特拉西看来，人的感觉是一切准确的观念的基础。换言之，人们的一切观念都应该能够还原为直接的感觉。宗教意识和来自其他权威的知识如形而上学之所以是应当被拒绝的谬误，就是因为这类观念不能还原为直接的感觉，而意识形态的唯一任务正是这种包罗万象的还原。在意识形态理论的基础上，特拉西认为，我们可以通过从思想回溯到感觉的方法，摒弃宗教、形而上学及其他各种权威性的偏见和谬误，在感觉的基础上，重新阐发出政治、伦理、法律、经济、教育等各门科学的基本观念。所有这些学科中的观念，凡是不能还原为感觉的，就是虚妄的，不属于意识形态范围。

马克思的意识形态理论继承了特拉西的思想，并经历了两个阶段。马克思和恩格斯的著作《德意志意识形态》写于 1845 年到 1846 年，是早期意识形态理论的代表作，也是马克思意识形态学说正式创立的标志。在本书中，马克思探讨了经济基础对于阶级、国家、政治、宗教等观念上层建筑的决定作用，并由此建立起了完整的社会结构理论，即整个社会在结构上被剖析为四个层次，即生产力—生产关系—政治上层建筑—社会意识形态。在马克思看来，“思想、观念、意识的生产最初是直接与人们的物质活动，与人们的物质交往，与现实生活的语言交织在一起的。观念、思维、人们的精神交往在这里还是人们物质关系的直接产物”①。在此基础上，马克思摆脱了传统哲学对意识形态的否定性意义的约束，在唯物史观的基础上重新阐明了意识形态的本质。第一，意识形态属于观念的上层建筑。第二，意识形态是社会生活过程在人们头脑中的反映的产物。第三，意识形态没有自己绝对独立的历史。第四，阶级社会中的意识形态具有鲜明的阶级倾向性。第五，意识形态宣扬观念统治世界的思想，具有一定的虚假性。

早期马克思理论侧重于批判意识形态的负面作用，但是意识形态是否就是对负面社会意识的总称呢？在谭好哲看来，“马克思和恩格斯创立了无产阶级解放斗争的科学理论，实质上已经建立了科学意识形态，但却没有称它为意识形态，这在相当程度上是为了避免引起概念上的混乱，更主要的是当时无产阶级还没有成为社会的统治阶级，科学共产主义还不是社会上占主导地位的学说”②。马克思后来在《〈政治经济学批判〉序言》中对意识形态进行了深刻的分析和阐释。马克思首先整体介绍了他对社会结构的看法，他极其精练地讲道：“我所得到的、并且一经得到就用于指导我的研究工作的总的结果，可以简要地表述如下：人们在自己生活的社会生产中发生一定的、必然的、不以他们的意志为转移的关系，即同他们的物质生产力的一定发展阶段相适合的生产关系。这些生产关系的总和构成社会的经济结构，即有法律的和政治的上层建筑竖立其上并有一定的社会意识形式与之相适应的现实基础。”③ 在马克思主义理论中，社会的经济基础是指与一定的物质生产力相适应的、由社会关系的总和构成的、社会赖以生存和发展的现实物质基础。但同时，经济基础之上却存在各种“表现独特的情感、幻想、思想方式和人生观构成的整个上层建筑”④。上层建筑的核心就是“一定的社会意识形式”。在马克思的体系中，文学艺术作为一种观念体系显然从属于意识形态，而这种意识形态不同于其他意识形态的原因马克思并未直接论述。原因很简单，马克思当时关心的是社会结构这个大问题，文学作为一个具体的艺术门类并没有成为这位思想家要

① 《马克思恩格斯全集》第3卷，人民出版社1957年版，第29页。
② 谭好哲：《文艺与意识形态》，山东大学出版社2000年版，第46页。
③ 《马克思恩格斯选集》第2卷，人民出版社1995年版，第32页。
④ 《马克思恩格斯选集》第1卷，人民出版社1995年版，第611页。

去思考的核心问题。更加令人遗憾的是，马克思计划在《政治经济学批判・导言》中对物质生产和艺术发展之间的不平衡关系进行论述，却也在这种论述的准备中中断了该文的写作。我们可以推测，文学现象的过于复杂多变，文学本质的不稳定，使得这位哲人在进行理论思考的过程中，不得不思考得更多。

马克思主义中国化的一个重要内容就是马克思主义文学理论的建构，而马克思主义文学理论的建构又因本质主义的冲动而试图将“文学本质”作为文学理论的逻辑起点。于是，从上述我们对于马克思关于意识形态的论述和艺术与意识形态关系的论述中，诸多学者得出了“审美意识形态”的结论。前面我们已经讲到，这种结论实际上揭示的是文学在意识形态体系中的位置，而且的确能反映出文学的意识形态特征，但是由于马克思的关注点在社会结构而非文学艺术，所以，这种文学本质观又难以明确地揭示出文学的特殊性，从而也不足以成为文学本质的表述。

在童庆炳的《文学理论教程》中有这么一句话，“文学的审美意识形态属性，是指文学的审美表现过程与意识形态相互浸染、彼此渗透的状况，表明审美中渗透了意识形态，意识形态巧借审美传达出来”①。相比于对文学本质的界定，这句话更像是在揭示文学的一个特点，即文学与意识形态之间的关系，而这种关系的特点又由“审美”来界定。这种解释显然是有道理的，但这种解释又难以支撑起审美意识形态作为文学本质的理论构架。

至此，我们可以看出，意识形态是马克思在解释社会结构时提出的概括社会思想体系的总体性概念，艺术的出场仅仅是为了说明意识形态所包含的内容，如果反其道而行之，以此作为对艺术的本质的界定，势必难以将文学、艺术、哲学等远离经济基础的意识形式区别开来。这样，虽然我们承认文学具有意识形态性质，却不能得出文学本质是“审美意识形态”的结论。马克思主义文学理论建构的道路是困难重重的，真正做到“接着讲”首先要对马克思主义理论有明确和透彻的认识。即使我们赞赏“审美意识形态论”在弘扬文学解放中的巨大功劳，但也不能以此作为这一理论成立的理由。何为文学本质无法在马克思原著中找到直接的说明，并不意味着我们就无法以马克思主义为指导去研究文学。

---

① 童庆炳等：《文学理论教程》，高等教育出版社 2004 年版，第 61 页。

## 三 审美意识形态论争的兴起与失控

根据前文的分析，在历史唯物主义的经典理论视域中，意识形态作为对于社会结构中所有具有上层建筑功能的观念层面的东西的概括，是一个总体性的概念，主要指各种不同的思想和观念，也包含表现这些思想和观念的物质材料和方式，是以观念属性为主导的精神因素与物质因素的统一体；同时它也是一个集合性概念，可以分为不同的类型或种类。从这两个方面来看，都可以说文艺是一种意识形态，或者说是“意识形态的形式”之一。

那么，学术界无休止的争论是因何而起的呢？最早提出“审美意识形态”的是孔智光，他说：“在我们看来，艺术的本质是审美的意识形态，是艺术家对客观现实生活的主观能动的审美反映，是对客观现实生活的再现与主观心理的表现的统一。”① 而钱中文先生则系统地论证了文学艺术是一种“审美意识形态”，他说：“文学作为审美的意识形态，以感情为中心，但它是感情和思想认识的结合；它是一种虚构，但是又具有特殊形态的真实性；它是有目的的，但又具有不以实利为目的的无目的性；它具有阶级性，但是一种具有广泛的社会性以及全人类性的审美意识的形态。”② 后来童庆炳也对此展开阐释，在《文学概论》中，童庆炳等人写道：“文学是一种意识形态，文学又是人类的一种审美活动。文学的意识形态性与文学的审美特性有机结合在一起，就产生‘质变’，产生了作为文学的根本性质的‘文学审美意识形态’。”③ 作为文学属概念的意识形态又不是“话语活动”了，而回到了“人类意识的外化形态”上去了：“我们说文学是一种意识形态，就是说社会生活本来是自然形态的东西，经过作家的艺术改造，变为观念形态的东西。”④ 而审美也变成了人对事物的特殊精神活动过程：“审美是心理处于活跃状态的主体，在特定的心境时空中，在有历史文化渗透的条件下，对客体的美的关照、感悟、判断。”⑤

① 孔智光：《试论艺术时空》，《文史哲》1982 年第 6 期。
② 钱中文：《论文学观念的系统性特征》，《文艺研究》1987 年第 6 期。
③ 童庆炳：《文学概论》，武汉大学出版社 2000 年版，第 80 页。
④ 同上书，第 72 页。
⑤ 同上书，第 80 页。

通过诸多理论家的分析，我们可以发现，童庆炳和钱中文先生更具有理论建构的自觉性。而新时期文艺学的发展也因为“审美意识形态”的建构而获得了更新的发展。

“审美意识形态”论提出的最初几年，很少有人提出质疑。而引发争议的正是童庆炳的一篇文章《审美意识形态论作为文艺学的第一原理》，随后刘根生和单小曦分别发表文章进行质疑。在单小曦看来，审美和意识形态本是两个天然相斥的范畴，强行扭合在一起难免违背学理。而北京大学的董学文教授及其学生则将这场讨论推向了高潮。其反对的核心理由是把文学艺术本体定位于意识形式，而不是意识形态。在他们看来，意识形态不同于意识形式，马克思原著中从未将文学视为意识形态。这场争论就此展开，以北京大学、北京师范大学为核心力量，吉林大学、山东大学、南京大学等多名学者介入争论之中。

客观地说，认为只有纯理论形态的社会意识才属于意识形态，而文艺不是纯理论，因而不是意识形态的看法，并无理论依据，也与实际不符。审美的本义是感性学，说文艺是审美的意识形态不过是强调了文艺的感性特征，强调了文艺与其他纯理论形态的意识形态的区别，这种将普遍性与特殊性结合起来对文艺的社会性质加以概括和界定的方法和思路有助于深化对文艺的认识，不会造成以审美消解意识形态的后果。

在文学“审美意识形态”的论争中基本形成了三大派别：以钱中文、童庆炳为代表的恪守文学“审美意识形态”的一派；以董学文、李志宏为代表的质疑文学“审美意识形态”的一派；以调和、折中为出发点的中立派。其中以钱中文、童庆炳、董学文三位教授级别最高。然而，正是因为三位在文学理论界地位最高的教授卷入论争之中，才导致了这场论争溢出学术探讨的界限，产生了无数意气之争。

吴子林，童庆炳的博士生，发表文章《“一捆矛盾”的变脸》，其中写道：“请恕我眼拙，阅读董教授历年来的著述，迎面而来的尽是一个个固定的观念，根本感受不到研究者生命元气的流动；也看不到其独特的运思路径或是探究问题的过程，更看不到其思想‘蜕变’所带来的诸般困惑……董教授在理论上的飘忽无定，反复无常，倒是与之（林语堂）多少有些相似。”① 这种论争已经越出冷静的学术探讨，进入了对学者人品操

① 吴子林：《“一捆矛盾”的变脸》，《文学自由谈》2006年第4期。

守、学术素养的质疑。无怪乎立刻引发了马建辉的不满。马建辉，董学文教授的博士生，在同一刊物上发表文章《被无知侮辱的思想》，其中写道："吴子林一副'无知者无畏'的架势，从北大教授董学文先生的一些文章和著作中抠出一堆词句，来揭董先生'变脸'之短。我想，即使是出于私心，但如果能真正揭出学者学术研究之短，以补缺失，那自然是极有益处的。然而，若被私心掩埋，为了能够揭短，而自己恶意编造出别人的一些短来，并大事宣扬，这就难免暴露出自己的'无行'来。"① 论争至此，我们已经可以发现，意气之争已经盖过学术的讨论，如此争论，最终也难以形成一致的结论。

马克思主义理论中国化是一个漫长的过程，需要学术同人集思广益，以科学的、理智的、客观的态度来进行学术研究，而不应该成为文化资本的角逐和话语权力的争夺。要真正在文学理论研究的范围内运用好马克思主义理论，就必须将注意力集中在问题本身，就问题谈问题，唯其如此，我们才可能真正在马克思主义文学理论领域有所突破。

## 四 审美意识形态与文学的本质问题

马克思主义文学理论的建构历经数十年的努力，已经取得了巨大的成就。"审美意识形态论"作为文学本质论虽然在理论上难以成立，但是其对于文学与社会存在关系的解释却有着重要的理论意义。更值得重视的是，"审美意识形态论"所引发的论争又一次推动了对马克思主义文学理论的深入思考。虽然这次论争表面上并没有得出统一的、明确的结论，但是诸多学者在论争的过程中对于一些基本概念的辨析、对于马克思关于文艺的重新思考和解释，都为马克思主义文学理论的建构打下了良好的基础。忽略论争中的情绪化因素和学术权力的拉锯，能够留给学术界的一定是对马克思主义文学理论的更加深刻的认识。当然，通过这次论争，我们也应该注意，在马克思主义文学理论建构的过程中，有一些问题值得每一位学者重视。

第一，"审美意识形态论"不能被全盘否定。"审美意识形态论"揭示了文学在整体社会体系中的位置，文学的确归属于上层建筑中的意识形

① 马建辉：《被无知侮辱的思想》，《文学自由谈》2006年第5期。

态，而文学作为一种艺术类型又必然与审美相关。认识到文学的审美意识形态属性对于我们正确处理文学与社会的关系，制定文学发展的政策方针都有着重要的指导意义。

第二，论争应以包容为前提。马克思主义文学理论建构还有很长的路要走，这期间可能出现的论争必然很多。论争是为了辨明真理，因此包容是论争的前提，必须避免意气相争，避免以个别术语的分歧作为是否坚持马克思主义路线的标准。

第三，马克思主义文学理论的建构应该以唯物论和唯物史观作为理论基础，以马克思方法论作为研究文学的基本方法。马克思没有建构完整的文学理论体系，完成这一任务是一个伟大而艰巨的使命，我们应该树立科学的研究态度，在马克思主义世界观和方法论的指导之下，深入而广泛地研究文学现象，从而立地生根，理论创新。

（作者单位：山东大学文艺美学研究中心）

# 中国人文学术复兴之“哲学梦”*

蒋　楼

当代中国的哲学研究群体，实际上是一个思想和学术的哲学共同体。在当前这个畅谈中华民族伟大复兴之“中国梦”的时代，这一哲学共同体实际上也拥有自己的“中国梦”。当代中国哲学共同体的“中国梦”，其实就是一个具备“多元复合”的内涵和特质的中国人文学术复兴的“哲学梦”。所谓“哲学梦”，就是要实现当代中国哲学在21世纪的崛起与复兴。这个“哲学梦”，实际上是由思想变革之梦、观念转变之梦、范式创新之梦、理论转化之梦、形态构建之梦、哲学复兴之梦等要素和环节构成的多重维度的“中国梦”。它将孕育中国人文精神与文明形态的新的可能性。“哲学梦”的实现，关键在于建构“当代中国哲学”新形态。当代中国语境下的“中西马哲学会通”，则是建构“当代中国哲学”的根本所在。首先，就是要在当代中国语境下，以中国哲学、西方哲学、马克思主义哲学为思想资源，继而实现中国哲学的现代转化、西方哲学的中国化与马克思主义哲学的中国化，最终形成中西马哲学三位一体与彼此融通的思想谱系与哲学图景。其次，是在中西马哲学对话与会通的基础上，使其基本精神与根本方法同当代中国人与社会发展的现实相观照，进而实现思想理论对于现实时代的哲学自觉。因此，致力于不同专业方向与问题领域的当代中国哲学人，应当组建起“大哲学”视野的学术共同体，开展团队合作、协同作战、群体攻坚与综合创新，以此实现中国人文学术复兴之“哲学梦”。

---

* 基金项目：重庆市社会科学规划博士项目：马克思的实践哲学范式及其当代价值研究（2014BS020）；重庆大学马克思主义理论教研部自设项目：哲学范式视域的马克思实践观研究（CQUMYBZS201501）。

## 一　“哲学梦”与中华民族伟大复兴之“中国梦”

众所周知，自1840年鸦片战争伊始，中华民族就遭受了因国运的不济、国力的衰退和文化的落后而导致的被动挨打境遇，进而使得中国社会一度沦为半殖民地半封建性质的屈辱处境。自此，实现国家富强、民族复兴与人民幸福的中华民族的伟大复兴，就成为每一个中国人的“中国梦”。一代代、一批批仁人志士前仆后继，为此伟大梦想呕心沥血、奉献青春，甚至抛头颅、洒热血，不惜壮烈牺牲，用高大身躯和顽强意志筑造起一道道钢铁长城。从这个意义上讲，整个中国近现代史，就是一部中国人民的“救亡图存”的抗争史与“民族复兴”的奋斗史。这种在经济、政治、科学技术、军事和外交等诸多方面上的弱势地位和落后状况，使得中国知识分子在人文学术与哲学传统上也一度陷入生存与发展的困境。这主要表现为自由主义的“全盘西化论”与保守主义的“文化复古论”的相互对立与论战。持“全盘西化论”的中国知识分子，逐渐失却对自己民族的人文精神与哲学传统的自信，而盲目地膜拜在全盘西化的错误观念之下，唯西方哲学马首是瞻，甚至使得“中国哲学的‘合法性’问题研究”成为2003年度中国十大学术热点之一。[①] 在他们看来，“中国只有思想，而无哲学”[②]，西方哲学才是真正意义上的哲学，西方学术才是最具科学性、现代性与合理性的人文学术，中国知识分子必须抛弃腐朽的和落后的中国传统学术，全盘性地向西方学习。另外一批持“文化复古论”的中国知识分子则认为，以西方哲学为代表的人文学术是资产阶级意识形态的组成部分，只有以中国传统哲学为代表的人文学术才能真正实现国家的富强、民族的复兴和人民的幸福。在这部分人眼里，以中国古代哲学特别是儒学为代表的中国传统人文学术蕴含着深厚的哲学传统，中华民族的文化复兴实际上就是向中国传统人文学术和儒学的复归，即“儒学复归论”[③]。从根本上说，“全盘西化论”和“文化复古论”的出现，是与工业革命后西方国家在政治、经济、军事、科技与文化等领域逐渐占据世界主导地位内在

① 《2003年度中国十大学术热点》，《学术月刊》2004年第1期，第7页。

② 陆扬：《中国有哲学吗？德里达在上海》，《文艺报》2001年12月4日第4版。

③ 张岱年、王东：《中国文明的现代复兴和综合创新》，《教学与研究》1997年第5期，第9页。

相关的。这与中华民族在近代处于被动挨打地位、中国人文学术和哲学传统面临时运不济，并且受到重创的境遇是一致的。尽管“全盘西化论”和“文化复古论”在基本观点上是根本对立、彼此冲突与相互矛盾的，但是其最终指向都是要实现中国人文学术的再度崛起和中华民族的哲学复兴。当然，不管是“全盘西化伦”还是“文化复古论”，都不可能真正实现中国人文学术复兴的“哲学梦”。

其实，从戊戌变法到辛亥革命，从五四运动到抗日战争，从旧中国到新中国，从革命时期到建设时期，从改革开放前到改革开放后，从 19 世纪中叶到 20 世纪再到 21 世纪，实际上构成包括文、史、哲等众多学科在内的中国人文学术的艰难探索、奋力挣扎、积蓄力量、韬光养晦、逐渐挺立的转型期和生成史。特别是在十月革命一声炮响为我们送来了马克思主义之后，马克思主义就在中国这片广阔的大地上生根发芽，并最终生成和生长出“中国马克思主义”的理论与实践的丰硕果实。自此，马克思主义便成为中国革命与建设的指导思想，马克思主义哲学也成为当代中国的主流思想与国家哲学。李大钊、陈独秀、毛泽东、邓小平、艾思奇、李达等老一辈革命家，正是马克思主义中国化与马克思主义哲学中国化的先驱、典范和楷模。黄楠森、高清海、陈先达、陶德麟、孙伯鍨、叶汝贤、陈宴清、张奎良等新时代的哲学家，也为马克思主义哲学的中国化、新形态建构与研究范式创新做出了巨大的贡献。从某种程度上说，马克思主义哲学的中国化、新形态建构与研究范式创新与转换等①，实际上都是为最终实现中国人文学术复兴的“哲学梦”而积蓄力量、酝酿思想和进行理论奠基。因此，中华民族伟大复兴之“中国梦”，必然深层蕴含中国人文学术复兴的“哲学梦”。反而言之，中国人文学术复兴的“哲学梦”也必然是中华民族伟大复兴之“中国梦”的题中应有之义。

## 二　“哲学梦”与中国人文精神和文明形态的新的可能性

中国人文学术复兴之“哲学梦”，是与 1987 年党的十三大提出的中国

---

① 蒋楼：《中国马克思主义哲学研究范式问题的生成逻辑及其前提反思》，《河海大学学报（哲学社会科学版）》2013 年第 2 期，第 13 页。

政府经济建设目标分三步走的战略部署相一致的。“三步走”战略指出，在21世纪中叶亦即新中国成立100周年时，“人均国民生产总值达到中等发达国家水平，人民生活比较富裕，基本实现现代化”①。其实，这不仅是指经济现代化维度的国家富强、民族复兴与人民幸福之梦，而且也内在地要求由文化的现代化、思想的现代化、精神的现代化和哲学的现代化等多重要素和环节构成的精神文明的现代化。物质文明的现代化与精神文明的现代化的相互统一与彼此共赢，既是建设有中国特色社会主义现代化的题中应有之义，也是国家富强、民族复兴与人民幸福的“中国梦”的内在要求。哲学的现代化以其自身的性质和特质在精神文明的现代化的架构体系中总是具有文化中枢、思想精髓、精神内核与“文明的活的灵魂”② 的价值和意义。因而，中华民族的伟大复兴之梦，必然内在地要求中国哲学在21世纪的崛起和复兴。这既是当代中国人安顿身心、安身立命与人之为人的精神需要和心灵诉求，也是中华民族的伟大复兴在思想建设、精神建设、文化建设和文明建设上的理论需要和哲学自觉。③

同时，当代中国哲学在21世纪的复兴，也是世界前进和人类发展的需要。德国现代哲学家雅斯贝尔斯在其著名的“轴心时代”命题中，就将以孔子和老子为代表的中国先秦思想与哲学文化认定为人类文明传统的几大重要来源之一。④ 正是基于此，众多学者在西方文化、西方思想、西方文明和西方哲学在当代逐渐面临困境和危机后，不约而同地把理论的目光转向拥有五千年悠久文明史的中国，期待中国在21世纪能够开出新的人类文明的精神传统。李泽厚先生的两本访谈录：《该中国哲学登场了?》、《中国哲学如何登场?》的先后出版⑤，“中哲、西哲、马哲对话中的融通”成为2008年度中国十大学术热点之一⑥，鲁克俭主编的“国外马克思学译丛”的问世、王东教授的建构“中国马克思学”的呼吁等，不但表明中

① 《十三大以来重要文献选编》（上），人民出版社1991年版，第16页。

② 《马克思恩格斯全集》第1卷，人民出版社1995年版，第220页。

③ 吴晓明：《当代中国的精神建设及其思想资源》，《中国社会科学》2012年第5期，第4页。

④ ［德］雅斯贝尔斯：《历史的起源与目标》，魏楚雄、俞新天译，华夏出版社1989年版，第7—14页。

⑤ 孙利天、高苑：《中国哲学史研究的主体自觉》，《吉林大学社会科学学报》2013年第1期，第4页。

⑥ 《“2008年度中国十大学术热点”评选揭晓》，《学术月刊》2009年第1期，第9页。

国学者建构具有民族特色的“中国马克思学”的意图，而且意味着中国哲学共同体实现中国人文学术复兴之“哲学梦”的愿望。正如王东教授所指出的，16世纪出现了以意大利思想家为代表的人文主义哲学，17世纪出现了以荷兰哲学家斯宾诺莎为代表的唯理论，18世纪出现了以英国思想家为代表的经验论，19世纪出现了以康德、黑格尔为代表的德国古典哲学和以马克思、恩格斯为代表的马克思主义哲学，20世纪出现了以美国哲学家为代表的实用主义哲学。到了21世纪，该中国哲学家和中国哲学思想闪亮登场了![①] 因此，当代中国哲学在21世纪的复兴，就意味着新的中国人文精神与文明形态的孕育和出现。这种新的中国人文精神与文明形态，实际上就是人类生存发展的新的方式和样态、人类思想建设的新的前景和可能性、人类精神传统的新的样式和面貌的哲学映照和体现。

## 三　“哲学梦”与“当代中国哲学”新形态

中国人文学术复兴之“哲学梦”的实现，关键在于创建中国哲学的新形态，即“当代中国哲学”的建构。所谓“当代中国哲学”，主要指的是当代中国人自己的哲学，它是从根本上区别于西方哲学的形态、风格、样式和特质的。中国人与西方人不但在自然地理环境和经济生产方式上存在巨大差异，而且在民族性格、人文精神、思维方式、文化心理、哲学传统与话语方式上具有截然不同的风格与特质。因而，中西方必然存在迥然相异的关于人的自我意识的哲学思想理论。在全球化的时代背景下，当代中国人要想保持自身的个性、民族的独立性与人文精神传统的永续传承，就更需要创造当代中国人自己的哲学思想理论。高清海先生就曾呼吁：中华民族的未来发展需要有自己的哲学理论，我们应该努力创建具有中国特色、中国风格与中国气派的“当代中国哲学”[②]。当然，创建“当代中国哲学”，也并不是要完全拒斥西方哲学，而是要在保持中国特色、中国风

---

① 王东：《哲学创新的七大课题与历史使命》，《理论视野》2012年第12期，第19—20页。

② 高清海：《中华民族的未来发展需要有自己的哲学理论》，《吉林大学社会科学学报》2004年第2期，第5—7页。

格与中国气派的前提下，将西方哲学作为重要的思想参照，积极地借鉴和吸收西方哲学的可取之处。事实证明，我们只有对西方哲学的本质与特征进行一番通透的理解和把握之后，才会真正认识和领会我们自己民族的哲学传统的精髓和特质，才能在世界哲学的视野下实现“当代中国哲学”的民族价值与世界意义的双重统一。在这个意义上，“当代中国哲学”，就不仅是属于当代中国人的民族性哲学，而且是面向人类的、具有普世价值和全球眼光的世界性哲学。方克立先生所倡导的“马魂、中体、西用”说①，或许是我们在正确处理中国哲学、西方哲学和马克思主义哲学等不同思想资源之间关系问题时，所应秉持的基本态度和原则。

所谓“当代中国哲学”，也是指既能够表征当代中国人的生存状态、精神状况与发展方向的哲学，又能够展现当代中国社会的基本现状、发展瓶颈与未来出路的哲学。这就意味着，“当代中国哲学”的建构，并不是对中国传统哲学的直接挪用和简单照搬，也不是一种“哲学复古”和“文化复古”，而是要将中国传统哲学作为重要思想资源，在当代中国人与社会发展的现实中重新激活中国传统哲学的生命力，进而实现中国传统哲学的现代转化。其实，中华民族不仅是有悠久历史和灿烂文明的国度，而且是拥有源远流长的学术谱系与哲学传统的民族。中国传统哲学实际上就是表征古代中国人的自我意识的哲学思想理论。作为曾经的中华民族自己的哲学理论，中国传统哲学凝结着古代中国人的思想结晶、思维方式、心灵体验、生命力量和哲学觉悟。而“当代中国哲学”，实际上就是中国哲学的现代形态。它必将在承续中国传统哲学所表征的人文精神传统的基础上，进一步实现哲学思想理论对于当代中国的时代精神和真实的社会问题的哲学自觉。因此，中国传统哲学的创造性转化和现代复兴，应是中国人文学术复兴之“哲学梦”的内在维度与重要内涵。“当代中国哲学”的构建，亟待深入挖掘中国传统哲学的思想精华，使其再度生成当代中国人安身立命的心灵归属和精神家园。只要从这一意义上运思，中外学术界一度热议和争论的“中国哲学的合法性”的问题，就可以迎刃而解了。

所谓“当代中国哲学”，也必然是以当代中国马克思主义的哲学范式

① 方克立：《“马魂、中体、西用”：中国文化发展的现实道路》，《北京大学学报（哲学社会科学版）》2010年第4期，第16页。

与哲学传统为主导的哲学。所谓“当代中国马克思主义”，首先就是以马克思主义为指导思想和行动指南的中国特色社会主义理论体系。这是因为“中国特色社会主义理论体系”正是20世纪80年代以来的当代中国人所真切把握到的“思想中的时代”和“时代精神的精华”，是理论维度与实践维度内在统一的马克思主义中国化的最新形态。它不仅是集发展道路、理论体系、政治制度于一体的伟大旗帜，而且内在地反映了“改革创新”的时代精神与“爱国主义”的民族精神。邓小平理论、“三个代表”重要思想、科学发展观，实际上共同构成中国特色社会主义理论体系，而且它们与马克思列宁主义、毛泽东思想一起成为“当代中国哲学”新形态建构的重要根据和基础。早在20世纪90年代，张岱年先生就曾对中国特色社会主义理论进行了高度评价。他认为，高举有中国特色社会主义的综合创新论的文化大旗，才是“中国文化的现代复兴之道，生生不息之道，后来居上之道”①。党的十八大之后，“中国梦”理论的提出，实际上是对“中国特色社会主义理论体系”的进一步补充、创新、完善与发展。因而，建构“当代中国哲学”新形态，就需要拥有“中国特色社会主义理论体系”高度的顶层设计意识、全局眼光和整体思维。其次，所谓“当代中国马克思主义”，还应当包括当代中国理论界在马克思主义的阐释和发展上所取得的具有创新性的思想观点和理论成果。这些思想观点和理论成果，也为建构“当代中国哲学”新形态提供了深厚的思想理论资源、丰富的哲学想象力和广阔的思考空间。“改变世界的世界观”、“以人为根本的思想前提”、“实践观点的思维方式”、“现实批判的研究方式”、“实践的唯物主义历史观”、“历史唯物主义的哲学理念”等马克思主义哲学的核心概念和基本理论，应当是“当代中国哲学”的思想根据、理论典范与研究范例。从目前学界关于马克思主义哲学的基本共识来看，“当代中国哲学”新形态也必然是一种以人为根本的人本哲学，以人的解放为价值旨归的政治哲学，以生活世界为现实根基的实践哲学，以实践观点为解释和建构原则的历史唯物主义，以斗争与和谐的对立统一关系为研究范式的辩证法。

① 张岱年、王东：《中国文明的现代复兴和综合创新》，《教学与研究》1997年第5期，第9页。

## 四　“哲学梦”与“中西马哲学会通”

建构“当代中国哲学”新形态，实现中国人文学术复兴之“哲学梦”，根本在于实现“中西马哲学会通”。在全球化的时代，当代中国的哲学研究内在地要求跨学科、跨领域与跨文化的比较研究视野和方式。这种“跨界思维”的视野和方式，其实就是展开不同哲学之间的沟通、交流和对话。它不但可以进一步深入推进某一学科领域自身的研究进程，而且可以实现不同哲学思想形态之间的会通。对于当代中国哲学界来说，就是要实现哲学八个二级学科之间的对话、交流与会通，而马克思主义哲学、中国哲学和西方哲学实际上是哲学二级学科领域的主干学科，因此，哲学二级学科交流的关键是“中西马”哲学的对话与交流。[①] 然而，长期以来，当代中国的中国哲学、西方哲学、马克思主义哲学的学者们却一直处于各自为政、不相往来的关门搞研究的现状。这种孤立和闭塞的研究方式，实际上成为制约当代中国哲学创新与发展的主要瓶颈。因而，当代中国哲学人亟须跨越学科界限，凝聚和整合资源，形成思想合力，以此实现深层次的“中西马哲学会通”。所谓“中西马哲学会通”，就是在当代中国语境下实现中国哲学、西方哲学、马克思主义哲学的比较研究、深层对话与内在性的融会贯通。当然，这并非要求一个哲学工作者必须精通“中西马”的全部知识，而是说在研究本专业领域具体问题时应有其他学科的视野。[②] 只有在广阔的哲学视野下，我们才能进一步深化问题、更新方法、创新思想和建构新的哲学形态。

生命领会、精神自觉与人性觉解，是当代中国语境下中西马哲学会通的存在论基础。从元哲学维度而言，哲学就是关于人的自我意识的思想理论，哲学的本性与人的本性是内在一致的，哲学的奥秘在于人。[③] 而人性在类生命的意义上也是相通的，这就是不同时空境遇中的人能够彼此理解、感同身受与心灵相通的根本原因。在这一意义上，中国哲学、西方哲学、马克思主义哲学都是对于人的生命、精神和人性展开思考和觉解的哲

---

① 赵敦华：《哲学：在深层次融通中西马》，《中国社会科学报》2012年11月9日。

② 同上。

③ 高清海、胡海波、贺来：《人的“类生命”与“类哲学”》，吉林人民出版社1998年版，第24页。

学。对于生命、精神和人性的觉解，实际上构成中国哲学、西方哲学、马克思主义哲学会通的存在论前提和基础。正如孙利天先生所指出的，生命领会和精神自觉是中西马哲学会通的辩证本体基础，马克思主义哲学“对自然生命和精神生命的辩证觉解，是可以打通中西马哲学存在论基础的思想通道”①。同时，哲学的人性自觉，即“西方古典哲学对人性的理性自觉，中国传统哲学对人性的德性自觉，马克思和后现代哲学对人性的社会性自觉”，是中西马哲学会通的一个内在性平面。②

紧扣时代脉搏、回应时代的普遍性问题，是当代中国语境下中西马哲学会通的现实基础。尽管中西文化之间存在巨大的差异，但是中西方思想家所关注的论题很多却是具有普遍性的人类性问题。对于中西方思想家关于具有普遍性的人类性问题的不同分析的比较研究，既是我们正确看待中国哲学、西方哲学、马克思主义哲学各自的本质和特征的重要前提，也是在正确把握三者之间关系基础上实现中西马哲学对话与会通的现实基础。杜维明先生曾认为：“人类文明所碰到的重大课题摆在了中西马面前，这是中西马相结合的现实条件。”③ 在当代中国语境下，中国哲学、西方哲学、马克思主义哲学的研究者实际上存在众多共同的问题和任务。比如，人道主义与人权问题、人的异化与消费主义、两性平等与女性主义、环境污染与生态伦理、国际和平与核战争威胁、资本的逻辑与精神的危机，等等。对于这些问题和任务的理论思考和哲学把握，成为当代中国语境下中国哲学、西方哲学、马克思主义哲学对话与会通的现实基础。孙利天先生就曾指出，批判传统哲学的虚假崇高、批判资本逻辑的统治和支配、创造有中国特色的中华民族自己的哲学理论，应当是当代中国的中国传统哲学研究、西方哲学研究与马克思主义哲学研究的共同任务，也是三者会通的基础。④

整合资源、协同创新与研究范式互补，是当代中国语境下中西马哲学会通的方法论基础。一直以来，中国学术界的中国哲学研究、西方哲学研

---

① 孙利天：《生命领会和精神自觉》，《社会科学战线》2008 年第 1 期，第 17 页。

② 孙利天、张岩磊：《哲学的人性自觉及其意义》，《长白学刊》2011 年第 1 期，第 5—10 页。

③ 《北京大学首届未名论坛杜维明、张世英、黄枬森先生中西马高端对话》，2011 年 1 月 13 日，北京大学新闻网（http：//pkunews. pku. edu. cn/xwzh/2011-01/13/content_ 192708. htm）。

④ 孙利天：《朴素地追问我们自己的问题和希望》，《吉林大学社会科学学报》2005 年第 3 期，第 16—21 页。

究、马克思主义哲学研究实际上是各有自己的小天地，学者们也都是长期在本学科领域内部进行“圈地”式的研究和创作。李德顺先生曾将这种现状形象地称为学术圈的“打井学”。在他看来，当代中国马克思主义哲学界有的是“打井学”，而“打井”的人太少。[①] 据此，要想实现当代中国语境下中西马哲学的会通，就必须首先打破学科界限、消除学术壁垒、整合中西马哲学思想资源，从而拓展和构建“大哲学”意义的理论视野和思想语境。其次，要组建“大哲学”视野和语境下的当代中国哲学研究的学术共同体，进行团队合作、协同作战、群体攻坚与综合创新。最后，还要在中国哲学、西方哲学、马克思主义哲学各自的研究范式创新与转换的基础上，进一步实现三者在研究范式上的对话、选择与优势互补。[②]

总之，实现中西马哲学会通和建构“当代中国哲学”新形态，并不是将中西马哲学的传统观点和现成结论进行外在嫁接和简单拼凑，而是要以当代中国语境下中国传统哲学的现代转化、西方哲学的中国化与马克思主义哲学的中国化为前提和基础。在这一过程中，人们应该以建设“当代中国哲学”新形态为目标，以回应现实问题和时代课题为切入点，以反思哲学学科使命为前提，以研究主体的视野敞开和自我超越为根本途径，建立哲学资源与哲学成果的共享平台，实现哲学基础理论的重大突破。同时，还需要在中西马哲学对话与会通的意义上，将西方哲学经典的“引进来”与中国哲学精品的“送出去”的双重理念相结合。正如有的学者所说的那样，“迅猛发展的经济全球化浪潮，要求中国哲学界加快资源整合和学科调整的步伐，加速培育哲学创新能力和建立中国新哲学，并通过参与全球文明对话逐步使中国哲学走向世界”[③]。

（作者单位：重庆大学马克思主义理论教研部）

---

① 杨学功、鲁克俭：《在范式转换的途中》，《学术月刊》2008年第8期，第11页。

② 蒋楼：《马克思主义哲学研究范式创新与转换的理论前提省思》，《武陵学刊》2012年第2期，第20页。

③ 《2003年度中国十大学术热点》，《学术月刊》2004年第1期，第7页。

# 论列宁《帝国主义论》的国际体系思想及当前国际体系的本质

王树亮

自17世纪中叶形成最初的国际体系——威斯特伐利亚体系以来，对国际体系的认知就构成国际政治研究中的基本问题，并且对这一问题的认知随着国际体系的不断变化而得以丰富和发展。到了19世纪后期，随着自由资本主义向垄断资本主义的演变，真正世界性的国际体系形成了，即以欧美列强国家为中心，广大亚非拉民族国家为其殖民地、半殖民地的帝国主义国际体系。列宁于1916年写作的《帝国主义是资本主义的最高阶段》（通常简称为《帝国主义论》），就是对这一国际体系的深刻认识和精辟分析。在这部著作中，列宁运用马克思主义的基本理论研究国际社会，分析进入垄断阶段后资本主义国家的新变化，提出了著名的帝国主义理论，构成马克思主义独树一帜的国际体系理论。在这部著作中，列宁通过对资本主义、帝国主义及国际运动等诸多问题的论述，阐明了丰富而深邃的国际体系思想，并为后来的摩根索、华尔兹、温特、阿什利、科克斯以及林克耐等知名国际政治学者所青睐。① 进入21世纪，国际体系处于深刻转型期，如何认识当前的国际体系，人们众说纷纭。尽管时代发生了重大变化，但重新学习列宁的帝国主义理论，对我们正确地认识当前的国际体系仍有重要指导意义。

---

① 摩根索在《国家间政治》一书中非常关注列宁有关帝国主义的论述，参见摩根索《国家间政治》，李保平译，北京大学出版社2006年版，第85—90页；华尔兹在《人、战争与国家》一书中通过考察马克思、列宁的国际政治观作为其讨论战争根源的理论起点。可以说，国际政治学中的现实主义理论就是基于实力的权力国际政治学，其“六原则”均植根于国家的实力。由此看来，列宁对帝国主义阶段垄断本质的把握为现实主义学派提供了理论基础。

## 一　列宁《帝国主义论》中国际体系的基本思想

列宁的国际体系思想主要反映在其关于帝国主义的论述当中[①]，这是由帝国主义与国际体系之间的密切关系决定的。他的这一思想大致涵盖了三个方面：（1）国际体系形成的动力、内在机理及本质；（2）国际体系的内部构成要素，即国际体系的行为体、格局、秩序等方面；（3）国际体系变迁的原因、方式及发展趋势等。

### （一）列宁《帝国主义论》揭示了国际体系产生的动力、内在机理及本质

第一，帝国主义国际体系形成的原初动力在于资本增值的需要。

近代国际体系的形成源于资本主义经济“全球化”的促动，“只要资本主义还是资本主义，资本就会输出国外，输出到落后的国家去”[②]，“输出资本的国家总是捞到油水”[③]。在资本主义发展到帝国主义后，“帝国主义最深厚的经济基础就是垄断”[④]，不仅垄断国内，而且通过国内的行业垄断，横向扩张为对整个世界的垄断，而国内的行业垄断巨头不过是其主宰世界的“代言人”。因之，基于国内垄断形成的纵向集中与国际垄断形成的横向扩张两个视角加以分析，将有利于更加清晰地理解资本增值如何导致了国际体系的产生。

从纵向视角看，当“集中发展到一定阶段，可以说就自然而然地走到垄断”[⑤]，而国内实现高度垄断后，在更大贪欲的驱动与国内市场有限性的束缚下，过剩资本开始“满溢出来而流向国外”[⑥]。使得垄断“把成千上万分散的经济变成一个统一的国际性的资本主义经济，并进而变成世界

① 这些论述最主要的是《帝国主义是资本主义的最高阶段》，另外在《论民族自决权》、《论面目全非的马克思主义和“帝国主义经济主义”》、《论欧洲联邦口号》等著述中也有论述。

② 列宁：《帝国主义是资本主义的最高阶段》，人民出版社 2001 年版，第 53—54 页。

③ 同上书，第 44 页。

④ 同上书，第 87 页。

⑤ 同上书，第 11 页。

⑥ 同上书，第 22 页。

性的资本主义经济”[①]，“使一切国家的生产和消费都成了世界性的了”[②]。从横向角度来看，几个帝国主义国家在世界范围内寻求市场、原料及殖民地，无法避免地导致“为分占垄断权而斗争”[③]。在帝国主义实力均衡的情况下，以“国际帝国主义”或“超帝国主义”等帝国联盟形式来“共同垄断”世界经济，以“代替开放市场的竞争”[④]，既标志着“瓜分世界的资本家国际垄断同盟已经形成”[⑤]，也预示着帝国主义控制了世界经济体系。

通过纵向与横向双重视角的审视可以发现，列宁将资本增值视为帝国主义国际体系起源的原初动力，资本输出与扩张最先建立了国际经济体系，为整个国际体系的产生迈出了关键性的第一步。正如马克思和恩格斯认为的那样：“一切划时代的体系的真正的内容，都是由于产生这些体系的那个时期的‘需要’而形成起来的。”[⑥]

第二，以国际经济体系为核心，诸多子体系的总和构成整个国际体系。

列宁在《帝国主义论》中描述的是“20世纪初期，全世界资本主义在其国际相互关系上的总的情况”[⑦]。在所有国际关系当中，国际经济关系无疑是最核心的，也就是这一核心关系的发展过程，推动了国际政治、格局、文化及制度等子体系的产生，最终形成作为整体的国际体系。

列宁紧紧抓住垄断这一特征来分析帝国主义，也就是在这一论述之中体现出国际体系形成的内在机理，即“资本主义同盟之间在从经济瓜分世界的基础上形成了一定的关系，而与此同时，与此相联系，各个政治同盟、各个国家之间在从领土上瓜分世界、争夺殖民地的基础上也形成了一定的关系”[⑧]。可见，资本主义进入帝国主义以后，垄断由国内走向国际，首先确立了资本主导的国际经济体系。鉴于在国内对资本与权力的双重垄断，它们在无政府状态的国际社会当中，也诉诸权力的争夺来保证超额利

① 列宁：《帝国主义是资本主义的最高阶段》，人民出版社2001年版，第29页。
② 《马克思恩格斯选集》第1卷，人民出版社1995年版，第267页。
③ 列宁：《帝国主义是资本主义的最高阶段》，人民出版社2001年版，第95页。
④ 同上书，第56页。
⑤ 同上书，第78页。
⑥ 《马克思恩格斯全集》第3卷，人民出版社1960年版，第544页。
⑦ 列宁：《帝国主义是资本主义的最高阶段》，人民出版社2001年版，第3页。
⑧ 同上书，第66页。

润的攫取，这就导致国际政治体系的建立。正如希法亭所言："资本的无限积累需要政治结构拥有'权利的无限积累进程'，以通过持续增长的权力来保护持续增长的财产"[①]，从而使得"民族国家开始在经济上'处在世界市场的范围内'，在政治上'处在国家体系的范围内'"[②]。其结果是"集中在少数人手里的大量金融资本，建立了非常广泛而细密的关系和关系网"[③]，在这种关系的建构过程中，帝国主义国家凭借金钱、生产力和军事力量，使世界范围内的一切活动都变成帝国的附属，使国际社会中形成了国际经济、政治和文化的体系、格局和秩序。可见，列宁以经济体系为"主轴"，以其他子体系为"辐条"，形成整个国际体系这个"轮"的基本架构。

第三，帝国主义主导的国际体系本质上是统治与剥削的工具。

列宁通过对帝国主义寄生性的批判，揭示了由其主导的国际体系的统治与剥削的本质。他认为："垄断，寡头统治，统治趋向代替了自由趋向，极少数最富强的国家剥削愈来愈多的弱小国家，帝国主义的趋势之一，即形成食利国、高利贷国……愈来愈依靠资本输出和'剪息票'为生。"[④]不劳而获凭借的是其雄厚的资本，"资本主义的发展以小规模的高利贷资本开始，以大规模的高利贷资本结束"[⑤]。它们通过银行实现了由极少数"十分有组织的垄断者对大众的掠夺"[⑥]，致使"垄断者向整个社会征收供赋"[⑦]，帝国主义是"叮在数万万不文明的各族人民身上的寄生虫"[⑧]，这就给"整个国家打上寄生性的烙印"[⑨]。可见，"这（资本输出）就是帝国主义压迫和剥削世界上大多数民族和国家的坚实基础，这就是少数最富国家的资本主义寄生性的坚实基础"[⑩]。

对此，新帝国主义代表人哈维也认为帝国主义的本质是"资本主义已

① Arendt, H., *Imperialism*, New York: Harcourt Brace Janovich, edn, 1968, p. 32.

② 《马克思恩格斯选集》第3卷，人民出版社1995年版，第308页。

③ 列宁：《帝国主义是资本主义的最高阶段》，人民出版社2001年版，第97页。

④ 同上书，第112页。

⑤ 同上书，第46页。

⑥ 同上书，第32页。

⑦ 同上书，第45页。

⑧ 同上书，第705页。

⑨ 同上书，第88页。

⑩ 同上书，第55页。

经将弱肉强食和掠夺与欺诈行为变成其固有的属性"①，它们"在世界范围内瓜分殖民地或建立势力范围；运用帝国力量掠夺世界上绝大部分资源等等"②。因之，由帝国主义推动的国际体系是"极少数'先进'国家对世界上绝大多数居民实行殖民压迫和金融扼杀的世界体系"③，其统治与剥削的本质显而易见。

### （二）列宁《帝国主义论》蕴含着国际行为体、格局与秩序的思想

任何国际体系都内含着特定的国际行为体、国际格局与国际秩序。列宁的《帝国主义论》所揭示的国际体系，也蕴含着国际行为体、国际格局与国际秩序的思想。

第一，列宁关于国家是国际体系主要行为体的思想。

近代国际体系形成以来，国家作为主要的行为体一直延续至今。对此，列宁认为："我们面前尽是托拉斯，到那时我们必须以国家垄断来代替私人垄断。"④ 因为，资本家追求的是个人的利益，而政治家追求的是少数的资本家的集体利益。政治家所拥有的获取利益的资源，要远远胜于单个的甚至少数集体的资本家，这就使得资本家要么直接扮演政治家的角色，要么寻找代理人，以在无政府状态的国际社会当中，借助国家的力量维护其利益。这样一来，就必然要把主权国家的活动看作是国际体系最主要的行为体。

第二，列宁关于国际体系"中心—边缘"格局的观点。

列宁讲道："所有发达资本主义国家都有了资本家的垄断同盟，少数积累了巨额资本的最富国家处于垄断地位"⑤，并且"帝国主义垄断组织在经济和政治中居于首要地位"⑥，"其中德、英、美三国是统治着世界的国家"⑦，甚至"支配着一些政治上完全独立的国家"⑧。列宁用"大国瓜分世界"一词，一针见血地指明帝国主义是国际体系的主导者，而广大的

---

① ［英］大卫·哈维：《新帝国主义》，初立忠译，社会科学文献出版社2009年版，第120页。
② ［英］大卫·哈维：《新帝国主义》，初立忠译，社会科学文献出版社2009年版，第39页。
③ 列宁：《帝国主义是资本主义的最高阶段》，人民出版社2001年版，第4—5页。
④ 同上书，第28页。
⑤ 同上书，第53页。
⑥ 同上书，第95页。
⑦ 同上书，第71页。
⑧ 同上书，第84页。

“殖民地、附属国在政治上、形式上是独立的，实际上却被金融和外交方面的依附关系的罗网缠绕着”①。可见，帝国主义国家居于中心地位，而广大弱小国家处于边缘地带的结构，构成国际体系的基本格局。

第三，列宁关于国际秩序是帝国主义制度国际化的观点。

资本主义霸权国家总是向国际社会输出代表其利益取向的“秩序”和制度，这是因为：（1）资本增值的要求。资本输出建立起广泛的国际关系，“利用‘联系’来订立有力的条约，以代替开放市场的竞争”②，实现稳定的利润。（2）平衡帝国利益的需要。在垄断走向国际后，“垄断同盟就‘自然地’走向达成世界性的协议，形成国际卡特尔”③，以帝国妥协达成的协议和制度来瓜分世界。（3）垄断提供了制度输出的前提。“在金融资本的基础上生长起来的非经济的上层建筑，即金融资本的政策和意识形态”④，随着资本外溢这种政策转化成国际性的制度。正如列宁所言：“在帝国主义时代，这种关系（经济特权）成了普遍的制度，成了‘瓜分世界’的全部关系中的一部分。”⑤

### （三）列宁在《帝国主义论》中对于国际体系变迁的原因、方式及发展趋势的观点

第一，国际体系变迁的原因在于帝国主义的不平衡。

列宁指出，“在资本主义制度下，各个国家的发展必然是不平衡的，跳跃式的”⑥，这种不平衡指的是帝国自身实力与瓜分世界“赃物”的不对等，而非帝国之间的不平衡。帝国依据实力瓜分世界，而“实力随着经济和政治的发展而变化”⑦，“并且每个帝国都同样渴望政治扩张和贪图商业利益”⑧。在帝国主义国家实力“不平衡”后，后起帝国要求“重新瓜分世界”，而守成帝国则不会轻易放弃，这就会引起帝国之间的矛盾。低烈度的矛盾会使主导国际体系的守成帝国联盟做出小幅度的调整，而在矛

① 列宁：《帝国主义是资本主义的最高阶段》，人民出版社2001年版，第75页。
② 同上书，第56页。
③ 同上书，第58页。
④ 同上书，第74页。
⑤ 同上书，第75—76页。
⑥ 同上书，第53页。
⑦ 同上书，第80页。
⑧ 同上书，第65页。

盾升级或后起帝国足以挑战守成帝国霸权地位时，帝国主义战争就不可避免。

第二，国际体系变迁的方式是帝国主义战争。

列宁认为："在资本主义基础上，要消除生产力和资本积累同金融资本对殖民地和'势力范围'的瓜分这两者之间不相适应的状况，除了战争，还能有什么其他办法呢?"[①] 这就说明战争是少数帝国瓜分世界的结果，"他们（少数帝国主义国家）把全世界卷入他们为瓜分自己的赃物而进行的战争"[②]。"只要生产资料私有制还存在，帝国主义战争是绝对不可避免的。"[③] 历史证明列宁这一思想是正确的，欧洲三十年战争、第一次世界大战、第二次世界大战及冷战分别产生了维斯特法利亚体系、凡尔赛—华盛顿体系、雅尔塔体系及目前尚处于转型期的后冷战国际体系。

第三，和谐与和平将成为国际体系发展的主流方向。

马克思认为，无产阶级革命不仅在于最终"根绝一切战争，而且要创造一个新社会，这个新社会的国际原则将是和平"[④]。列宁坚持并亲自发展了这一思想，他认为："帝国主义是无产阶级社会革命的前夜"[⑤]，"是从资本主义到更高级的制度的过渡"[⑥]，"是垂死的资本主义"[⑦]。他指出："在战争造成的世界经济破坏的基础上，世界革命危机日益发展……最后将以无产阶级革命和这一革命的胜利而告终。"[⑧] 对此，靳辉明认为："正是在列宁的指导下……使帝国主义的旧殖民体系和垄断资产阶级的反动统治遭到了沉重的打击。"[⑨] 也就是说，"随着资本主义不可避免地向世界扩张以及国际形势的变化，社会主义物质因素和政治力量，将在世界范围内不断发育、壮大，就像资本主义取代封建主义一样，最终必将代替资本主义"[⑩]。因此，国际体系最终将以人的全面发展为本质的社会主义取代以

① 列宁:《帝国主义是资本主义的最高阶段》，人民出版社 2001 年版，第 87 页。

② 同上书，第 5 页。

③ 同上书，第 4 页。

④ 《马克思恩格斯选集》第 3 卷，人民出版社 1995 年版，第 19 页。

⑤ 列宁:《帝国主义是资本主义的最高阶段》，人民出版社 2001 年版，第 8 页。

⑥ 同上书，第 77 页。

⑦ 同上书，第 113 页。

⑧ 同上书，第 5 页。

⑨ 靳辉明、罗文东:《〈帝国主义论〉与现时代》，《中华魂》2010 年第 5 期，第 10 页。

⑩ 靳辉明:《国际垄断资本主义的本质特征和历史地位》，《马克思主义研究》2006 年第 1 期，第 78 页。

资本增值为目的的帝国主义[①]，使国际体系由统治与剥削的工具转变为和平与和谐的国际社会。

## 二 列宁《帝国主义论》的基本观点仍然是当代资本主义的真实写照

国际体系的本质属性不是由其自身决定的，而是取决于主导国家的性质。基于当前的国际体系仍然控制在资本主义性质的“泛欧洲国家”手中的事实，对当前资本主义的分析就成为首要的任务。无论西方资本主义的辩士对当前资本主义做何种美化，无法掩盖的事实是列宁提出的“帝国主义的寄生性、腐朽性和垂死性这些本质特征，不仅没有改变，而且变本加厉，表现得更为突出，更为尖锐”[②]。具体而言：

第一，列宁提出的帝国主义垄断的性质，仍然适用于当前的国际垄断资本主义。

首先，垄断范围的扩大化：由地理空间的广度拓展转向全球范围内各领域纵向深度的掘进，垄断正在由私人、国家垄断走向国际垄断，致使资本“垄断联盟”在有限的地理空间内寻求无限的利润源泉。其次，垄断对象既全面而又重点突出：当前资本主义不仅关注对生产资料、资本、市场等传统领域的控制，更加注重对关键性生产资料、战略性资源、高尖端技术及价值观的垄断。[③] 最后，垄断手段的多元化：当前垄断工具以金融和技术为核心，以政治为帮办、以军事为威慑及以文化为感召，手段多样，多管齐下。可见，当代资本主垄断的本质不仅未变，反而走向国际垄断联盟，而“国际垄断资本主义是垄断资本主义或帝国主义发展的新阶段”[④]。

---

① 参见靳辉明《当代资本主义新变化和发展趋势研究》，《马克思主义研究》2006年第3期，第124页。

② 靳辉明：《国际垄断资本主义的本质特征和历史地位》，《马克思主义研究》2006年第1期，第78页。

③ 关于价值观的垄断在周穗明的《“新帝国主义论”及其批判述评》一文中，通过对罗伯特·库珀的“新型的帝国主义”和“后现代帝国主义”、尼埃尔·韦尔内的“意识形态帝国主义”、埃里克·霍布斯鲍姆的“人权帝国主义”、塞巴斯蒂安·马拉比的“价值新帝国主义”，以及约瑟夫·奈的“软实力”等西方近期关于帝国主义的分析，认为当前的“新帝国主义”是价值垄断的帝国主义（参见周穗明《“新帝国主义论”及其批判述评》，《国外社会科学》2004年第3期）。

④ 靳辉明：《当代资本主义新变化和发展趋势研究》，《马克思主义研究》2006年第3期，第124页。

第二，列宁提出的资本主义的寄生性，在当前资本主义国家表现得更加淋漓尽致。

列宁时代的帝国主义国家通过资本输出，早期以借贷资本为主，后转向金融资本，通过资本输出在国外组织生产，获取超额剩余价值。而当前的资本主义剥削世界的手段更加卑劣，仍然利用战争手段控制重要战略资源，如阿富汗、伊拉克战争与石油的密切联系①，不仅在生产领域榨取剩余价值，而且还借助其掌握的国际金融机构，通过汇率、金融衍生品等手段直接“盗取”发展中国家的财富，亚洲金融危机、南美金融危机就是最好例证。“寄生”的本质在其剥削的手段转向经济战、贸易战及汇率战后，更加显而易见。“今天的资本主义变得更加贪婪，更加腐朽，更富于侵略性。”②

第三，列宁提出的资本主义的腐朽性，在当前已经走向全面腐朽。

列宁通过论述帝国主义垄断导致的阻碍生产力的进步来考察其腐朽性，认为垄断阻碍了竞争，导致因竞争而产生的生产力进步不再可能。当前世界，看似发达资本主义国家在不断推动科学与技术的进步，引领着世界科技发展的浪潮，实际上却是阻碍着技术的进步。因为，资本的本质决定了在已有发明没有充分发挥出榨取利润的功效之前，新技术便不会被转化成新的生产力。不可否认，我们并不知道更先进的生产力是否已经被创造出来，但可以肯定的是少数的帝国主义国家垄断着先进的生产力，致使广大发展中国家不得不投入资源开发已有的生产技术。从整个人类的角度来看，帝国主义国家代表的先进生产力仅仅造福于少数的垄断者，而非全人类，故其是腐朽的。

所以，“当代资本主义的实质仍然是垄断资本主义，帝国主义的本质属性——垄断，以及由垄断所产生的帝国主义的寄生性、腐朽性和垂死性并没有根本改变”③。这是所谓的“后资本主义时代”、“人民资本主义”④、“新帝国主义”、“普世价值”及“全球化”等词藻所难以掩盖的。

---

① 在2006年10月17日由中国社科院马克思主义研究院主办的第16次中外马克思主义报告会上，世界政治经济学学会副会长大卫·科兹指出：伊拉克战争的主要目的是为了控制石油，美国正在变成侵略性的帝国主义国家。

② 靳辉明：《国际垄断资本主义的本质特征和历史地位》，《马克思主义研究》2006年第1期，第79页。

③ 靳辉明、罗文东：《〈帝国主义论〉与现时代》，《中华魂》2010年第5期，第10页。

④ 凌宏彬：《是科学理论还是“薄弱环节”》，《江淮论坛》2002年第1期，第45—46页。

## 三 列宁《帝国主义论》的国际体系观对分析当前国际体系的方法论意义

重读《帝国主义论》的目的不仅在于重新审视列宁对 20 世纪初资本主义做出的基本判断，更主要的是学习列宁的分析方法。国际体系作为一个庞大而复杂的体系，无论从哪种路径、视角进行全面考量，都是十分困难的。列宁在《帝国主义论》中，以马克思主义理论为指导，运用马克思主义的基本原理特别是历史唯物主义原理对当时的国际体系进行了深刻剖析，其中，列宁立足于经济分析，以此为基础进而分析政治关系、国际关系，并得出一系列科学结论。这就为我们分析当前的国际体系提供了方法论指导。鉴于此，我们应当从目前的国际经济关系、国际经济体系入手，对其内部要素及本质进行分析，进而审视整个国际体系。

### （一）《帝国主义论》为认识当前的国际体系提供了一种有效的分析路径

目前，依据国际体系的结构层次对其分析主要有两种路径，即两层结构论和三层结构论。两层结构论即从国际体系的行为体、格局、制度及观念四要素及内在逻辑关系进行分析，进而做出对整个国际体系的认识。三层结构论遵循了这样的路径：子体系内部要素→子体系→子体系之间关系→整个国际体系。两层结构论只能抽象出每个子体系在四要素方面的共性，而不能体现微观差异；三层结构论逻辑性更强，更为细化、全面，但既要从要素出发分析各个子体系，又要探讨诸子体系之间的互动及逻辑关系，困难是显而易见的。

相比之下，列宁在《帝国主义论》中所呈现出来的研究方法，对认识当前的国际体系极具指导意义。列宁抓住国际经济体系这一核心子体系，通过分析该体系的行为体、制度及格局等要素，首先给国际经济体系定性，而后考察国际政治、文化及军事等其他子体系及它们之间的内在逻辑关系，最后对整个国际体系加以考量。这一分析路径简言之为：国际经济体系要素→国际经济体系→其他子体系→国际体系。相比而言，这一路径比两层结构论更为具体、翔实；比三层结构论更为简单、明了，并且重心突出、级序明晰。可见，列宁着眼于国际经济体系，既“扼”国际体系庞杂之"要"，又"简"国际体系纷繁之"明"，为我们分析当前的国际体系提供了一条有效的分析路径。

### （二）将对国际经济体系的考量作为分析整个国际体系的基点

列宁的《帝国主义论》对我们分析研究今天的国际社会、国际体系的直接指导意义在于：以国际经济体系为分析基点，通过对其内部行为体、格局及制度这三个要素的考察，实现对这一核心子体系的认识与把握，进而考量整个国际体系。

第一，发达资本主义国家仍处于国际经济体系的核心地位。

在国际层面上讨论经济问题时，经济问题就不再是纯粹的经济问题，而是经济与政治的混合物。20世纪初"资本主义的世界体系已经逐步脱去自己'帝国主义世界殖民体系'的旧形式，向'经济殖民'的新阶段发展"①。尤其是冷战以来，从事经济活动已不再是个人、跨国公司的特有行为，国家的经济职能日益凸显出来并走向"联合"。可见，国际经济行为体趋于多元化，主要包括跨国公司、民族国家及国际组织等。但在国际经济体系中国家的角色尤为重要，尤其是西方发达资本主义更是稳居体系"中心"。2009年世界500强企业G8国家占344家，占总数的68.8%②，G8国家的经济总量始终处于世界前列。③ 因之，国际经济体系的主要行为体仍然是超级资本主义国家，而跨

① 姚顺良：《第二国际关于资本主义现代形态理论的当代审视》，《南京大学学报》2007年第1期。

② 数据根据2009年《财富》杂志公布的世界500强企业名单统计得出，其中美国149家、日本62家、德国38家、英法各35家、意大利12家、加拿大13家。G8国家在500强企业中占68.8%。2009年中国有49家企业进入500强，其中台湾地区有5家。2010年中国54家，其中台湾地区有8家。而更早的数据显示：1999年排在前1000位的世界跨国公司中，美国有494家、日本有136家、英国有108家、G8共有866家，占总数的86.8%。在排名前100家中，美国有62家，占62%。当年1000家市场总价值为19.6993万亿美元，其中，仅美国就贡献11.2730万亿美元，占57.2%。

③ 2008年世界各国GDP前15名如下：美国、日本、中国、德国、法国、英国、意大利、俄罗斯、西班牙、巴西、加拿大、印度、墨西哥、澳大利亚、韩国；2009年世界各国GDP排名前15位是美国、日本、中国、德国、法国、英国、意大利、巴西、西班牙、加拿大、印度、俄罗斯、澳大利亚、墨西哥、韩国。从两年的数据看，G8国家仍然居于世界经济的第一梯队，中国的上升并未彻底改变这一局面。而更早的数据显示：1998年G8 GDP总和占全世界的64.53%，1999年G8 GDP总和占全世界的78.7%。（数据来源：靳辉明、谷源洋主编：《当代资本主义与世界社会主义》（上卷），海南出版社2004年版，第89—92页。）2004年G8国家的GDP总和占世界的65%（引自西班牙《起义报》2004年7月9日）。

国公司不过是其前台的“演员”而已，他们掌握着全球经济发展的动向，仍处于国际经济体系的核心地位。

第二，金融危机并未触动资本主义国际经济体系的基本格局。

近代以来，国际经济体系的格局呈现出“中心—外围”的形态，处于中心的自然是那些生产力先进、资本积累雄厚的国家和地区，也正是这些国家主导了国际经济体的局面。就目前而言，G7 依旧是这一体系的主导国，“金砖四国”、“钻石五国”处于中间地带，其他国家居于边缘。2008 年以来的金融危机虽然使西方主要大国经济遭受重创，国际经济格局表现出“一超趋弱、多强易位”的趋势。但从 2009 年、2010 年的相关数据来看，G7 的经济实力占绝对优势，发展中国家的崛起难以撼动“泛欧洲国家”主导的国际经济格局。近年来，所谓的 G20 峰会不过是帝国主义国家国际垄断失灵后，以共同应对金融危机之名，欲合法转嫁金融危机的“鸿门宴”，对此，广大发展中国家应该保持高度的警惕。

第三，资本主义力图将国际经济制度打造成“霸权后”的获利工具。

G7 占据着该体系的核心地位，构成体系的基本格局，由其建构的国际经济制度无疑都带有明显的利己性。因为“制度安排在搭建资本积累舞台的时候，发挥着至关重要的作用”①，西方大国会提升国际制度的安排以使他们能够大受裨益，并且通常会冠以人类普遍利益的名义。这一虚假的“合法性”在国际货币基金组织、世界贸易组织等国际组织的协议中都有体现，其目的是：在它们霸权衰落后凭借由其建立的国际制度来继续垄断、统治世界。目前来看，国际经济体系在格局上的微调，并未导致基本制度的变动。诚如吉尔斯所言：“即使游戏者的地位变了，游戏的性质和规则也不会变。”②

可见，目前的国际经济体系是资本主义国家发展到“国际垄断联盟”③ 阶段的体系，是以隐形的货币、汇率、技术等为手段对世界的“新垄断”，仍然是一个存在剥削的不平等体系，这一体系既是调和资本主义

① ［英］大卫·哈维：《新帝国主义》，初立忠、沈晓雷译，社会科学文献出版社 2009 年版，第 26 页。

② ［美］弗兰克、吉尔斯：《世界体系：500 年还是 5000 年?》，郝名玮译，社会科学文献出版社 2004 年版，第 364 页。

③ 靳辉明：《国际垄断资本主义的本质特征和历史地位》，《马克思主义研究》2006 年第 1 期，第 78—87 页。

国家之间因“瓜分”世界不均产生矛盾的产物，也是它们为进一步实现利润最大化的工具。经济基础决定上层建筑，西方发达资本主义国家垄断了国际经济的同时，在国际政治、国际文化等体系中也处于统治地位，致使整个国际体系成为实现资本增值、统治与剥削的工具。所以，当前的国际体系是由发达资本主义国家“共同”主导的体系。

（作者系西北师范大学马克思主义学院副教授）

# 马克思主义思想政治教育

# 错位与归正：高校思想政治理论课教学的困境超越

牛军强　李　刚

课堂教学也称为班级教学或班级授课制，与个别教学相对应，它是将年龄和知识程度相近的学生编成固定人数的班级集体，按既定的教学大纲要求，由教师统一授课的一种高效率的教学组织形式。我国思想政治理论课自开设以来，便以课堂教学作为其基本组织形式。这不仅有利于按国家统一的规定和要求，有组织、有计划地进行思想政治教育教学活动，而且扩大了教学对象的数量，提高了教育质量，取得了显著的成效。但随着时代的进步和实践的发展，这种基于班级教学模式的思想政治理论课教学正面临着低效化困境，必须与时俱进地进行教学理念和教学方式上的纠偏与创新。

## 一　低效：思想政治理论课课堂教学的困境之忧

### （一）思想政治理论课教学主旨不清，实效性不强

思想政治理论课是对大学生进行思想政治教育的主渠道和基本环节，它承载着帮助青年学生实现由自然人向社会人转变的特殊使命，具有保证正确方向、激发精神动力、塑造优良品德的重要社会职能。意识形态性和政治性是思想政治理论课的本质属性。但是，当前的思想政治理论课教学中，却普遍存在淡化意识形态性、以单一的知识教育目标代替多维的思想政治教育目标的现象。教师只管教学不管育人，只重视知识的传授，而对于蕴含于知识体系中的思想政治教育目标既缺少清晰的认识、深入的挖掘

和高度的提炼，更缺乏行之有效的实施办法和考核评价机制。其结果是学生被灌输了思想政治理论课课程体系中“关于政治思想道德的相关知识和基本理论”，却并不清楚这些知识和理论对于提高自己的思想政治觉悟、培育高尚的道德情感、塑造健康心理和培养健全人格的意义和价值所在，致使课堂教学中认知目标与思想性目标相分离、理论知识与德行培养相分离、知识增进与人格塑造相分离，严重偏离了思想政治理论课的宗旨和目标指向。

### （二）教师队伍存在一定的职业倦怠现象，教学效果不佳

思想政治理论课教师作为高校教师队伍中的一个特殊群体，普遍承担着数倍于专业课教师的繁重教学任务，从事科学研究的时间和精力十分有限。但很多高校为快速提升学校的知名度和获得更多的科研经费，在教师的考核、职称评审以及各种奖项评定中多以科研为主，教学为辅。繁重的教学任务，巨大的科研压力，边缘化的地位，偏低的收入水平，决定了思想政治理论课教师队伍整体上对自己的从业环境和职业发展前景信心不足、热情不高，致力于教学研究和改革的使命感不强。当教育活动失去了其作为事业的神圣而沦为一种谋生手段时，工作中的敷衍塞责便成为必然。部分教师备课不认真，科学研究不积极，习惯于“照本宣科”、“炒冷饭”；也有部分教师，师德不高，行为失范，教学态度不严谨，讲课随意性很强，甚至不惜以发表有悖于课堂教学纪律和教师职业道德的奇谈怪论来哗众取宠；也有人热衷于制造仅供学术共同体小圈子相互欣赏的学术成果，科研方向严重偏离教学实际，其对教学应有的促进作用无从体现。

### （三）教学班级规模过大，教学方式单一，课堂吸引力不足

近年来，随着我国高校招生规模的扩大，许多高校师资十分紧张，教学任务异常繁重。基于节约教育成本和减轻教师工作量的需要，思想政治理论课教学在各高校普遍采用不同专业学生混编的人数达百人甚至数百人的大班授课制。过于庞大的班级规模，不仅拉大了师生之间的空间距离，增加了教师控制课堂的难度，也拉开了师生之间的心理距离，限制了师生之间、生生之间的互动与交流，课堂教学的双边活动往往被简化为以教师为中心的“独角戏”。传统与习惯的沉疴积弊又使思想政治理论课的教学趋于程式化，教师以理论权威自居，居高临下，全然不顾学生的感受和实

际需要，按部就班地进行理论的单向度灌输，学生成为消极、被动地接受知识的容器，其个性特征被抹杀，创造性天赋被压抑。教学活动因忽视大学生的独立人格、脱离其思想实际、远离其情感需求、违背其认知规律而无法使教学双方产生思想上的共鸣、理论上的认同和情感上的交融。浓缩了社会主导价值观的知识体系也因难以转化为大学生思考和解决问题的思维结构和行为方式而失去了对其人生态度、价值追求、品德塑造和能力培养的引导、促进和导向作用。弥漫于校园中的思想政治理论课无用论最终导致了学生对课堂教学的逆反心理和抵触情绪，以至于心浮气躁、无精打采、注意力分散、纪律涣散成为学生课堂表现的常态。

## 二　错位：思想政治理论课课堂教学困境之谜

### （一）思想政治理论课教学中知识传授与思想政治教育目标的错位

思想政治理论课是将思想政治教育目标融入课程体系和教学内容之中，并按照易于被学生接受的理论或知识逻辑进行合理安排和科学建构形成的具有系统性和整体性的理论或知识体系，体现着知识性和政治性的统一。知识性只是思想政治理论课的一般属性，必须服务于政治性这个根本属性和本体功能。课堂教学的目的在于通过恰当的教学内容、严密的逻辑分析、强大的事实力量、高超的教学艺术充分发掘和发挥知识体系中的思想政治教育元素，影响和升华学生的思想道德认识，从而坚定大学生的马克思主义信仰，增强其走中国特色社会主义道路的理论自信、道路自信和制度自信，成为德智体美全面发展的中国特色社会主义事业的建设者和接班人。由于思想政治教育元素蕴含于庞杂的知识体系之中，需要通过教师的认真钻研、深入挖掘、高度提炼并全面渗透于教学过程的始终方见成效。因此，课堂教学又是一个复杂的、艰辛的劳动和再创造过程，其实际效果往往取决于教师对教学目标把握的透彻性和准确性、对教学内容掌握的全面性和深刻性、对学生思想实际了解的广泛性和真实性、对教学方式选择的科学性和有效性。然而，实际工作中普遍存在着的教师的职业倦怠现象和责任感缺失问题，必然导致复杂的思想政治教育教学过程极易被简化为单一的知识传授过程，造成知识目标与思想政治教育目标之间的错位。教师只讲授书本知识，缺乏对学生的人文关怀以及政治情感、政治态度和价值观的引导，忽视对以创新精神、独立精神、批判精神、科学精神和社会关怀精神为核心的大学精神的弘扬。单纯的知识接收并不能转化为学生正当地运用自己的知识服务于社会所必需的思想品德、政治教养和向上的精神，严重背离了思想政治课的社会价值及其历史使命。

### （二）思想政治理论课教师的职业使命与其角色定位的错位

思想政治理论课教师是马克思主义理论、社会主义意识形态和精神文明成果的传播者，在教育教学旨归上肩负着把大学生培养成为中国特色社会主义事业的合格建设者和可靠接班人的使命。通过教学，“一是要提供某种智慧，为学生的生活提供有价值和理智的方向；二是要教授某种规范，以指导和约束人的行为符合社会发展的价值取向；三是要传播某种信念，使其与人的生命融为一体，能够为师生共同体悟和持存”①。教师的理想、信念和人格力量具有强大的吸引力、说服力和感化力，潜移默化地影响着大学生的思想观念和行为方式。正如孔子所言：“其身正，不令而行；其身不正，虽令不从。”（《论语·子路》）一位优秀的思想政治课教师不仅要有深厚的理论素养、广博的文化修养、高超的课堂教学艺术，还要有一种敬业精神、奉献精神，力戒心浮气躁，敢于淡泊名利。然而，当前一些思想政治理论课教师对自己职业的特殊性认识不足，角色意识不强，政治信仰淡漠，品德修养不高，缺乏使命感、责任感和职业荣誉感。他们或为完成教学工作量而疲于奔命，或为发表论文、跑项目、做课题、攻奖项绞尽脑汁，对课堂教学效果却漠不关心。教学只重数量，无视质量，只讲效益，不求效果，只图回报，不谈奉献，极大地损害了思想政治课教师的政治威信、道德威信和职业威信，容易给学生造成一种经验性的认知错觉，似乎思想政治教育理论只是试图束缚和规范学生的虚假说教，并不具有普遍意义的规范效力，从而影响学生对所授教学内容和所灌输理论的认同感和接受程度。

### （三）思想政治理论课教学中主客体关系的错位

理论教育的过程，实质上是把社会期待的价值观念转化为学生个体思想政治观念的过程。由于大学生已经具有了相对稳定的思维框架和对外部影响的处理能力，观念的形成不再简单地来自外界的输入和传授，而是取

① 宋锡辉：《现代思想政治教育专业建设研究》，人民出版社2010年版，第83页。

决于他们对外部思想信息的理解、认同基础上的自我意识“分化”与“同一”的结果。思想政治理论课的教学就是要通过教育者与受教育者之间信息的沟通与交流、价值观的碰撞与认同、认知方式上的引导与统一，促使受教育者统一的自我意识分化出理想的自我和现实的自我，并能够用理想的自我去分析、评价和改造现实的自我，从而达到对思想政治教育目标在知识层面上的认知、价值层面上的认同和信仰层面上的内化，并最终转化为他们既见之于心又践之于行的行为规范、价值追求和人生信仰。从这个意义上讲，大学生不是教育者“塑造”和“刻画”的客体，而是思想政治教育的主体。教师不是教育的权威，而是教学活动的主导，教师只有在尊重学生主体地位、发挥学生的主动性、调动其积极性的基础上“传道授业解惑”，才能实现对学生思想的启迪、行为的引导、目标的激发和定向作用。当前思想政治教育理念的改革与创新并没有从实践上真正突破学生被当作“加工”和“塑造”客体的思维定式，对学生在教育活动中主客体关系认知上的错位现象依然存在。其结果，一是学生“主体”地位的被遗忘，导致教学中教师重施教主体，轻受教主体，重外部灌输，轻内在诱导，重规范约束，轻个性发展等弊端；二是学生“主体”意识的自我失落，表现为学习兴趣不大，主动参与意识不强，能动性发挥不足，学习效果不理想。

### （四）思想政治教育目标的统一性与学生个体成长需要差异性之间的错位

思想政治教育课的教学对象是大学生群体，教学活动以培养社会发展所需要的政治思想、道德品质和健康心理为目标，偏重服务于社会与政治的意识形态功能，强调培养目标的整体性和统一性。而大学生作为活生生的生命个体，虽然有着强烈的主体意识，但是社会阅历浅薄，心智还不完善，自我意识尚不成熟。他们渴望获得情感上的呵护，积极寻求自我身份的认同，努力追求自我价值的实现。当前思想政治理论课却远离大学生的生活世界，无视学生个体生命成长的规律和个性发展的差异，试图以高度统一的抽象概念和纯粹的理论说教打造“高大全”的理想人格，造成了思想政治教育目标与大学生个体成长需要之间的错位，导致教育目标的教条化、抽象化、空洞化。大学生觉得课堂上所讲的东西都是书本上既成的、服务于国家需要的“大道理”，缺乏那些对自已有实际指导意义的“实践性智慧”。其结果必然陷入思想政治理论课无用论的泥潭，引发大学生对思想政治理论课态度上的怀疑、心理上的疏远和行为上的抵触。

## 三　归正：思想政治理论课教学超越困境之路

### （一）必须厘清思想政治理论课教学中知识目标和思想政治教育目标的关系

思想政治理论课的知识体系是实现思想教育目标的中介和手段，服务于思想政治教育的目标体系。正如哲学家雅斯贝尔斯所言：“教育的原则，是通过现在世界的全部文化导向人的灵魂之本源和根基。”① 知识教育的目的就在于挖掘蕴含于其中的思想政治教育因子，并借助知识本身所固有的对人的思想、情感、意志和观念的塑造功能，影响受教育者的政治观点和思想道德品质。“育人为本、德育为先”，“立德树人”等教育理念凸显了思想政治教育目标的特殊重要性。因此，在思想政治理论课教学中，必须反对只重视知识和理论的传授、淡化意识形态功能及去政治化的倾向。但是，思想政治教育功能的发挥又离不开知识教育。知识体系是思想政治教育目标实现的基础和前提，脱离知识体系支撑的思想政治教育便是无本之木、无源之水，显得枯燥、孤立和空灵。当代西方价值教育理论的代表人物加里夫·贝克指出，对知识体系的忽视，会使“学生在解决具体问题时感到孤立无援。仅仅教给学生一种分析问题的框架和一套推理技巧就把他们像粗糙产品一样推向社会、让他们去自谋生路是远远不够的，他们需要教师和其合作者们帮助他们建构具体的价值体系，以便能够面对现实的问题”②。马克思也曾说：“理论只要说服人，就能掌握群众；而理论只要彻底，就能说服人。”③ 因此，只有全面、系统、透彻地解析思想政治理论课的知识体系，深入解读马克思主义基本理论和社会主义核心价值体系的精神内涵，才能使大学生深刻领会和感悟马克思主义世界观、人生观和价值观形成的知识根基和作用机理，并借助知识的力量形成坚定而持久的信念，促进受教育者身体与心灵、智力与德性、知识与能力、理性与审美的和谐发展。缺乏知识根基的简单说教、规范灌输和行为矫正，无法从触

① ［德］雅斯贝尔斯：《什么是教育》，生活·读书·新知三联书店1991年版，第3页。
② ［加拿大］加里夫·贝克：《人的价值世界》，中央编译出版社1997年版，第219页。
③ 《马克思恩格斯选集》第1卷，人民出版社1995年版，第9页。

动人类灵魂的高度促进思想政治教育目标的实现。

### （二）落实中宣部、教育部文件，优化从业环境，增强教师的职业自信

思想政治理论课教师队伍，“是党的理论、路线、方针、政策的学习者、研究者和宣讲者，是高校思想政治理论课教育教学和马克思主义理论学科建设的主要承担者”[①]。这支队伍建设的好坏直接关系着高校思想政治教育教学的成败。为此，中宣部、教育部于2008年下发了《关于进一步加强高等学校思想政治理论课教师队伍建设的意见》，提出要大力加强马克思主义理论学科建设，凝练学科方向，为思想政治理论课教育教学提供学科支撑，为教师队伍建设搭建学科平台，并要求在各高校独立设置“马克思主义学院”等思想政治理论课教学科研二级机构，同时对高校思想政治理论课班级规模、专项经费支持、科研项目评审、专业技术职务评聘等方面都提出了相应的要求和特殊倾斜政策，为思想政治理论课教师队伍建设提供了有力的政策支持。各高校一定要坚决贯彻、抓紧落实，优化思想政治理论课教师的从业环境，塑造一支将生命激情融入课堂教学的教师队伍，帮助他们明确自己的学科归属，自觉承担学科建设任务，将教学科研活动与教师自身的发展和完善联系起来，不断提高思想政治理论课教师的人格魅力和学识魅力，形成个性化的教学风格和专业化的研究方向，增强教师的职业自信、专业自信、学科自信和学术自信，使他们能够以高度的责任感、使命感和荣誉感投身于思想政治理论课的教学和研究工作。

### （三）适度调整班级规模，实现教学方式的多元化，发挥学生学习的主动性

大班教学固有的弊端决定了适度调整班级规模的必要性。依照2008年中宣部、教育部《关于进一步加强高等学校思想政治理论课教师队伍建设的意见》的要求，“要以中班教学（每班100名学生左右）为主体，组织开展教学活动”。这不仅有利于提高教师对课堂的控制能力，提高教学的针对性，也便于实现教学方式的多元化。一是要教会学生自主学习。通

① 陈占安：《关于进一步加强思想政治理论课教师队伍建设的思考》，《思想理论教育导刊》2010年第11期，第4页。

过布置课堂作业、指导社会实践、撰写小论文等形式，练就他们在知识渠道多元化时代，正确甄别信息并独立地掌握和运用知识解决问题的本领，形成自我学习、自我控制和自我教育的能力。二是要积极开展参与式教学。通过课堂讨论、主题演讲、专题辩论等教学方式，启发学生的自觉性，调动其积极性，激发其创造性。三是要在紧密联系实际的基础上进行教学。通过专题讲授、案例教学、实践教学等方式，抓住学生关注的国内外热点难点问题，把科学理论融入典型事例，把理性思考融入感性场景，深入浅出地教学。四是要积极推进教学手段的现代化。必须紧紧围绕教学内容和目标，精心设计和制作多媒体课件，增强理论与现实相结合的现场感，使教学内容能够和学生的情感与心灵产生共鸣，切实提高教学实效；要积极利用高校思想政治教育网，有效地整合网络教育资源，通过师生的共同参与，搭建一个网络互动和交流的公共平台，发挥其作为思想政治教育第二课堂的作用。

### （四）树立以人为本的学生观，尊重学生的主体性，发挥教师的主导作用

思想政治理论课教学中的以人为本实质上就是以学生为核心，以学生为本。就是要变革以课堂为中心、教材为中心、教师为中心的传统教学模式，在尊重学生的主体地位、维护其基本权利、遵循其身心发展的规律、满足其成长需要的基础上创新教学理念。一是教学的出发点要真正转向学生，找准社会发展要求与学生个体成长需要之间的契合点，有针对性地进行教学。教学内容要贴近学生、贴近生活、贴近实际。二是要重视学生的个体差异性，读懂学生的困惑和迷茫，关注其道德情感需求。通过学习既要努力张扬学生个性，又要引导他们寻求群体归属感，学会做人，学会做事，学会合作与发展，掌握顺利融入社会的人生智慧。三是要构建民主平等的新型师生关系。必须直面人类知识转型和网络时代教师权威消解的事实，找准角色定位，重建主体间性理念下的新型师生关系，教学双方真正成为教学活动过程中能够平等对话、相互交流、教学相长的合作者。同时，思想政治理论课教师要有高度的政治敏锐性和社会责任感，在研究与教学的辩证互动中不断发现新问题、创造新方法，实现教学活动的与时俱进，发挥教师在教学中的主导作用。这就要求教师，一是要研究教学目标，把握思想政治教育目标的整体性和层次性，并将其或整合或分解地渗

然人数不多，却凭借其资源优势和话语权左右着国家政策的制定，主导着社会资源的分配，并通过优势资源的代际传递，使既得利益得以薪火相传。弱势阶层则位居社会底层，既无货币资本、权力资本，也无强大的社会资本，主要依靠自己的勤劳和实干维系自身及其家族的生存和繁衍。社会资源在强势群体中的集聚，使其阶层感知度不断增强，为保证集团利益的最大化，他们会通过设定壁垒或提高进入门槛的方式，竭力阻挠其他阶层的进入，导致精英排斥现象的出现。这使得整个社会能够向其成员提供的借以改变身份，实现向上流动的机会逐渐减少，成本持续增加，社会流动凝滞，阶层结构呈固化态势。中国传统社会是一个以家庭及其血缘亲属关系为核心、以信任和互惠为基础的关系本位的社会，费孝通称其为差序格局的社会秩序。基于父辈阶层社会地位的持续性辐射效应，阶层固化必然导致社会资源的代际继承与传递，社会阶层结构呈原样复制状态，这便有了“官二代”、“富二代”、“星二代”等强势二代和“穷二代”、“民二代”、“农二代”等弱势二代的区分。这些被称为“×二代”的青少年，其个人发展的资本和成长的空间，不再简单地取决于其个人后天努力的“自致性因素”的作用，而更多地取决于其家庭身份、职位、财富、机会等“先赋性因素”的影响。“强势二代”凭借其父辈占有的优势资源可较轻松地获得成功；而那些弱势阶层的子女，则因家庭社会资源的匮乏，难以获得公平的发展机会而处于边缘化的地位，社会流动呈现出一种非常态的运动轨迹。

任何社会均无法避免地存在着基于资源禀赋差异之上的社会成员地位的差别及其家庭背景对下一代身份地位的影响问题，因此“二代”现象各国皆有，本无可厚非。在一个以市场选择和个人天赋能力作为阶层流动逻辑的国家，由于社会为下层通过“自致因素”而跃升到上层社会预留了足够的渠道和空间，各阶层间社会地位的高低、收入差距的悬殊、社会声望的大小并不影响社会的公平和正义。但当社会分层开始以先赋身份作为阶层认同的标准、以阶层的代际复制作为社会结构变动的逻辑、以垄断和操控资源作为利益固化的手段、以出身和裙带关系作为阶层跨越的先决条件时，则标志着社会阶层的分化开始进入畸形的发展轨道，社会的公平和正义问题面临严峻的挑战。因此，当前中国社会特殊语境下的“二代现象”之所以频频成为舆论关注的焦点，实质上透露出民众对阶层固化的代际传递效应所折射出的社会竞争的不公平、发展际遇的不均等、财富分配的不合理等社会问题的不满与愤慨，以及对社会公平、正义的呼唤。

### （二）“二代现象”产生的社会根源

1. 公共权力的异化及其代际弥散效应

公共权力是全社会范围内的政治权力，它以社会共同利益为基础，由政府官员及其相关机构掌握并行使，用以处理公共事务、保障公共秩序、增进公共利益。马克思主义认为，在阶级社会里，公共权力实质上属于国家权力，由经济上占有统治地位的阶级掌控，服务于少数群体的特殊利益，是“一种表面上凌驾于社会之上的力量，这种力量应当缓和冲突，把冲突保持在‘秩序’的范围以内”，它是“从社会中产生但又自居于社会之上并且日益同社会脱离的力量”①。社会主义条件下，无产阶级的政治统治代表了最广大人民的根本利益，从真正意义上恢复了国家公共权力的普遍性质。然而，正如孟德斯鸠所言：“一切有权力的人都容易滥用权力，这是万古不易的一条经验。”② 在以权阶级别或官阶级别作为个人社会地位最显著标志的当代中国，公共权力的异化问题依旧突出：一是公共权力私有化滋生的腐败行为。社会主义条件下，国家的公共权力来自人民权利的让渡和委托，体现人民的意志，聚合社会公众的利益，理应自觉接受人民的监督和制约。然而，在充斥着权力崇拜的社会场域中，权力不仅表征着权力主体的社会价值，决定着其人身权利、荣誉、地位和生存条件，也是其编织社会关系网络的基础。在此情形下，权力的能量总被肆意地放大，权力边界总被有意地模糊，以至于公共权力的运行最终脱离增进公共利益的目标，成为少数人谋取私利的工具。二是权力资本化所形成的寻租行为。“中国的市场化始终是在国家公共权力的支配下进行的，市场是嵌入在政治权威中的市场制度”③，国家公共权力在管理国家经济和实现企业市场化过程中必然衍生寻租能力。过分扩张的行政权力不仅可以通过干预市场和垄断资源制造寻租机会，还可以成为直接交易的对象或作为资本投入，制造并参与利润分配，使权力异化为少数人敛财的工具。三是权力失去制衡所产生的独断行为。沿袭两千多年的专制制度的毁灭绝不意味着由这种制度培育和造就的文化心理和行为习惯的彻底根除。受中国历史上

---

① 《马克思恩格斯选集》第4卷，人民出版社1972年版，第166页。

② ［法］孟德斯鸠：《论法的精神》（上），张雁深译，商务印书馆1961年版，第154页。

③ 刘欣：《当前中国社会阶层分化的制度基础》，《社会学研究》2005年第5期，第16页。

传统的封建宗法社会结构以及等级文化与体制的影响，一些公共权力拥有者总是设法集决策权、执行权和监督权于一身，竭力地摆脱对权力的制衡与监督，形成独断专行和为所欲为的家长制的权力运行机制。公共权力异化必然导致权力主体的权力在作为非权力主体的"官二代"身上的弥散效应。即使在日臻完备的权力制约和民主监督机制下，他们仍然可以在其权力辐射范围内，通过"将国家权力资源在阶层间交互式的共同分配，变家庭直接对位世袭为群体曲线换位对接"①，从而使其后代轻易地冲破制度壁垒，跨越竞争程序而获得其意愿的满足权或干部的提升机会，形成权力的"隐性世袭"。陆学艺的研究报告表明，"干部子女成为干部的机会是非干部子女的2.1倍"②。

2. 贫富分化的马太效应及其代际承继

改革开放以来，我国突破性地选择市场经济，并将其置于社会主义制度框架内，源于我们有着借助政府宏观调控的力量，激发市场的活力，弥补市场失灵，修正市场运行的负效应，使其更好地为社会主义服务的高度自信。尽管市场经济天然地具有消解制度壁垒、地域壁垒、阶层壁垒，追求公平竞争的平等属性，但这种法权意义上的平等实事上默认人与人之间在天赋、智力、能力、出身方面的个体差异，以及这种差异在竞争中所产生的优胜劣汰的极化效应。在过分注重GDP增速的发展理念下，政府把本应安排到社会领域的资源更多地通过市场化的配置持续地注入经济领域，本该由公共财政负担的教育、就业、医疗卫生、社会保障等基本公共服务未能实现城乡间、区域间、群体间的无差别覆盖，致使社会建设严重滞后于经济发展。加上计划经济时代遗存下来的户籍制度、人事制度、就业制度和等级式的社会保障制度的惯性作用，使得政府的力量已不足以消弭微观经济主体利益最大化以及市场化改革不完善所造成的利益格局急剧分化的马太效应，阶层固化趋势难以有效遏制。

3. 社会资本占有的循环累积因果效应及其代际渗透

法国著名社会学家布尔迪厄认为："社会资本是那些实际的或潜在的、与对某种持久网络的占有密切相关的资源的集合体，这一网络是一种众所周知的共同熟悉的、体制化的网络，或者说是一种与某个团体的成员身份

---

① 薛深：《"官二代"标签化现象的缘起及其回应》，《中国青年研究》2011年第7期，第15页。

② 陆学艺：《当代中国社会流动》，社会科学文献出版社2004年版，第202页。

相联系的网络，它在集体拥有的资本方面为每个成员提供支持，或者提供赢得各种各样声誉的‘凭证’。”① 社会资本的存续同样具有瑞典著名经济学家缪尔达尔的有关经济发展的“循环累积因果”效应，即由于不同群体拥有的初始社会资本不均等，必然导致占有雄厚社会资本的人因其初始优势而超乎他人获得更快发展，并在发展中始终保持这一优势。而社会资本缺乏的人，则会因发展需求无法得到满足而陷入发展困境，二者循环累积的结果必然导致发展差距的持续拉大以及社会阶层结构的固化。在当代中国，除了政治精英、经济精英外，掌握知识、技术、文化资源的文化精英，凭借其在专业技术领域内的声望和权威也拥有广泛的社会资本，他们或通过与权力融合，或依托资金的支持，或垄断专业技术资源而跻身于社会上层。同时，他们也会动用一切社会资源，尽可能地将其子女纳入这个相对封闭与排他的社会关系资源网络之中，以承继他们的职业，延续他们的身份优势，完成其阶层复制。研究表明：“那些父亲是技术精英的青年比父亲不是技术精英的青年更可能获得技术精英的身份，前者的发生比是后者的1.65倍。”② 相反，那些社会资源匮乏的贫困家庭子女，在物质贫困与文化贫困的双重制约下，极易陷入“穷者恒穷”的恶性循环之中。

4. 教育资源分配不公的助推效应及其代际传递

布尔迪厄认为，教育制度并不仅仅是知识或文化传承的工具，同时也是社会精英和社会结构再生产的机制。教育体系所蕴含的人才培育和选拔功能是个体跨越社会阶层壁垒，实现向上流动的理想通道。自恢复高考以来，我国数千万的寒门子弟已通过教育完成了自身及其家人阶层地位的跃升，通过知识改变了命运。然而，当前的中国，由于政府教育投入的有限性及其教育成本的持续攀升、教育资源配置的不均衡及其教育质量的城乡、区域悬殊差别，强势阶层千方百计地通过其权力、财力以及强大的社会关系网络将其影响力渗透到教育体系之中，使其子女获得重点地区、重点学校、重点班级、重点专业等优质教育资源的优先享受特权，教育机构成为其精英再造的得力工具。而越来越多的弱势阶层的子女则由于户籍制度、地域差别、经济承受力的制约只能接受低质量的教育资源，进入重点高中和重点大学的机会减少，就业困难，向上流动的概率降低。教育促进

① 薛晓源、曹荣湘：《全球化与文化资本》，社会科学文献出版社2005年版，第14页。

② 张乐、张翼：《精英阶层再生产与阶层固化程度》，《青年研究》2012年第1期，第7页。

社会阶层合理流动功能的弱化,使得越来越多的社会底层子女无奈地选择了“弃考”来表达他们的失落与无助。

## 二 “二代现象”对高校思想政治教育的影响与挑战

阶层固化所导致的社会资源占有上的差异、贫富差距的拉大、社会地位的悬殊已通过阶层的代际传递效应渗透到大学校园之中。尽管高校教与学的知识性活动本身并不会因为学生家庭背景的差异而有所区别,但大学生所属家庭的社会身份特征依然会有形或无形地影响大学生的思想观念、行为方式和生活方式,使高校思想政治教育面临新的挑战。

### (一)社会主义核心价值观受到冲击,思想政治教育的价值主导功能弱化

核心价值观是一个社会中居于主导地位、起支配作用的核心理念,它突出地强调政治系统的价值整合功能。思想政治教育是个体认识政治现象、掌握政治知识、形成政治态度和政治信念,实现政治社会化的重要途径,是人们精神世界的价值导向系统,负有引导大学生认同并践行社会主义核心价值观的重要使命。然而,正如马克思所说:“人们奋斗所争取的一切,都同他们的利益有关。”① 价值认同并非脱离物质利益的纯粹精神享受,它必须以人们物质利益的满足作为认同基础。阶层固化及其代际传递造成了权贵的世袭和贫困的传承,致使不同社会阶层基于其本位利益的考量,在社会定位与价值取向上必然呈现出强烈的主体性色彩,而与主流价值体系相疏离,使价值共识难以达成。特别是受诸多不可控因素的影响,改革进程中所出现的利益分配不合理和差距过大、利益调节机制的不完善和乏力、部分暴富者敛财手段的非规范化甚至非法化,极易引起大学生对主流意识形态、共同富裕目标、按劳分配原则、依法治国方略等国家大政方针认同度的下降,对平等、公正、法治、诚信、友善等社会主义核心价值观的怀疑。无政府主义、拜金主义、极端利己主义、享乐主义等乘虚而入模糊了社会主义的主流意识形态,一定程度上解构了大学生的共同价值取向和共同理想,导致道德错位、价值观扭曲、思想观念混乱、政治

① 《马克思恩格斯全集》第1卷,人民出版社1956年版,第82页。

参与意识冷漠等一系列问题。思想文化的碰撞和价值观念的冲突可能积淀成社会发展中的悖力，消解思想政治教育的价值导向和引领功能。

### （二）“弱势二代”向上流动的通道渐显逼仄，思想政治教育的激励功能式微

高校思想政治教育的激励功能在于综合运用包括物质和精神激励在内的多种手段，激发大学生健康的人生态度、向上的拼搏精神、主动的参与意识和积极的创造精神。高等教育曾是青年学生追求理想，实现向上流动的最可信赖的通道。但在今天，面对强势阶层势力的渗透与影响，高等教育促进社会中下层向上流动的阶梯作用式微，而其阶层复制功能日益强化。强势阶层利用自己的经济、政治或文化优势，为后代铺设了一个无远弗届的关系网络，他们不仅可以通过占有优质教育资源使其子女获得对高校及其专业选择的优先权而影响高等教育的起点，也可以通过其权力、财力或社会关系使其子女获得更多的出国留学机会、保送研究生的资格或提高考研成功率等而影响高等教育的过程，还可以通过垄断优势行业和单位的就业机会而影响高等教育的结果。没有权贵后台和财富背景的弱势二代则在教育资源的占有、就业岗位的获得、社会交往的空间上屡遭身份壁垒的限制，难以获得突破阶层边界的基础力量和实现向上流动的社会资源，致使他们方向迷失，信心不足，意志消沉，甚至自暴自弃，思想政治教育的激励功能难以有效发挥。

### （三）校园和谐面临新挑战，思想政治教育的沟通和调节功能乏力

高校校园的和谐与大学生群体的稳定是我国政治稳定的重要组成部分。高校思想政治教育扮演着教育者与受教育者之间“沟通者”的重要角色，具有协调人际关系、化解社会矛盾、维护校园和谐、促进社会政治稳定的功能。阶层固化趋势下，社会阶层和文化背景相异的大学生有着不同的阶层感知、阶层价值取向和阶层利益，并以阶层认同为基础形成边界清晰、特征鲜明、融合困难的阶层壁垒。“强势二代”具有与生俱来的优越感，社会资源丰富，生活奢侈，生存压力小，有较强的傲慢和“炫富”心态，但其自信的品格和超强的社会活动能力，往往使其具有人际交往的独特优势并可能获得更多的发展机会。“弱势二代”则面临着严重的身份认同危机以及由此而引发的行为上的不合群、心理上的过于敏感和人际交往

中的沟通困难。高等教育是大学生实现其理想和人生价值的关键环节，教育公平也是社会公平的重要基础。当这种公平遭遇潜规则的颠覆，非常态的身份逻辑取代其个体的能力逻辑而成为决定大学生前途和命运的关键要素时，弱势群体大学生便会滋生相对剥夺感、焦虑感、挫败感等负性心理和不满、怨恨、叛逆以及"仇富"、"仇官"等负面情绪。他们一旦将身份认同的迷茫与现实生活中的挫折感完全归结于阶层固化的外界影响又无力通过正常渠道加以消解时，可能会采取偏离常规的非制度化、非规范化手段宣泄怨恨情绪，引发极端性事件，影响校园和谐和社会的稳定。

#### （四）阶层固化使高校教育环境日益复杂化，思想政治教育工作的难度空前增加

我国传统的思想政治教育偏重服务于社会与政治的意识形态功能，强调培养目标的整体性和统一性，注重"高大全"理想人格的塑造，忽视学生的个体利益和个性发展。由于旧体制下个体只能依附于群体而存在，缺乏独立追求自身利益的空间，由此保证了受教育者对传统单一化的价值体系的绝对遵守与高度认同。然而，改革所引发的经济体制的深刻变革、社会结构的深刻变动、利益格局的深刻调整、思想观念的深刻变化，已经突破了传统体制及其一元化价值观念对人的束缚，人们不再被动地接受教育，而是越来越多地以自身利益的得失来评价周围的事物，于是思想活动的选择性、独立性显著增强。来自不同家庭背景的大学生对国家政策、舆论宣传和思想灌输的认知水平和接纳程度出现巨大差异，对政府的公信力和改革的目标与方向心存疑虑，对教育者的权威性和话语权产生质疑。以理论灌输为主的传统思想政治教育理论与方法已远不适应复杂化、异质性的教育对象的需要，难以取得预期的效果，高校思想政治教育工作的复杂性、艰巨性和挑战性空前增加。

## 三　高校思想政治教育化解"二代现象"负面效应的对策

#### （一）引导大学生正确认识我国阶层固化现象存在的暂时性

改革开放以来，我国市场契约型改革路径带来的利益主体多元化与转型期社会利益协调机制不完善的偏差，加剧了资源和财富分配的非均衡化

和利益格局的定型化，催生了社会结构变动中的阶层固化趋势。但这一趋势具有历史暂时性，并不能代表中国社会阶层结构未来变动的方向。共同富裕是社会主义区别于资本主义的本质特征，也是社会主义的根本价值目标。要引导大学生用辩证的眼光看待改革开放的是非得失，用科学的态度对待发展中出现的新问题。党的十八届三中全会通过的《中共中央关于全面深化改革若干重大问题的决定》提出，改革要以“促进社会公平正义，增进人民福祉”为出发点和落脚点。这进一步明确了改革收入分配制度、实现基本公共服务均等化、推进社会领域制度创新、形成科学有效的社会治理体制等深化改革的目标和方向。党的十八届四中全会通过的《中共中央关于全面推进依法治国若干重大问题的决定》又清晰地描绘了法治中国建设的路线图。改革的深化和法治化进程的推进，有利于更好地探索政府与市场的适宜疆界，消除体制机制的障碍，冲破利益固化的藩篱，克服和修正权力运行中的异化效应、市场运行中的极化效应以及利益分配中的失范效应，最终使阶层复制逻辑必然地让位于个人能力逻辑，建立起公正、合理、开放的现代社会流动机制，使每一位大学生都能享有人生出彩和梦想成真的机会。

### （二）突出“和谐”教育理念，寻求价值共识，弱化“二代”身份壁垒

社会转型和社会结构的重塑，使高校思想政治教育面临着原有价值体系的解构和多元化价值体系的动态重组环境。超越不同阶层之间价值认知、价值体验与价值判断上的对立与冲突，在尊重差异、互相包容的基础上形成价值共识，突出“和谐”教育理念，应成为新形势下高校思想政治教育的首要任务。为此，一是要引导大学生抛弃偏见，既要客观、理性地对待“强势二代”，揭去附加于其上的诸如“为富不仁”、“纨绔子弟”、“奢侈浪费”、“飞扬跋扈”、“道德缺失”等妖魔化的社会标签，肯定和尊重“官二代”通过自身的能力和正当途径成为领导干部，以及“富二代”通过财富的合法传承和运作成就事业的权利。同时，又必须维护好“弱势二代”的正当权益，尊重他们的话语权，积极回应他们的合理诉求，提供公平的发展机会和必要的政策呵护，拓宽其向上流动的渠道和空间。二是必须强化社会主义核心价值体系和核心价值观的主导作用。社会主义核心价值体系为社会成员提供了基本的价值评价标准和价值选择依据，不仅是

学生价值共识教育的理论基础，也是进行价值共识教育的指南。社会主义核心价值观是社会主义核心价值体系中居于主导和核心地位的主流价值观，是主导社会理想、信仰和精神风尚的灵魂，具有强大的整合力、凝聚力和引领力，是增进对主流价值体系的价值认同感，形成各民族各阶层间价值共识的精神纽带。树立和践行社会主义核心价值观，有利于纠正社会阶层分化背景下的价值偏差，培育大学生的平等意识、拼搏精神和健康心理，消除大学生之间的阶层隔阂和疏离感，促进校园和谐。

### （三）坚持以人为本的教育理念，突出思想政治教育活动的人文关怀价值

思想政治教育视野中的以人为本，就是要以"现实的个人"、"有生命的个人"为前提和出发点来关注大学生的发展，满足其精神成长需要。社会阶层差异的显性化要求突出高校思想政治教育的人文关怀价值。要在充分尊重人的主体地位和个性差异的基础上，承认社会各阶层利益、观念和行为上的差别，选择与不同家庭背景出身的大学生的特点和觉悟相适应的动态化和层次性的思想教育理论与方法，满足大学生不同层次的精神需要和利益诉求，激发其主动性、积极性和创造性，促进大学生自由全面的发展。对于"强势二代"，思想政治教育的侧重点在于加速其由物质化人格的高度发育向精神化人格的全面提升转变。这就要鼓励家庭出身优越的大学生，既要善于利用优越的学习条件和发展环境，增长知识，提高技能，掌握立足社会的本领，又要塑造健康向上的价值观念和高尚的品格，消除浮夸习气和恣意妄为心态，克服贪图享乐、追名逐利的不良作风，自觉养成热爱劳动、团结互助、艰苦奋斗的优良品德，提高应对各种风险和挑战的能力，获得实现人生价值的最宝贵的精神财富。对于"弱势二代"，思想政治教育工作的侧重点在于营造良好的人文关怀氛围。要充分利用高校思想政治教育工作强大的内引外联能力，动员地方政府部门、金融机构、企业、社会团体、学校和个人的力量共同参与，多渠道地为贫困大学生提供贷款和勤工俭学的机会，这不仅能够为他们顺利完成学业提供最起码的经济支持，也有助于提高大学生的人际交往和社会实践能力，为毕业后更加自信地走向社会奠定基础。同时，对弱势群体大学生还要注重生活上的照顾、精神上的引导、感情上的慰藉和心理上的疏导。老师、辅导员和班主任要多与他们交流，关心其生活，了解其需求，解决其困惑，重塑

其信心，引导他们以积极乐观的态度面对困难和挫折，进行正确的自我评价、准确的自我定位、合理的自我规划，明确努力的方向，挖掘自身的潜能，促进自我价值的实现。

**（四）净化校园环境，坚持公平正义，遏制阶层固化负面效应在高校的蔓延**

社会环境是影响大学生思想政治品德变化的外在因素。大学生正是在与其所处环境的交互作用中形成自己的世界观、人生观和价值观。因此，优化高校人才培养环境是提高思想政治教育实效性的关键环节。为此，一是要积极培育彰显当代大学精神的校园文化。弘扬以潜心向学、追求真理的治学精神，针砭时弊、启智醒世的批判精神，忧国忧民、服务社会的关怀精神，突破陈规、勇于开拓的创新精神为核心的大学精神，自觉抵制各种社会不良现象的影响和渗透，维护大学的纯洁与独立、平等和民主。扭转教育理念功利化、学术研究商业化、教学活动边缘化、学术权力行政化等不良倾向，努力营造一种求真求善、平等和谐、健康向上的校园文化环境，使社会阶层和文化背景相异的大学生均能受到良好的校园文化的熏陶。二是要加强校纪、校规和校风建设，惩防并举，标本兼治，整饬校园腐败。以规范和制约权力为核心，加强权力监管，推进校务政务公开，严格按程序依法办事，防止滥用职权、徇私舞弊、权钱交易、权色交易等校园腐败行为的发生，确保高校招生、学生评奖、入党和学生干部选拔、推荐免试研究生等方面的公平公正，减少利益集团对高校公平机制的侵蚀与破坏，防止“腐败文化”在高校的蔓延和向社会的反渗透。

（作者系西北师范大学马克思主义学院副教授）

# “四个全面”战略布局思想融入“概论”课教学的探讨

马桂琴　杨　葵

党的十八大以来，以习近平为总书记的党中央围绕实现中华民族伟大复兴中国梦的时代主题，着眼国内国外两个大局，准确把握世情、国情、民情、社情、党情，从党和国家的实际出发，以富有战略远见的胆略和智慧谋划治国理政，提出并形成了全面建成小康社会、全面深化改革、全面依法治国、全面从严治党的“四个全面”战略布局思想。如何在高校宣传贯彻落实“四个全面”战略布局思想，引导当代大学生用党的先进理论成果武装头脑，坚定“三个自信”，自觉投身“四个全面”战略布局建设中来，成为坚定的马克思主义者和中国特色社会主义事业接班人，“概论”课作为一门中国特色社会主义理论的主课程，将“四个全面”战略布局思想的理论知识融入日常教学中，应该要承担更多的责任和担当。

## 一　“四个全面”战略布局思想融入“概论”课教学的必要性

“四个全面”战略布局思想融入“概论”课教学中：一方面取决于自身作为中国特色社会主义理论体系的最新理论成果，是一项需要宣传教育普及马克思主义中国化科学理论知识的现实需要；另一方面取决于“概论”课增进价值引领能力、拓展深化专项的教学需要。

### （一）“四个全面”战略布局思想是马克思主义中国化的理论学说，具有融入教学的基础条件

“四个全面”战略布局思想不是凭空设想出来的，而是在中国特色社会主义事业实践中逐步形成的，是我们党和国家在面临国内外新形势、新问题、新挑战的背景下，根植于改革开放以来的治国理政实践下逐步思考提炼出来的。正如习近平总书记指出的：“坚持和发展中国特色社会主义是一篇大文章，邓小平为它确定了基本思路和基本原则，以江泽民同志为核心的党的第三代中央领导集体、以胡锦涛同志为总书记的党中央在这篇大文章上都写下了精彩的篇章。现在，我们这一代共产党人的任务，就是继续把这篇大文章写下去[①]。‘四个全面’战略布局是从我国发展现实需要中得出来的，从人民群众的热切期待中得出来的，也是为推动解决我们面临的突出矛盾和问题提出来的。”[②] 这不仅回答了“四个全面”提出的背景、缘由、依据、意义，更回答了“四个全面”的指导功能和历史地位。那就是新的一代共产党人要站在民族的高度、世界的高度、历史的高度，自觉扛起责任担当，如何去探索“什么是民族振兴、怎样实现民族复兴”的新时代命题。“四个全面”战略布局是一个逻辑严谨、结构完整、体例完备的系统战略，体现出了“目标—路径—举措”的内在逻辑结构。在整个系统图中，“全面建成小康社会”是纲领性的奋斗目标，起导航仪的统率引领作用；“全面深化改革”和“全面推进依法治国”则如鸟之两翼、车之双轮，对全面建成小康社会的目标如期实现起发动机的驱动作用和离合器的保障作用；“全面从严治党”则为全面建成小康社会更好更快实现起驾驶员的领导作用。可以说，没有“全面建成小康社会”这个导航仪的引领作用，就有可能迷失方向，实现“两个百年”目标、实现中华民族伟大复兴的中国梦就会是个空想的白日梦；没有“全面深化改革”这个发动机的驱动作用，就有可能啃不动硬骨头、越不过险滩、冲破不了思想观念的障碍、突破不了既得利益的藩篱，导致走上封闭僵化的老路；没有“全面推进依法治国”这个离合器的保障作用，就有可能刹不住车，从而走上改旗易帜的邪路；没有“全面从严治党”这个驾驶员的高超领导，那

① 《十八大以来重要文献选编》（上册），中央文献出版社2014年版，第114页。

② 习近平：《同党外人士共迎新春时的讲话》，《人民日报》2015年2月13日第1版。

么一切事业都将褪色变质，将会面临亡党亡国的危险。

总的来讲，"四个全面"战略布局思想是党治国理政思想的制度创新、理论创新、理念创新，实现了马克思主义理论与中国实践相结合的新飞跃，进一步丰富和发展了马克思主义理论中国化的理论成果，为实现"两个一百年"目标、实现中华民族伟大复兴的中国梦提供了现实路径和具体举措，深化了对共产党执政规律、社会主义建设规律和人类社会发展规律的认识，是马克思主义中国化的最新理论学说。"四个全面"中的每一部分相互联系、相互影响、相互制约，辩证统一于实现中华民族伟大复兴的中国梦之中，充分体现了其内容的全面性、逻辑的系统性、结构的整体性、理论的开创性和群众的实践性，展现出了自身独特魅力和理论价值，为融入"概论"课教学提供了科学性、真理性、思想性的理论条件。

### （二）党的最新理论成果进课堂主阵地是做好高校立德树人工作的使命要求

党的十八大明确提出"把立德树人作为教育的根本任务"，党的十八届三中全会进一步强调"坚持立德树人"。高校作为培养高等教育人才的场所，应该率先自觉肩负起责任使命，贯彻落实这一总方向、总要求，为实现中华民族伟大复兴的中国梦提供人才保障和智力支持。立德树人作为教育的根本任务，强调的就是要通过教育培养具有优良政治品德、社会公德、职业道德、生活美德的社会主义建设者和可靠的接班人。在立德树人的"四德"培养中，政治品德是第一位，这是由我国坚持社会主义办学方向决定的。需要与时俱进用党的先进理论武装头脑，培养教育坚定理想信念，保持对党和国家的绝对忠诚，坚定社会主义道路自信、理论自信、制度自信，积极践行和培育社会主义核心价值观，确立在中国共产党领导下走中国特色社会主义道路，自觉把个人价值与社会价值紧密结合在一起，把个人命运与国家命运紧密联系在一起，把个人理想和奋斗融入中国特色社会主义共同理想和奋斗之中。离开了政治品德培养是立德树人第一要务的要求，培养出的大学生无论在其他方面如何优秀，都是不合格的。然而，当代大学生的政治品德培养不是一蹴而就的，而是一以贯之的，需要根据大学生不同专业领域、不同年级阶段、不同教育类型和青年自身特点，针对出现的新问题、新情况、新形势，在牢牢把握好主旋律的前提下，不断汲取党的最新思想、最新理论、最新政策注入课堂，第一时间抓好学习传达，提高大学生思想政治教育的先进性、针对性和时效性，锤炼好党性，使大学生政治品德培育时刻走在时代前头、群众前头。

显然，“四个全面”战略布局思想作为马克思主义中国化的最新理论学说，为加强当代大学生政治品德教育提供了现成材料和有机养分。中宣部、教育部明确要求把学习宣传“四个全面”战略布局思想摆上突出位置，作为当前和今后一段时期的政治任务，广泛深入宣传，加强理论阐释，引导深刻认识“四个全面”战略布局的重大意义、丰富内涵、内在联系和实践要求，增强贯彻落实的自觉性和坚定性。高校思想政治课堂尤其是“概论”课堂作为党的意识形态工作的前沿阵地、作为传播党的先进理论的主阵地，把“四个全面”战略布局思想学习宣传讲解好，是责无旁贷的职责所在。

### （三）“概论”课自身增强价值引领能力、拓展深化教学的现实需要

“概论”课是2005年中宣部、教育部《关于进一步加强和改进高等学校思想政治理论课的意见》及实施方案确定的高校思想政治理论课的核心课程。总体来看，这是一门关于中国化的马克思主义学说，以阶级的立场阐述党的指导思想、党的政策理论和党的历史。以其极强的政治理论性系统介绍了中国共产党在中国革命、社会主义建设和改革开放以来不同时期的历史使命和角色担当，目的是引导大学生正确认识党的政策、党的理论、党的伟大、党的先进，切实增进对党的认同、坚持党的领导、拥护党的主张、坚定跟党走的信念。这门课说到底是宣传党的政策理论；说到底就是通过教学达到教育的目的，从思想上教育人；说到底就是掌握和拥护党的政策理论，继承和发展中国特色社会主义建设事业。

正是这门课程的政治属性和理论的纯粹性，导致教材内容缺乏先天的吸引力，对于新一代的“90后”大学生而言，课程显得非常严肃枯燥。教师在日常教学中需要很好地运用方法增进课程的吸引力，提高学生的注意力，合理地将课程内容联系实际、与社会现实相对照，引入当下新闻时政热点加以运用分析，组织开展社会实践活动加以体验感知，把政治理论的课程内容通过对接青年生活、对接社会问题、对接时政焦点，以学生们听得懂、说得清、感兴趣的嘴型语言和表达方式来阐释，力求让大学生在学习中得以实践、在实践中认识和掌握中国化的马克思主义学说，并将其所学用来武装自己，进而自觉投身到改造社会的活动中。“四个全面”战

略布局思想作为与时俱进的理论，显然符合"概论"课教学的要求。将"四个全面"战略布局思想以现实焦点问题适时恰到好处地引入相应课程内容，有助于深化教学内容，增进教学吸引力和生动性。

## 二 "四个全面"战略布局思想融入"概论"课的教学设计

"四个全面"战略布局所包含的全面建成小康社会、全面深化改革、全面依法治国、全面从严治党在"概论"课中都能找到相应的内容关系。如何将其科学合理地融入，与教材内容有机衔接，形成浑然一体，自然而不突兀，生动而不生硬，到位而不错位，关键是要厘清如何融入的思路，找准融入的结合点，提前谋划做好教学设计。

### （一）"四个全面"战略布局思想融入"概论"课"小康社会"主题内容的教学设计

2013年版的"概论"课教材已经吸收体现了党的十八大、十八届三中全会和习近平总书记在2013年之前的系列讲话精神。但在"四个全面"战略布局中体现的关于全面建成小康社会的新要求、新思想、新论断要合理融入第六章第三节第二目、第三目中。2013年版教材关于全面建成小康社会的内容是放在党的十八大提出的五个"新要求"下来阐述的。因此，在进行"四个全面"战略布局关于"全面建成小康社会"的内容教学时，应该将其阐述为实现中华民族伟大复兴"中国梦"的关键一步，是实现党的十八届中央政治局常委会见中外记者会上习近平总书记提出的"要团结带领全党全国各族人民，继续解放思想，坚持改革开放，不断解放和发展社会生产力，努力解决群众的生产生活困难，坚定不移走共同富裕的道路"① 的具体举措和现实路径，强调全面建成小康社会是助力"四个全面"战略布局支撑实现"中国梦"的重大意义。同时，还要直接点出全面建成小康社会在"四个全面"战略布局中是处于引领地位的战略目标，全面深化改革、全面依法治国、全面从严治党是实现这一目标的三大战略

① 习近平：《在新一届中央政治局常委同中外记者见面会上的讲话》，《人民日报》2012年11月20日第1版。

举措，进一步明确了新形势下党和国家各项工作的战略方向、重点领域、主攻目标，开辟了我们党治国理政的新境界，为实现“两个一百年”奋斗目标和中华民族伟大复兴的中国梦提供了行动指南。

### (二)“四个全面”战略布局思想融入“概论”课“深化改革”主题内容的教学设计

把“四个全面”战略布局之全面深化改革融入“概论”课第七章第一、二节中。在第一节“改革开放是发展中国特色社会主义的必由之路”中，不仅要在现教材中说明改革开放是决定当代中国命运的关键一招，也要说明是协调推进“四个全面”战略布局的两轮驱动之一，其核心要义是要通过顶层设计，更加注重改革的系统性、整体性、协同性，统一改革思想、凝聚改革共识成为实现中华民族伟大复兴“中国梦”的关键一招。在第二节“坚定不移推进全面深化改革”中，要阐述全面深化改革为什么是“四个全面”战略布局思想的有机组成部分，其改革的方向是创造更加公平正义的社会环境，改革的成果要更多更公平地惠及全体人民；其作用在于进一步完善和发展中国特色社会主义制度，推进国家治理体系和治理能力现代化，进而实现建设富强民主文明和谐的社会主义现代化国家、实现中华民族伟大复兴的中国梦的战略目标。① 在“四个全面”战略布局下审视，改革既是驱动力也是凝聚力，既是方法路径也是精神内核，必须贯穿推进其他三个“全面”的全过程，使之成为推进“四个全面”战略布局的强大动力，也为实现中国梦提供重要的制度保证。

### (三)“四个全面”战略布局思想融入“概论”课“依法治国”主题内容的教学设计

把“四个全面”战略布局之全面依法治国融入“概论”课第八章第二节第三目“建设社会主义法治国家”中。着重在我国实施依法治国战略的历史过程中，强调党的十八大以来，新一届党中央依法治国的理论和实践，尤其是党的十八届四中全会专门用一次全会来研究部署依法治国问题，是史无前例的。不仅绘就了建设中国特色社会主义法治体系、建设社

① 《中共中央关于全面深化改革若干重大问题的决定》，《人民日报》2013年11月16日第1版。

会主义法治国家的总目标，更铸就了“四个全面”为实现“中国梦”提供了重要制度基础和法治保障。可以说，全面建成小康社会、实现中华民族伟大复兴的中国梦，全面深化改革、完善和发展中国特色社会主义制度，提高党的执政能力和执政水平，必须全面推进依法治国。在依法治国的定义和概念中，建议直接采用十八届四中全会的报告原话，突出依法治国首先是依宪治国、依宪执政。就是在中国共产党领导下，坚持中国特色社会主义制度，贯彻中国特色社会主义法治理论，形成完备的法律规范体系、高效的法治实施体系、严密的法治监督体系、有力的法治保障体系，形成完善的党内法规体系，坚持依法治国、依法执政、依法行政共同推进，坚持法治国家、法治政府、法治社会一体建设，实现科学立法、严格执法、公正司法、全民守法，促进国家治理体系和治理能力现代化。①

### （四）“四个全面”战略布局思想融入“概论”课“从严治党”主题内容的教学设计

把“四个全面”战略布局之全面从严治党融入“概论”课第十二章第二节“全面提高党的建设科学化水平”中。在“加强党的执政能力建设”和“加强党的先进性和纯洁性建设”内容中，着重讲解全面从严治党是协调推进“四个全面”战略布局思想的领导保障。党的十八大以来，党中央从执行“八项规定”开始，深入开展党的群众路线教育实践活动和“三严三实”专题教育，补足理想信念是共产党员精神上的钙，一手大力抓党风廉政建设和反腐败斗争，一手抓党的纪律检查制度和树立严实的政治规矩，把权力关进制度的笼子里，在理论上和实际上开创了全面从严治党的新常态。在讲解全面从严治党的原因时，要重点借鉴习近平《在党的群众路线教育实践活动总结大会上的讲话》中指出的，实现党的十八大确定的奋斗目标和中国梦，要求全党同志必须有优良作风。其典型经验做法就是要突出重点、聚焦问题；领导带头、以上率下；以知促行、以行促知；严字当头、从严从实；层层压紧、上下互动；相信群众、敞开大门。②从思想、组织、作风、制度和反腐倡廉建设等方面全方位着手，注重思想

① 《中共中央关于全面推进依法治国若干重大问题的决定》，《人民日报》2014 年 10 月 29 日第 1 版。

② 《在党的群众路线教育实践活动总结大会上的讲话》，《人民日报》2014 年 10 月 9 日第 2 版。

建党、组织管党、制度治党相结合，以“钉钉子精神”抓到底，使全体党员干部做到既严以修身、严以用权、严以律己，又谋事要实、创业要实、做人要实。通过全面抓党的建设，为协调推进“四个全面”提供一个坚强有力的领导核心，助力支撑实现“两个一百年”目标的中华民族伟大复兴的“中国梦”凝聚力量。

## 三　“四个全面”战略布局思想融入“概论”课教学应把握的重点问题

“四个全面”战略布局思想体量庞大、内容丰富，在融入“概论”课教学过程中尤其需要把握好教学体系和教材体系的关系，实现如何把专题讲授的内容与教材已有课程内容自然有机结合，能够与原内容相匹配、思想一脉相承，又要把握好融入的尺度，而不是替代和覆盖。要把握好“四个全面”战略布局思想和社会主义总布局的关系，讲清楚两者之间的内在关联和区别，统一思想认识。要把握在“概论”课讲授和在其他课程中讲授的关系，“四个全面”战略布局思想的提出带有明显的形势政策性、时效性，在融入教学中要避免将其讲成形势政策课，导致定位混乱，越俎代庖。

### （一）要把握融入后的教材体系和教学体系的关系

目前，各高校使用的“概论”课教材是中宣部、教育部组织编写的全国统一教材，具有高度的权威性和政治性。中宣部、教育部印发的《关于进一步加强高等学校思想政治理论课教师队伍建设的意见》中对教师教学提出严格的政治纪律要求，强调“要以教材为教学的基本遵循，在教材体系向教学体系转化上下功夫，真正做到融会贯通、熟练驾驭、精辟讲解”。这就要求教师在“四个全面”融入“概论”课教学时不仅要解决好如何融入的问题，还要解决好融入后的教学消化问题。让教材书面文本体系转化为生动有力、逻辑有序、重点突出、主次分明的教学表达体系，让课堂活起来，才能达到融入教学的效果。因此，必须抓住教材这个“根本”，认真研究教材、吃透教材、融入教材后的精髓，从宏观上深刻理解和把握党和国家对这门课的基本要求。紧紧立足“概论”课整体框架内容，围绕毛泽东思想和中国特色社会主义理论体系是中国化的马克思主义这一主题，突出中国特色社会主义理论体系这一重点，踩准课时讲解节点和教学大纲要求，把握总体框架结构，揣摩融入了"四个全面"战略布局思想的相关章节的内容含义，厘清重点、难点，对内容提炼加工，采取问题教学、重点教学和生活教学的方式，把"四个全面"融入教材所要表达的党的意识形态思想转换为大学生成才所需的知识理论素养，真正达到教学效果。

### （二）要把握"四个全面"战略布局思想和社会主义总布局的关系

党的十八大做出了政治、经济、文化、社会、生态文明建设"五位一体"的社会主义建设总布局。那么，"五位一体"建设总布局和"四个全面"战略布局呈现什么样的关系，在"概论"课第八章"建设中国特色社会主义总布局"教学中是难以回避的问题。目前，如何科学认识两者之间的关系虽然还没有权威的说法，但是基于课堂讲授的纪律要求和现实教学需要出发，可以从中央领导谈话和有关文件中大致梳理出两者之间的关系，供课堂开放式讨论教学。一是可以引导学生认识到"四个全面"是实现"五位一体"建设的中国特色社会主义及其阶段性目标的战略布局。习近平曾指出，"强调总布局，是因为中国特色社会主义是全面发展的社会主义……协调推进政治建设、文化建设、社会建设、生态文明建设以及其他各方面建设"①。正因为对中国特色社会主义的总布局有了这种"全面"的认识，十八大对全面建成小康社会提出的五个方面的新要求，体现的就是中国特色社会主义经济、政治、文化、社会、生态文明建设五位一体总布局的阶段性战略目标。同时运用全面深化改革、全面依法治国、全面从严治党来保障全面建成小康社会这个阶段性目标的实现，进而助力推动"五位一体"建设总布局的实现。二是可以采用王岐山在2015年全国两会上会见海南代表团时指出"'四个全面'是'五位一体'建设的保障"的说法。引导学生认识到"五位一体"建设是要贯穿整个社会主义事业乃至共产主义事业，而"四个全面"是现阶段为了更好推动"五位一体"建设的目标和举措，是对"五位一体"建设总布局的创造性拓展和深化。"四个全面"中的全面建成小康社会和全面深化改革的整体布局与具体设计，都紧密围绕"五位一体"建设来展开；全面依法治国和全面从严治党，则从重点领域、关键环节、根本保障上对"五位一体"建

① 《习近平在十八届中共中央政治局第一次集体学习时的讲话》，新华社北京11月18日。

设进行深入部署。

### （三）要把握在“概论”课讲授和在其他课程中讲授的关系

“四个全面”战略布局在《形势与政策》、《中国近现代史纲要》、《思想道德修养与法律基础》等课程的有关内容中会有所涉及，甚至会存在交叉、重复的内容关系。因此，“四个全面”融入“概论”课教学时，一定要把握这门课程的教学总目的，融入教学的目标，必须妥善解决好融入“概论”课的定位问题，正确处理好与相关课程在教学时的区别和侧重点。在《形势与政策》课教学区别中，“四个全面”战略布局思想是作为一个系统的、整体的、专项的问题来分析解剖其产生的背景、主要内容、重要意义，这显然与在融入“概论”课教学中是完全不一样的。在《中国近现代史纲要》课教学区别中，主要是将“四个全面”战略布局内容以历史叙述的手法，结合历史事件讲解先人如何追求小康社会、如何推动改革、如何践行法治以及我们党90多年中如何治党管党的历史事迹，进而来阐释“四个全面”及其每个全面内容的理论产生的历史必然、历史逻辑和历史背景。在《思想道德修养与法律基础》课教学区别中，主要有中国特色社会主义法律体系和法制建设等内容有可能同融入“概论”课的“四个全面”战略布局内容中的全面依法治国形成交叉和冲突，但要突出前者主要是强调大学生应具备法制素养和法治思维这种品德培育，将其他落脚点放到培养和践行社会主义核心价值观的大学生上，而融入“概论”课的落脚点应放到建设社会主义法治国家和创新社会治理体制的理论上。

（作者单位：海南经贸职业技术学院思政教学部）

# 书　评

# 马克思对政治哲学的新奠基

## ——评《政治哲学的批判与重建——马克思早期著作研究》

董伟伟

南开大学哲学院李淑梅教授的新著《政治哲学的批判与重建——马克思早期著作研究》（人民出版社2014年版）是从政治哲学的角度研究马克思早期思想的一部力作。每到关键时刻，关心或信仰马克思主义的人们都会对马克思的著作进行阐释和解读，以便从中获得新的精神养料和新的理论生长点。在西方政治哲学的当代复兴和我国学界政治哲学研究不断推进的时代背景下，阐释和解读马克思早期的政治哲学思想具有重要的意义。

马克思生活于近代资产阶级政治哲学的繁盛时期，自由、民主、平等、博爱等体现着当时的时代精神；反对封建主义和特权政治，实现政治解放是社会的普遍理想。但是，马克思并不满足于此，他从考察现实社会政治问题出发，对当时的政治哲学进行了反思和批判，指出了它把资产阶级政治解放等同于人的解放，以及把资本主义制度永恒化的弊端。马克思把根本改造资本主义制度作为人的解放的途径，实现了政治哲学的变革，为人类的解放指明了方向。西方国家进入20世纪之后，科学技术获得迅猛发展，对社会和人们的生活产生了极其深刻的影响，开始形成崇尚所谓价值中立的科学主义思潮，而具有价值倾向性的人文知识则受到了冷落；但是20世纪中期以来，资本主义国家经济和社会矛盾的积累和加剧，促使人们重新关怀人类社会的发展前景，重新思考价值和规范问题。在这个背景下，罗尔斯《正义论》（1971）的发表标志着具有价值指向性的政治哲学得到了复兴。

马克思主义以资本主义社会及其理论形态为批判对象，以实现人类的解放为价值目标，因而本身就具有鲜明的价值指向性。但是，我们以往对马克思著作的阐释和解读，多是从哲学的角度、从革命斗争的角度或执政方针和工作策略的角度进行的，很少从政治哲学的角度对其进行阐释，以至于一度面临着马克思主义有没有正义理论、有没有政治哲学这样的问题。李淑梅教授的这部新著对这些问题作了有力的回应，它表明，“马克思早期政治哲学思想发展的历程，就是他对旧政治哲学的批判和超越的过程，就是他为政治哲学重新奠基的过程”①。

## 一　哲学精神的新转向

哲学向来被看作是对最抽象的问题的理论沉思，因而是一种只适合少数人，也就是哲学家进行思考的学问。马克思则一开始就把哲学与分析和解决现实问题联系起来，与人民民主的时代精神联系起来，与无产阶级的革命实践联系起来，从而实现了哲学精神的新转向。

第一，哲学应该是人民自由民主精神的反映。马克思开始哲学思考的时候，正是黑格尔的哲学体系遭到分解、青年黑格尔派大谈自我意识哲学的时候，这种理论背景与希腊古典体系哲学解体之后出现了伊壁鸠鲁派等派别林立的情况十分相似。马克思敏锐地抓住了这种相似性，其思考成果则体现在他的博士论文《德谟克利特的自然哲学和伊壁鸠鲁的自然哲学的差别》及其准备性材料《关于伊壁鸠鲁哲学的笔记》中。马克思认为，在黑格尔之前，人们一般都把伊壁鸠鲁的原子论哲学看作是对德谟克利特原子论的简单重复，缺少创新之处；直到黑格尔，才认识到伊壁鸠鲁的原子偏斜理论是不同于以往实体哲学的自我意识哲学，但是黑格尔仍然是抽象地谈论自我意识哲学的，把它看作他的概念逻辑的一个环节。马克思受益于黑格尔并最终超越了黑格尔，他认为不能把伊壁鸠鲁的自我意识哲学仅仅限定在概念逻辑的环节和哲人的自我意识这样的范围里，而是应该看作广大人民追求自由、追求民主的价值诉求。这样，哲学就具有了人民性，是人民自由民主精神的体现。正如李淑梅教授所指出的：“马克思的

① 李淑梅：《政治哲学的批判与重建——马克思早期著作研究》，人民出版社 2014 年版，第 1 页。

这一研究为他后来实现哲学的根本变革作了重要的理论铺垫。”[①]

第二，哲学要关注时代问题，体现时代精神。以往的哲学家们往往都认为哲学应当研究普遍的、抽象的和永恒不变的东西，从而把处在时空中的、变化着的人类社会排除在哲学的思考范围之外。巴门尼德就认为哲学应该研究那个不变的存在本身，亚里士多德则发展出了第一个系统的形而上学体系；黑格尔是一个例外，他第一次较为成功地将历史的维度引入了哲学，通过概念的逻辑推演在哲学和现实之间建立起了联系，并且指出哲学是“被把握在思想中的它的时代”[②]，从而实现了哲学与现实的“和解”。但是，黑格尔对历史维度的引入是不彻底的，历史最终还是要服从于他的概念逻辑，他所实现的那种和解当然也只是一种虚假的和解。马克思再一次继承并超越了黑格尔，他在《莱茵报》时期所写的《集权问题》和《〈科隆日报〉第179号的社论》中，对哲学和现实社会政治问题的关系进行了探讨，强调哲学要关注现实政治问题，集中体现现时代的精神，指出“任何真正的哲学都是自己时代的精神上的精华”，都是“文化的活的灵魂”[③]。与黑格尔不同，马克思已经初步意识到，人民的现实实践是哲学的基础，他说：“正是那种用工人的双手建筑铁路的精神，在哲学家的头脑中建立哲学体系。”[④] 哲学不再是纯粹的概念的逻辑推演，而是人民的现实实践的体现。带着这种观点，他研究了当时的很多热点问题，包括对莱茵省等级议会关于林木盗窃法的辩论的分析，对普鲁士国家扼杀新闻出版自由的批判，对摩泽尔河地区的贫困问题的考察，等等。“马克思的这种致力于研究时代问题的哲学观在哲学史上具有变革的意义，它要求哲学研究要有忧患意识，有社会责任感，要通过脚踏实地的研究，形成合乎时代要求的哲学观念，充分发挥哲学引导现实社会实践的功能。”[⑤]

第三，哲学与无产阶级革命相结合。马克思在《莱茵报》时期所面临的物质利益难题迫使他重新研读黑格尔的国家哲学，获得了对政治国家和

① 李淑梅：《政治哲学的批判与重建——马克思早期著作研究》，人民出版社 2014 年版，第 17 页。

② ［德］黑格尔：《法哲学原理》（序言），范扬、张企泰译，商务印书馆 1961 年版，第 12 页。

③ 《马克思恩格斯全集》第 1 卷，人民出版社 1995 年版，第 220 页。

④ 同上。

⑤ 李淑梅：《政治哲学的批判与重建——马克思早期著作研究》，人民出版社 2014 年版，第 93 页。

市民社会的新认识。带着这种认识，他分析了德国当时的社会状况。马克思认为，德国集新旧制度的各种缺陷之大成，达到了令人无法容忍的地步。德国的特殊国情决定了它不能像英法等国那样，首先进行具有资产阶级性质的政治革命（政治解放），然后在政治解放的基础上消除现代文明中的各种弊端，实现人的解放，而是要进行“有原则高度的实践，即实现一个不但能把德国提高到现代各国的正式水准，而且提高到这些国家最近的将来要达到的人的高度的革命”①。承担这一个革命任务的只有无产阶级，因为德国无产阶级处于被统治、被奴役的境地，在它身上集中体现着“社会的一切缺陷”。因此，无产阶级要想摆脱这种状况，就要进行以争取人的解放为目标的革命。而哲学则是无产阶级进行革命的理论武器。

马克思提出的这种哲学精神的转向具有重要的意义；但是，马克思这时候还在一定程度上受到费尔巴哈的抽象的人本主义的影响。

## 二　克服形而上学的弊端

马克思在《莱茵报》时期遇到的物质利益难题使他对黑格尔的国家哲学产生了怀疑；在离开《莱茵报》后所写的《黑格尔法哲学批判》中，马克思表达了他的具有重要意义的思想转变。正如李淑梅教授所指出的：“这不仅仅是一般地由唯心主义向唯物主义的转变，而是对形而上学的体系化哲学的颠覆，是哲学的研究重心由构造思辨的理论体系转向研究社会生活中的问题。马克思揭示了黑格尔法哲学与其形而上学逻辑体系的内在联系，使政治哲学从体系化哲学的架构中摆脱出来，初步实现了研究主体由观念向现实的行动的人的转变，初步创立了新的政治哲学的基本观点和方法。”②

黑格尔哲学体系的核心是逻辑学，其他内容都是对逻辑学的应用和补充。在逻辑学中，逻辑范畴、观念是主体，范畴、观念经历一番逻辑推演之后外化为自然界，进而扬弃自然界，进入人类精神的发展阶段。他的法哲学就属于精神哲学的“客观精神”部分，而这一部分又分为抽象法、道德和伦理三个部分；伦理部分又包括家庭、市民社会和国家三个部分。在

① 《马克思恩格斯全集》第3卷，人民出版社2002年版，第207页。

② 李淑梅：《政治哲学的批判与重建——马克思早期著作研究》，人民出版社2014年版，第100—101页。

阐述其国家理论时，黑格尔仍然认为国家学说是逻辑学的应用，作为逻辑学主体的范畴、观念也是国家的主体。在黑格尔那里，具有哲学意义的不是国家本身的逻辑，而是用国家来论证逻辑。“国家的各种规定的实质并不在于这些规定是国家的规定，而在于这些规定在其最抽象的形式中可以被看作逻辑学的形而上学的规定。真正注意的中心不是法哲学，而是逻辑学。”[①] 马克思认为，黑格尔的这种观点恰好是颠倒了主体和谓语的关系，实际上，观念不是主体，国家才是主体；因此，不是用国家去论证逻辑，而是揭示国家运行本身所体现的逻辑。

在论述家庭、市民社会与国家的关系时，黑格尔认为作为普遍观念的国家先于家庭和市民社会。家庭和市民社会不过是国家从自身分化出的两个有限的规定，属于国家的概念领域，是国家的异在形式。因此，家庭和市民社会从属于国家、依赖于国家，当市民社会在法律和利益上与国家的法律和利益相冲突时，前者必须服从后者。马克思认为，黑格尔的这种观点又是对主体和谓语的关系的颠倒，实际上，家庭和市民社会才是“主体”，而国家则是“谓语”，前者是起决定作用的，后者是被决定的。马克思说：“政治国家没有家庭的自然基础和市民社会的人为基础就不可能存在。它们对国家来说是必要条件。”[②] 市民社会是私人生活领域，不同于政治国家的公共生活领域。因此，所谓市民社会决定国家，也就是要用人们追求自身私益的行动说明国家的制度安排。这样，马克思的主体概念就更加集中、更加明确，并最终锁定在从事社会活动的现实的人身上。

作者指出：“马克思把黑格尔颠倒了的关系重新颠倒过来，这是观念化、逻辑化的行动向现实的人的行动的复归，是由抽象化的理论、逻辑向人的社会行动的转变，是对理论优于实践的哲学传统的突破。”[③]

## 三　人的解放和无产阶级的使命

实现人类解放的理想是马克思主义不同于以往任何政治哲学的独特之处，而担当这一历史任务的则是无产阶级。早在《论犹太人问题》一文

① 《马克思恩格斯全集》第 3 卷，人民出版社 2002 年版，第 22 页。

② 同上书，第 12 页。

③ 李淑梅：《政治哲学的批判与重建——马克思早期著作研究》，人民出版社 2014 年版，第 107 页。

中，马克思就批判了青年黑格尔派的主要代表人物布鲁诺·鲍威尔混淆政治解放和人的解放的观点；在《〈黑格尔法哲学批判〉导言》中，马克思把实现人的解放作为无产阶级的使命。

当时，德国的犹太人在政治上受到基督教国家的排斥，处于无权地位。犹太人为了争得自身的政治权利，不断进行反抗。按照鲍威尔的自我意识哲学，自我意识是普遍的、无限的、绝对的，整个世界和人都是自我意识的产物，自我意识在发展过程中受到宗教的阻碍，只有超越宗教，才能为自我意识的发展开辟道路。因此，犹太人要获得解放，首先要克服自身在民族和宗教上的狭隘性。鲍威尔认为，通过政治解放，使国家脱离宗教的束缚，成为代表普遍利益的共同体，犹太人就能获得解放，同时也就实现了人的解放。

马克思不同意鲍威尔的观点，认为他混淆了政治解放和人类解放，遮蔽了政治解放的局限性。马克思承认，政治解放确实是人的解放的一个重要阶段，它一方面消除了国家的宗教性质，使政治国家获得了独立；另一方面，它也使市民社会成为与国家分离的独立领域。政治解放消除了人的等级身份，使之成为非政治的自然人，每个人都追求自身的特殊利益，个人与他人、与共同体、与自己的类本质相分离；与之相应，宗教从国家领域转移到市民社会，由国家精神变为市民社会的精神，“成了市民社会的、利己主义领域的、一切人反对一切人的战争的精神”①。结果是，政治解放一方面使人成为拥有普遍的政治权利的公民，另一方面使人成为市民社会追求特殊利益的个体，这就造成了人的二重性：他们过着双重的生活，即天国的生活和尘世的生活，人在政治共同体中的生活是虚幻的天国生活，人将自己视为自由交往的社会存在物；人在市民社会的生活则是世俗的生活，把自己和他人降为追逐私利的工具。资产阶级所向往的人权“无非是市民社会的成员的权利，就是说，无非是利己的人的权利、同其他人并同共同体分离开来的人的权利”②。可见，政治解放不仅从根本上造成了人们在利益上的对立，而且还造成了“现实的个人和抽象的公民”的人格分裂。因此，只有超越政治革命和政治解放，彻底变革市民社会，建立起人与人之间直接联系的共同体，才能实现人的解放。

① 《马克思恩格斯全集》第3卷，人民出版社2002年版，第174页。

② 同上书，第182—183页。

那么，谁来担负这一重任呢？是无产阶级。当时的德国虽然已经卷入了资产阶级革命的浪潮，但是与英法相比，德国的发展还比较落后，这就使得它集新旧制度的各种弊端于一身；各邦政府把旧制度野蛮的缺陷和新制度文明的缺陷结合在一起，使之达到了令人无法忍受的地步。因此，要实现人的解放，就必须彻底推翻整个现存的社会制度，克服封建统治和资产阶级统治的双重缺陷。由于德国资本主义发展不足，资产阶级还很软弱，它既无力承担起资产阶级政治解放的任务，更不能承担起人的解放的任务。只有无产阶级才能成为革命的主体。无产阶级形成于市民社会之中，但又是人的完全丧失，处于被统治、被奴役的境地，在它身上集中体现着“社会的一切缺陷”，因而是与整个现存社会制度对立的阶级。无产阶级要摆脱自身的受奴役状况，就要进行以争取人的解放为目标的革命。可见，“马克思对无产阶级的革命主体地位和作用的认识，已经超越了空想社会主义，说明无产阶级不仅是一个值得同情的受苦受难的阶级，而且能够自己解放自己，而无产阶级的解放也就意味着整个人类的解放”①。

## 四　克服资本主义社会人的异化

对市民社会的关注引导马克思对资本主义社会人的状况进行研究。在《论犹太人问题》和《〈黑格尔法哲学批判〉导言》中，马克思就已经发现市民社会存在着异化现象；在《1844 年经济学哲学手稿》中，他集中论述了资本主义社会劳动的异化性质，并提出了废除私有财产、消除异化劳动的历史任务；在《詹姆斯·穆勒〈政治经济学原理〉一书摘要》中马克思进一步阐明，作为商品交换之媒介的货币是异己的物化权力，以私有制为基础的商品交换是异己的交往形式。这些论述为马克思实现政治哲学主题的转变奠定了基础。

资产阶级的理论家认为，在资本主义社会，封建社会的人身依附关系和对个人言行的各种强制被消除了，工人在法律上和资本家一样是享有人身自由的人，他们的劳动也是自由的、非强制的活动，没有人再逼迫或是干涉他们。但是，马克思所理解的劳动是“自由的、有意识的劳动”，是

---

① 李淑梅：《政治哲学的批判与重建——马克思早期著作研究》，人民出版社 2014 年版，第 197 页。

体现人的类本质的活动。因此，资本主义社会中工人的劳动仍然是非自由的、异化的劳动。马克思阐述了异化劳动的四个规定：一是工人同自己的劳动产品相异化，二是劳动活动本身的异化，三是人同自己的类本质相异化，四是由前三种异化导致的人同人相异化。在讨论工人同自己的劳动产品相异化时，马克思克服了黑格尔把对象化和异化混为一谈的缺陷。第一，劳动的对象化是人为了获取生活资料而进行的改造自然的活动，按照这种关系，工人生产的劳动产品理应归工人所有；劳动的异化则是指在特定的历史阶段，工人劳动的产品的异化、丧失，作为异己的力量同他相对立。李淑梅教授认为："马克思对劳动的对象化和劳动的异化的区分对于客观地分析社会历史，对于把事实和价值统一起来，具有重要的方法论意义。"① 第二，劳动的对象化是任何历史阶段的生产劳动都具有的特点，而劳动的异化则是现代工人劳动特有的社会性质。这样，马克思的这种区分就既揭示了资本主义社会劳动的异化性质，又表明了它的历史过渡性、暂时性，为他后来创立历史唯物主义、论述历史唯物主义的两个向度做了理论铺垫。②

作者还重点阐释了马克思论述以货币为媒介的交往关系异化的重要思想，而这一点长期以来没有得到人们应有的重视。穆勒与其他资产阶级经济学家一样，认为每个人都有自利心，所以，人与人的关系是私有权范围内的关系；每个人都要通过为他人提供产品来换取自己所需要的他人的产品，而货币就是这种财产转让的中介。因此，以货币为中介的商品交换关系就是与人的本性相适应的交往形式，就可以永远存在下去。马克思不同意穆勒的观点，他认为，货币的地位和作用是历史地变化的，在简单的商品交换时期，货币只有代表商品物才有价值。但是，随着生产和交换的发展，这种关系就颠倒了，一个物品只有同货币相联系，即能换回一定数量的货币，才有价值。这样，谁拥有货币，谁就拥有支配产品的权力，因此，货币就成了衡量人的社会权力的尺度，成了人们活动的目的，成了人们崇拜的东西。马克思说："因为媒介是支配它借以把我间接表现出来的那个东西的真正的权力，所以，很清楚，这个媒介就成为真正的上帝。对

① 李淑梅：《政治哲学的批判与重建——马克思早期著作研究》，人民出版社 2014 年版，第 205 页。

② 同上书，第 205 页。

它的崇拜成为自我目的。"[①] 马克思认为，人们本应是直接联系、互为媒介的，可是，在以货币为媒介的商品交换中，人们把在直接相互联系中实现的愿望和需要转移到货币上，变为追求货币的愿望和需要；人的本质在货币上转移、外化的越多，货币的社会权力越大，人就越贫乏，就越成为失去类本质的自利者。货币只是在表面上把人们联系起来，实际上则是离间人们的力量。因此，以货币为中介的交换关系是不符合人的本质的异化的交往形式。

马克思还阐明了以私有制为基础的商品交换的异己性，以及私有制条件下工人的劳动是异化的谋生的劳动。马克思在《詹姆斯·穆勒〈政治经济学原理〉一书摘要》中把批判资本主义生产和交换关系的异化作为主题，这已经具有了批判资本主义经济关系的基本框架结构，为他后来的研究奠定了基础。[②]

## 五　奠定新哲学的基础

1845 年春天，马克思的思想发生了重要转变，由赞扬费尔巴哈哲学转向批判费尔巴哈哲学。马克思认识到了费尔巴哈的关于人的类本质观点的缺陷，力图改变自己关于人的类本质异化及其扬弃的带有抽象色彩的表达方式，开辟出一条真正从经验事实出发的哲学道路。李斯特的著作《政治经济学的国民体系》把生产力作为政治经济学的基础，这对于处在思想转变中的马克思具有启发意义。为此，马克思写了《评弗里德里希·李斯特的著作〈政治经济学的国民体系〉》一文，深刻分析了李斯特的生产力理论，提出了自己的生产力概念，揭示了生产力与私有制工业之间的矛盾，为创立历史唯物主义奠定了基石。[③]

李斯特理论的最大特点是对生产力概念进行唯心主义的理解。他认为，不仅体力劳动是生产性的，而且维持法律与秩序、培养和促进教育、宗教、科学、艺术的人的精神劳动也是生产性的。法律和公共制度、精神生产等虽然不直接生产交换价值，但是却生产生产力，因而是更高的生产

---

① 《马克思恩格斯全集》第 42 卷，人民出版社 1979 年版，第 19 页。

② 李淑梅：《政治哲学的批判与重建——马克思早期著作研究》，人民出版社 2014 年版，第 238 页。

③ 同上书，第 288 页。

活动。他说："那些养猪的和制丸药的当然属于生产者，但是青少年和成年人的教师、作曲家、音乐家、医师、法官和行政官也是生产者，他们的生产性比前一类要高得多。前者所生产的是交换价值，后者所生产的是生产力。"① 在他看来，生产力从根本上说是精神的力量、政治的力量。针对李斯特的这种唯心主义理解，马克思提出了"工业目前对人来说是什么"的问题，阐明资本主义工业是以买卖利益为目的的，工人是以身心遭受摧残的方式发挥自身能力的。李斯特口头上说要关心人的能力的发展，但实际上还是为了追求资产者的私利。② 马克思一方面认为，不能像李斯特那样美化"生产力"，给它罩上神圣的灵光，而是要像古典经济学家所理解的那样，把水力、蒸汽力、人力、马力等当作生产力；另一方面，马克思认为，人是生产力中自觉能动的方面，不能像资产者那样把人同牲畜、机器、水等物的因素混淆起来。因此，在考察生产力时，要真正关心人的能动性方面，不能像现代制度那样，在工人弯腰驼背、四肢畸形的基础上追求生产力，不能在使劳动者精神空虚、工作单调的基础上追求生产力。③

李淑梅教授特别指出，马克思对李斯特生产力理论的批判对于我们具有重要的启发意义。她认为，在对生产力的理解上，我们曾在一定程度上存在着片面强调生产力的量的方面、忽视质的方面的倾向，从而带有机械的经济决定论的色彩，带有实证主义的倾向。一些西方学者借机攻击马克思的生产力理论，攻击整个马克思主义哲学。但是上述研究表明，这种片面追求生产效率提高的见物不见人的做法，正是马克思所批判的。④ 她说："当前，我们判定一种生产关系是否与生产力的发展相适应，不仅要看它是否能够促进生产效率的提高，而且要看它是否能够促进人的劳动能力的积极、健康的发展，是否能够改善劳动者的生存条件和生活质量。"⑤

马克思还对生产力与交换价值、私有制的关系进行了探讨。马克思对上述问题的理解，是他迈出通向历史唯物主义的关键一步，为新的政治哲

① ［德］李斯特：《政治经济学的国民体系》，陈万煦译，商务印书馆 1961 年版，第 127 页。

② 李淑梅：《政治哲学的批判与重建——马克思早期著作研究》，人民出版社 2014 年版，第 291 页。

③ 《马克思恩格斯全集》第 42 卷，人民出版社 1979 年版，第 261—262 页。

④ 李淑梅：《政治哲学的批判与重建——马克思早期著作研究》，人民出版社 2014 年版，第 299 页。

⑤ 同上书，第 300 页。

学进一步发展奠定了基础，具有重要的理论意义。

马克思为新哲学奠基的另一部重要文献是《关于费尔巴哈的提纲》。马克思阐明，新旧哲学的根本区别在于立脚点不同，他将哲学的立脚点由原来的市民社会转变为“人类社会或社会化的人类”，提出了通过改造现存世界实现人类解放的新哲学的基本要点。马克思认为，费尔巴哈等人的旧唯物主义是以市民社会为立脚点的，它们至多只能达到对市民社会表面现象的直观和描述，而不能触动市民社会的根基，不能为超越市民社会、建立新社会提供理论基础。由于现代市民社会即是资产阶级社会，所以，旧唯物主义以市民社会为立脚点实际上就等于以承认资产阶级社会为基础；与此相反，新唯物主义的立脚点则是“人类社会或社会化的人类”，也就是扬弃了市民社会的人的解放的社会。旧哲学只是以不同的方式解释现存世界，而马克思的新哲学则主张通过实践改变现存世界。《关于费尔巴哈的提纲》标志着马克思已经同旧哲学彻底划清了界限。①

## 六　历史唯物主义：马克思政治哲学批判的伟大成果

1845年秋至1846年5月，马克思与恩格斯共同撰写了《德意志意识形态》，彻底清算了自己以前的哲学信仰，系统地阐述了他们新哲学的基本观点，创立了“描述人们实践活动和实际发展过程的真正的实证科学”②，即历史唯物主义。“他们用历史唯物主义的观点对各种重大的社会政治问题进行探讨，超越了将现存社会制度永恒合理化的旧政治哲学，阐明了现存社会的历史过渡性、暂时性，提出和论证了消灭资本主义经济关系及其上层建筑、实现人的解放的理论。”③

历史唯物主义是在分析批判以往政治哲学等的过程中形成的，是马克思政治哲学批判取得的伟大成果。马克思早期思想变化发展历程表明，政治哲学批判是其思想批判的重要内容。在他们所创立的新哲学中，马克思、恩格斯“既不赞同把社会价值的基础局限于伦理道德的范围，也不同

① 李淑梅：《政治哲学的批判与重建——马克思早期著作研究》，人民出版社2014年版，第306页。

② 《马克思恩格斯选集》第1卷，人民出版社1995年版，第73页。

③ 李淑梅：《政治哲学的批判与重建——马克思早期著作研究》，人民出版社2014年版，第307页。

意主要从政治生活层面引申政治哲学理论，亦不认同停留于经济关系的物化现象论证资本主义的自由、平等、公平、公正，认为它们都不同程度地脱离了社会的本质和规律，都带有一定的虚假性。马克思、恩格斯揭示了资本主义各个领域和层面之间唯物、辩证的关系，从而达到了对资本主义社会结构的总体的、历史的把握，达到了对现存的各种政治哲学和价值诉求的分析批判和重建”①。

总之，《政治哲学的批判与重建——马克思早期著作研究》这部著作，清晰地呈现了马克思在政治哲学领域所实现的变革。马克思通过批判传统的哲学观和形而上学的方法论，为政治哲学奠定了新的方法论基础；通过批判资本主义的政治国家和资本主义的经济社会，提出了人类解放和共产主义的远大理想，为政治哲学的价值追求指明了新的方向。因此，该书的出版一方面有力地促进了马克思主义政治哲学的研究；另一方面，对于我们当前的政治文明建设也具有重要的启发意义。

（作者系南开大学哲学院博士研究生）

① 李淑梅：《政治哲学的批判与重建——马克思早期著作研究》，人民出版社2014年版，第440页。

# 后　记

本书是由西北师范大学马克思主义学院组织编撰的马克思主义理论研究成果之一，是西北师范大学整合学术力量与学术资源，加强马克思主义理论学科建设的一种探索和尝试。

西北师范大学马克思主义学院前身可以追溯到1953年9月成立的马列主义教研室。经过几代人的艰辛努力和勤奋耕耘，它如今已经发展成为甘肃省乃至西北地区马克思主义理论学科人才培养和科学研究的重要基地。学院现拥有马克思主义理论博士后科研流动站，马克思主义理论省级重点学科，马克思主义基本原理、思想政治教育两个博士学位授权二级学科和马克思主义理论硕士学位授权一级学科。近年来，学院大力加强学科建设和人才培养工作，为大学生思想政治教育和巩固马克思主义在意识形态中的指导地位做出了积极努力。

为了进一步贯彻落实中央关于加强马克思主义理论学科建设的有关精神，推进我院马克思主义理论和相关学科建设，我们特邀国内从事马克思主义理论研究的学者、专家以及本院教学科研人员，共同编撰出版了这部基于多维视野的马克思主义理论研究文集。学院还计划以以书代刊的形式每年出版一本这样的研究成果文集。我们期待得到国内相关学科学者的支持和关注。

我们非常感谢北京师范大学教授、著名学者杨耕先生。他不仅欣然答应担任本书编委会主任，而且还对全书内容与栏目设计给予具体的指导。感谢中国社会科学出版社的喻苗女士，作为本书的责任编辑，她为本书的顺利出版付出了辛勤的劳动。感谢为本书赐稿的各位专家学者，并热忱欢迎更多的专家学者为我们惠赐佳作。

**主　编**

2016年1月